Führen und Leiten mit Struktur und Methode

- Führen und Leiten sozialer Organisationen mit Bildungs- und Erziehungsauftrag: Schulen, Heime für Kinder, Kindergärten und Horte -

Klaus de Jong

Autor: Klaus de Jong
Coverdesign: lehrer-online, Bild: Klaus de Jong
ISBN: 9789463423564

Vorwort

Führungspersonen gerade in sozialen Organisationen, seien dies Horte, Kindergärten und Schulen übernehmen oft Denk- und Handlungsmuster aus ihren bisherigen Tätigkeitsfeldern in ihren jetzigen Führungs- und Leitungsauftrag. Aus dieser Blickrichtung gestalten sie oft auch die Art und Weise des Umgangs mit den in der Organisation Mitarbeitenden. Nun haben Sie aus persönlich gutem Grund eine Leitungsaufgabe in ihrem ´System´ übernommen und wollen / müssen diese Funktion und zugleich Rolle bestmöglich ausgestalten bzw. ausfüllen; d.h. Sie wollen sowohl für die Zielgruppe (Kinder, Jugendliche) als auch für ´Ihre´ in `Ihrer´ Organisation Mitarbeitenden möglichst stimmig agieren. Hierbei stellen bzw. stellten Sie wahrscheinlich schon recht bald fest, dass Sie sich in neue, oft erfahrungsferne Themenfelder einarbeiten müssen, um stimmige Entscheidungen, oft unaufschiebbare, treffen zu können. Sie müssen sich selbständig und methodisch oft unter Zeitdruck eine eigene Informationslage aufbauen. Sie haben z.B. im rechtlichen Rahmen wenn es gut geht ein erstes Orientierungswissen woraus sich oft das Gefühl entwickelt, die in ´Ihrer´ Organisation Handelnden ´nicht im Griff´ zu haben. Jedoch für alles die Verantwortung, was in ´Ihrer´ Organisation abläuft tragen zu müssen. Eine soziale Organisation im Bildungs- und Erziehungsfeld mit Struktur und Methode klar zu führen bzw. zu leiten will die vorliegende Schrift Anregungen geben. Die so wichtige eigene innere Balance zwischen Aufgabenerfüllung und Führen bzw. Leiten gilt es zu halten, z.B. mit durchdachten, zielführenden Arbeits- und Handlungsweisen sowie Struktursetzungen und aktivierenden Methoden. Die an der Organisation Mitarbeitenden sollen situationsgerecht, verantwortungsbewusst und selbständig ihre Aufgabenfelder stimmig, konstruktiv und kreativ ausgestalten können. In den einzelnen Kapitel wird je ein Themenfeld entfaltet. Grafiken verdeutlichen wesentliche Elemente einer Thematik. Anlagen zu einzelnen Kapiteln geben spezifische Anregungen und Hilfen. Die Kapitel sind in sich abgeschlossen und können daher auch gezielt einzeln gelesen werden.

Die vorliegende Schrift baut auf den langjährigen Erfahrungen des Autors in einer Leitungsfunktion einer sozialen Organisation, einer Schule, auf. Zugleich fließen mehrjährige Erfahrungen als Erwachsenenbildner aus Fortbildungs- wie Führungsseminaren ein. Ziel ist es, der Leserin / dem Leser beispielhaft konkrete Anregungen für Herangehensweisen bei Leitungsaufgaben in der jeweiligen sozialen Organisation aufzuzeigen, um daraus individuell passende Handlungsstrategien zu entwickeln. Hiermit wird intendiert, dass die Leserin / der Leser bei vielen Themen und auch Arbeitsabläufen zum einen breitere Einblicke in mögliche Vorgehens- und Lösungsstrategien erhält und so zum anderen den vielfältigen Herausforderungen angemessener und gelassener begegnen kann. Mithin senkt sich so der individuelle „Stresspegel“. Der Blick auf Gestaltungsmöglichkeiten wird freier, das eigene Arbeiten geschieht zielbezogener und entspannter in individuell eher stimmiger Balance von Anspannung und Konzentration zu mehr kreativem freudigem Planen und Entwickeln von Ideen. Die Themen des Buches stellen zugleich eine Präzisierung und Erweiterung der Themen des Bandes „Führen und Leiten in dynamischer Balance“ dar.

Die vorliegende dritte Auflage wurde umfangreich erweitert und in Teilen präzisiert.

In den Formulierungen des Textes ist aus Gründen der besseren Lesbarkeit jeweils ggf. die weibliche Form mit zu denken.

Inhaltsverzeichnis

1 Nachhaltiges Führen durch systemisches Denkvermögen

„Systemisches Denken erweitert lineares Denken und bewegt sich in Dimensionen von Komplexität, von Wechselwirkungen, Prozessorientierung, Austauschbeziehungen, Wandel und Veränderung. Systemisch denken und handeln bedeutet, das Netz gegenseitiger Interessen, Abhängigkeiten, Einfluss- und Handlungsmöglichkeiten zu erfassen.
Dabei wird in "vernetzten Wirkungs-Ketten" gedacht und vielschichtige Einflussfaktoren sowie gegenseitige Abhängigkeiten zugrunde gelegt.“ (Wenzel, L., 2008)

Eine soziale Organisation, sei dies eine Schule, ein Kindergarten oder ein Hort ist ein lebendes Systeme mit einer bezogen auf die konkreten operativen Aufgaben flachen Hierarchie. Dort handeln bzw. wirken Personen oder Gruppen, die sich durch die Fähigkeit zur Selbstorganisation auszeichnen. Daraus entwickelt sich durch vielfältige Wechselwirkungen eine momentane, auf Zeit gesehen dynamische Struktur mit einer von außen nicht oder wenig beeinflussbaren Eigenlogik. Da Sie als Führungskraft Ihrer sozialen Organisation, aufgrund deren flacher Hierarchie, in deren System Sie ein „Mitspieler“ und damit integriert sind, und Sie von Ihrer Ausbildung und Ihrem bisherigen Berufsfeld her aus dem grundlegenden Gesamtsystem Ihrer Organisationseinheit entstammen, können Sie mit Ihrer Führung innerorganisatorisch und damit nachhaltig beim Aufbau von Potentialen Ihrer Organisation wirken. Das bedeutet eine Führungsaufgabe, die in der Lage ist die innere Dynamik, die je organisationseigenen Strukturen und Prozesse maßgeblich (mit) zu steuern und (mit) weiter zu entwickeln.

1.1 Ansätze zu systemischem Führen

Im Gegensatz zu Ihrer vorgesetzten Behörde oder Stelle sollten Sie Sie ab- und einschätzen können, wie von dort kommende Informationen auf Ihre Mitarbeitenden oder ihr Team wirken bzw. wie diese Informationen wahrscheinlich ankommen oder konstruiert, sprich verarbeitet werden: Die von Ihnen geführte soziale Organisation nimmt Informationen von außen in einer ihr eigenen und individuellen Art und Weise wahr.
Durch Ihr Beobachten der Wirkungen einer Information bzw. einer Intervention sowie die danach erfolgten Reaktionen, können Sie Rückschlüsse auf die aktuell bestehenden bzw. wirkenden Strukturen und ablaufenden Prozesse sowohl bei einzelnen Mitarbeitenden als auch bei Teams oder Gruppen bzw. dem gesamten Kollegium ziehen. Obwohl Sie „Mitspieler“ im System Ihrer Organisation sind, wird eine solche Analyse immer konstrukthaft bleiben und höchstens eine Annäherung an die „objektive Realität“ sein können; denn bei Kommunikationsprozessen sind immer unterschiedliche Wirklichkeiten vorhanden: „Jede Person ist Konstrukteur ihrer Realität. Das, was mit einer (Führungs-) Botschaft gemeint ist, ist noch lange nicht das, was ankommt bzw. bewirkt wird“ (nach (Maturana/Varela; Der Baum der Erkenntnis. Die biologischen Wurzeln des Erkennens. München 1987, S. 13f).

Für Sie selbst, in Ihrer Führungsfunktion, ergeben sich hieraus oft Dilemmata und Paradoxien, da die Adressaten von Informationen einerseits weitgehend autonom und andererseits kontextabhängig handeln. Betrachten Sie z.B. Ihre Organisation systemisch mit dem Modell der Themenzentrierten Interaktion: Das Wirkungsdreieck von „Ich“ (z.B. Denk- und Handlungsansätze), „Wir“ (z.B. Einzelperson, Gruppe, Team) und Thema (z.B. Aufgabenfelder Ihrer Organisation) umgeben vom “Globe“ (z.B. Umwelt, Vorgaben). Mit Blick auf Ihre

Mitarbeiten, das „Wir“, besteht dieses sowohl aus interagierenden Einzelpersonen als auch Gruppen, die sich selbst organisieren. Hilfreich bei der Führung Ihrer sozialen Organisation ist die Fähigkeit einer „360-Grad Beobachtung“, d.h. das Betrachten des Systems aus unterschiedlichen Sichtweisen oder mit mehreren „Brillen“, was einen bewussten „Brillenwechsel“ erfordert bzw. einschließt. Ein zielführender Ansatz solcher „Brillenwechsel“ bei der Systembetrachtung und -analyse ist die Fähigkeit zum Systemischen Denken.

1.2 Führungsansätze gewinnen, Handlungsstrategie entwickeln

Aus der Analyse als erkenntnisleitendem Instrument mit dem Ziel einer „realitätsabbildenden“ Gesamtsicht und Entscheidungsgrundlage gilt es konkrete Entscheidungen und Handlungsstrategien zu finden und zu entwickeln. Handlungsleitende, systembezogene Führungsinstrumente, die an die Fähigkeit zur Selbstorganisation der in Ihrem System Handelnden anknüpfen, beruhen auf Kommunikation und interner, stimmiger Organisation bzw. sich daraus ableitenden Reizsetzungen (Interventionen), Informationen, Struktursetzungen (Rahmenvorgaben), Kontextbezügen (z.B. internes Klären von Umsetzungsstrategien aufgrund u.a. von außen gesetzten Veränderungen), gemeinsame Reflektion von Prozessen und so weit als mögliche Umgebungsgestaltung (z.B. intern steuerbare Ausstattung bzw. Arbeitsbedingungen). Bei vorliegender, umfassender Analyse (so gut wie es momentan möglich ist; intensive 20% können 80% der Wirkung zeitigen) stehen nun passende Entscheidungen an. Die oben genannten Führungsinstrumente helfen Ihnen als Führungsperson in einer Expertenorganisation bei der Entwicklung von Handlungsstrategieen: Die jeweiligen Experten bearbeiten die Kernaufgaben / das Kerngeschäft weitgehend selbstverantwortlich und selbstgestaltend im Rahmen der von außen verbindlich gesetzten

Vorgaben, z.B. des Lehr- oder Bildungsplans. Die von Ihnen getroffenen innerorganisatorisch wirkenden Entscheidungen beziehen sich auf auszugestaltende Handlungsrahmen.
Da Sie wissen, dass in einem System auch kleinste Änderungen Auswirkungen auf das Gesamtsystem haben, gilt es für Sie herauszufinden, welche (Teil-)-Faktoren oder (Teil-)-Elemente sich in Ihrem eigenen, voll gestaltbaren Handlungsbereich befinden, die mit hoher Wahrscheinlichkeit ein im Lösungssektor des Themas, der Aktivität, des Problems liegendes Veränderungspotential aufweisen. Haben Sie eine erweitertes Leitungsteam, so besprechen Sie mit diesem mögliche Lösungs- und Handlungsansätze sowie insbesondere das Anliegen, das Problem das ansteht und das es zu bearbeiten / zu lösen gilt. Erläutern Sie diesem Team den von Ihnen ins Auge gefassten Entscheidungsbereich. Beziehen Sie ggf. dieses Team in die Wahl und Art der Entscheidung mit ein. Letztlich müssen Sie die Entscheidung selbst treffen. Ihre Entscheidung sollte sich zunächst allein auf den ausgewählten (Teil-)-Faktor beziehen. Sie sollten sich jedoch jetzt schon ähnliche (Teil-)-Faktoren, die im Lösungssektor liegen, vormerken.
In jedem Fall gilt es nach der getroffenen Entscheidung und deren Kommunikation ins Team oder das Kollegium die Wirkungen genau zu beobachten. Beziehen Sie z.B. Personen aus Ihrem Leitungsteam / Ihrem Kollegium mit ein (Mehraugenprinzip). Stellen sich die von Ihnen erhofften / erwarteten konstruktiv-positiven Ergebnisse ein, sollten Sie dies bei Ihren Mitarbeitenden anerkennen, ggf. auch „feiern", bevor Sie weitere Entscheidungen einleiten bzw. treffen, usw.. Bei Ihnen kommt vielleicht das Gefühl auf, dies sei „manipulierende Salamitaktik": Der entscheidende Unterschied dazu ist jedoch, dass Ihre Entscheidung von Ihnen kommuniziert wurde; die Mitarbeitenden wissen um die Erfordernis und Gründe Ihrer Entscheidung. Sie wissen, dass dies ein erster Schritt ist, dem weitere

folgen werden bzw. müssen. Somit ist dieses Verfahren für die Mitarbeitenden klar und transparent. Ihre Mitarbeitenden erfahren, dass Sie sie auf einen Weg mit mehr oder weniger kleinen Schritten mitnehmen und sie einbeziehen wollen: Sie machen Betroffene zu Beteiligten!

1.3 Systemisches Denken angewandt

Systemisches Denken ist eng mit ganzheitlichem Denken verwandt. Insbesondere beinhaltet systemisches Denken sowohl das genaue Analysieren aktueller Gegebenheiten und Situationen als auch das genaue Antizipieren bzw. Durchdenken von Auswirkungen und langfristigen Konsequenzen von Entscheidungen für eine Organisation bzw. deren Mitglieder.

Um die Komplexität einer Situation oder Gegebenheit erfassen und dann auch überblicken zu können hilft es, zunächst die Hauptwirkkräfte (siehe Kraftfeldanalyse) zu finden und festzuhalten. Im Anschluss werden auch alle sonstigen einwirkenden Kräfte benannt und festgehalten. Danach erfolgt die einzelne Analyse jeder Wirkkraft und ihrer Verflechtungen. Im Anschluss werden alle gefundenen Elemente grafisch dargestellt: Hilfreich sind hier z.B. eine Mind-Map-Darstellung oder ein Strukturbild, um einen detaillierten Überblick zu gewinnen. Eine Mind-Map zum Vorbereiten einer Entscheidung könnte aus folgenden Schritten aufgebaut sein:

- Schreiben Sie in der Mitte eines Blattes Ihre Thema / Problem zu dem Sie eine Entscheidung treffen müssen. Kringeln Sie dieses ein.
- Zeichnen Sie von diesem Innenring so viele abzweigende Hauptäste ein, wie das Thema / Problem Gesichtspunkte für Entscheidungsmöglichkeiten hat. Benennen Sie die Entscheidungsmöglichkeiten mit je einem Kurzbegriff.
- Zeichnen Sie zu jedem Hauptast zwei abzweigende Nebenäste ein. Je ein Nebenast erhält die Bezeichnung: „positive Folgen“, der andere „negative Folgen“.

- Zeichnen Sie zu jedem „Folgenast“ je weitere Äste für die davon betroffenen Arbeitsfelder / Mitarbeitergruppen bzw. einzelne Mitarbeitende ein.
- Zeichnen Sie zu jedem „Betroffenenast“ je Abzweigungen mit möglichen positiven und negativen Wirkungen.

Zu einer aussagefähigen Analyse gehören passende Fragestellungen. In der Literatur finden sich überwiegend systemische Fragen zu therapeutischen oder beratenden Settings. Die können schon eine Vorstellung dazu sein, um Ansätze zur Analyse pädagogisch-erzieherischer Systeme aus Sicht einer Führungsperson abzuleiten: Die Fragen müssen dem Kriterium genügen, dass sie es ermöglichen für den Führungsbereich und die dort auftretenden Situationen und Problemstellungen systembezogen hilfreiche Anregungen oder Hinweise aufzuzeigen. Beispielhaft sei hier eine „Fragenkaskade“ mit systemischen Fragen vorgestellt:

W-Fragen: Was, wer, wann, wo, wie, womit, warum, wie viele, wie lange, …, helfen Sachverhalte, Wirkungskräfte und Fakten zu erkennen, z.B.:

- Welches Thema, welche Aktivität oder Problemstellung liegt vor / ist gegeben?
- Was ist mein persönliches Anliegen?
- Welchen „Schlüsselsatz“ würden Sie Ihrem Anliegen geben?
- Worum geht es ganz allgemein?
- Worum geht es genauer?
- Welche Sachverhalte, Wirkungen und Fakten sind Ihnen zum Thema, der Aktivität, dem Problem bisher bekannt?
- Welche Faktoren bzw. Wirkkräfte treten bei der Themen- oder Problemstellung auf?
- In welchen Kontext ist das Thema bzw. Problem eingebunden – bzw. in welchem Kontext tritt es auf?
- Wer ist alles in welcher Rolle direkt oder indirekt beteiligt /

betroffen?

- Wer macht in welchem Aufgabenfeld und welcher Rolle was?
- Welche Handlungsweisen sind bisher aufgetreten, welche zeichnen sich ab?
- Wie hat sich das Thema, die Aktivität, das Problem bisher konkret ausgewirkt?
- Welche Hypothesen oder Annahmen haben Sie zum Thema, zur Aktivität, zum Problem?
- Was würde geschehen, wenn das Thema, die Aktivität, das Problem nicht angepackt bzw. bearbeitet werden kann.
- Auf eine Skala von 1-10, wie würden Sie das Thema bzw. Problem einordnen? (1=nicht relevant; 10=kritisch)
- Wenn Sie / wir das Thema aufgreifen, die Aktivität einleiten, Problem lösen, um wie viele Punkte würde es Ihnen / uns dann besser/schlechter gehen?
- Was haben Sie bisher unternommen, um das Thema zu bearbeiten, die Aktivität zu starten, das Problem zu lösen?
- Welche Ansätze haben Sie dabei gewählt?
- Was waren die Auswirkungen der Interventionen / Maßnahmen?
- Welche Maßnahmen waren erfolgreich, welche weniger?
- Was hat zum Erfolg oder Misserfolg der Interventionen / Maßnahmen beigetragen?
- Wie sind Sie bisher mit ähnlichen Themen, Aktivitäten, Problemen umgegangen?
- Was wollen Sie dieses Mal gerne anders machen?

(Quelle: Modifiziert nach: http://www.fritz.tips/systemische-fragen-als-fuehrungsinstrument/)

Ziel einer solchen „Fragenkaskade“ ist es, die verschiedenen Facetten eines Problems und deren Wechselbeziehungen und -wirkungen zu erkennen und einer „realitätsnahen“ (immer noch subjektiven) Analyse zuzuführen.

1.4 Nutzen systemischen Denkens

„Wer systemisch denkt, neigt weniger zum Übersteuern (Hau-ruck-Maßnahmen mit anschließender Korrektur).

Wer systemisch denkt, wird seltener von Entwicklungen überrascht, da er nicht von Ist-Zuständen ausgeht, sondern Wird-Trends bei gegebener oder geschätzter Dynamik berücksichtigt.

Systemisches Denken impliziert ein größeres Folgen- und Verantwortungsbewusstsein, da Sie wissen und anerkennen, dass sich jede Ihre Handlungen auf vielfältige Art und Weise auf das Gesamtsystem auswirkt.

Systemisches Denken erleichtert das Gestalten wirksamer Strategien in komplexen Handlungsumfeldern, da viele Faktoren und deren Interdependenzen frühzeitig eingeplant werden.

Systemisches Denken reduziert die Wahrscheinlichkeit, kurzfristige Lösungen auf Kosten langfristiger Nachteile einzugehen.“ (Quelle: http://www.soft-skills.com/systemisches-denken/, 2017)

Literatur:

Bandte, H., Komplexität in Organisationen: Organisationstheoretische Betrachtungen und agentenbasierte Simulation, Wiesbaden 2007.

Binner, H. F., Auf dem Weg zur Spitzenleistung, München - Wien 2005.

Dörner, D., Vom Umgang mit Unbestimmtheit und Komplexität, Hamburg 1983.

Gomez, P. / Probst, G., Vernetztes Denken - Ganzheitliches Führen in der Praxis, Wiesbaden 1993.

Gomez, P. / Probst, G., Die Praxis der ganzheitlichen Problemlösens: Vernetzt denken – Unternehmerisch handeln – Persönlich überzeugen, Bern/Stuttgart/Wien 1999.

Kapmeier, F., Vom systemischen Denken zur Methode System Dynamics, Stuttgart 2004.

Malik, F., Strategie – Navigieren in der komplexen neuen Welt, Frankfurt/New York 2011.

Mutius von, B., Wie systemisches Denken aus der Krise heraushilft, Haufe Fachmedia, Freiburg 03/2009, Seite 26.

Vester, F., Die Kunst, vernetzt zu denken, München 2002.

Wenzel, L. Qualitätssicherung in der Erzieherausbildung unter besonderer Berücksichtigung der Lernortkooperation, Duisburg 2008.

Anlage

Checkliste: Systemische Fragen zur Analyse einer Situation

Bereich	**Fragestellungen dazu** (Beispiele)
System	Was ist das Problem? In welchem Bereich zeigt sich das Problem? Zu was gehört dieser Bereich? Was gehört außerdem alles dazu?
Kontext	Taucht das Problem in einer besonderen Situation auf? Merkmale des Orts: Wo taucht das Problem (Symptom) genau auf? Merkmale der Zeit: Wann taucht das Problem (Symptom) auf? Wie lange ist es sichtbar? Unter welchen Bedingungen taucht es nicht auf? Veränderungen: Wie verändert es sich dabei?
Bezugsgruppen nach Rolle	Wer ist von dem Problem direkt oder indirekt betroffen? Mitarbeiter, Kollegen, Vorgesetzte, Unternehmensleitung, Betriebsrat, Kunden, Lieferanten, Behörden, Partner, Familie, … Wer von ihnen tat was, wann, wo und wie?
Bezugsgruppen nach Einstellung	Wer sind die Förderer, Behinderer, Neutralen, Blockierer, Unterstützer für …? Was waren die Gründe für diese Einstellung oder Verhaltensweise?
Mögliche Wirkungen	Sichtweisen, Einstellungen, Werte, Erwartungen, Vermutungen, Interessen, Erlebnisse, Einflüsse, Gefühle, Verhaltensweisen, Beziehungen, Ziele, Nutzen, Störungen, Risiken, Sicherungen, Dämpfungen, … Welche Folgen ergeben sich daraus?

(Quelle: http://www.business-wissen.de/hb/wofuer-sie-systemische-fragen-nutzen-koennen/)

2 Wirksame, handlungsleitende und strukturgebende Führungs- und Leitungsansätze

In der jüngeren Literatur zur realen, konkret belegten Wirksamkeit einer transformationalen Führungsweise kommen in Untersuchungen Zweifel daran auf. Diese Zweifel beziehen sich auf das mehrdimensionale Konstrukt des transformationalen Ansatzes, da dieser ein Konglomerat mehrerer effektiver Führungsweisen beinhaltet, deren einzelne Elemente sich zum Teil überlappen und untereinander in Wechselwirkung stehen. Sie können daher im Einzelnen nur schwer oder gar nicht operationalisiert belegt werden (van Knippenberg, u.a. 2003). Jüngste Führungsforschungen wenden sich daher gezielt einzelnen Ausprägungen und deren Wirkungsweisen zu. So zum Beispiel dem inspirierenden Führen und dem Führen bei komplexen mit Paradoxien behafteten, d.h. ambidextren Herausforderungen.

Die Ansätze des inspirierenden sowie des ambidextren Führens und Leitens beinhalten konkrete Hinweise auf jeweilig angemessene Führungs- und Leitungsstrukturen sowie stimmige, praxisbezogene Handlungsmöglichkeiten. So kann nach erfolgter Reflexion u.a. der je eigenen Haltungen sowie des gegebenen Handlungsrahmens ein personbezogen passendes Führungs- und Leitungskonzept erstellt werden, um so einen stimmigen Führungsalltag gestalten zu können.

2.1 Inspirational Leadership

„Leadership over human beings is exercised when persons with certain motives and purposes mobilize, in competition or conflict with others, institutional, political, psychological, and other resources so as to arouse, engage, and satisfy the motives of followers.“ (Burns 1978, S. 18)

Inspirational Leadership ist eines der Elemente einer transformationalen Führungsweise. In der Literatur findet sich bei den Führungsstilen keine eindeutige Definition von Inspirational Leadership. Dies ist dadurch begründet, dass Inspirational Leadership in der Literatur einerseits als allgemeines Führungsverhalten und andererseits als eigener Führungsstil eingesetzt wird. Es ist ein „Sowohl-als-auch"-Phänomen, was das Inspirational Leadership gerade für soziale Organisationen im Bildungs- und Erziehungsbereich so reizvoll und zugleich herausfordernd macht. Inspirational Leadership beinhaltet gerade für das Führen von Expertenorganisationen, wie sie vor allem im Bildungs- und Erziehungsbereich zu finden sind, wesentliche Hinweise und Anregungen: Gelingt einer Führungsperson eine entsprechende Einstellung zu gewinnen / aufzubauen und orientiert sie sich in ihrem Verhalten / ihren Handlungen daran, dann kann die jeweilige Organisation eine große, nachhaltige Ausstrahlung auf die in ihr lebenden Menschen haben. Vor allem: Eine inspirierende Führungsweise ist in ihren Wirkungen durch wissenschaftliche Untersuchungen belegt und von pädagogisch ausgebildeten Personen erlernbar!

Um sich eine allgemeine, grundlegende Vorstellung des Ansatzes von Inspirational Leadership zu machen, kann folgende Umschreibung hilfreich sein:
„Von Inspirational Leadership kann dann gesprochen werden, wenn es einer Führungsperson gelingt, ihre Mitarbeitenden durch die Vermittlung einer sinnstiftenden Vision, durch das Vorleben gemeinsam geteilter Werte und die Einbindung von neuen Denkweisen und Ansätzen hinsichtlich des Erreichens eines gemeinsamen Ziels nachhaltig zu inspirieren" (Lenzlinger, F, 2015).

2.1.1 Einleitende Gesichtspunkte

Ausgehend vom Begriff des „followers“, des einer Idee engagiert Folgenden, zusammen mit Komponenten einer transformationalen Führungsweise, soll bei der Personalführung mindestens ein, möglichst mehrere dieser Komponenten einbezogen werden:

1. Idealized Influence (Idealisierter Einfluss; Vorbild),
   Das Erscheinungsbild, das Auftreten sowie die Kompetenz in den Augen der Mitarbeitenden spielt eine bedeutende Rolle für den Erfolg von Inspirational Leadership.
2. Inspirational Motivation (Inspirierende Motivation; Vision, Optimismus),
   Der Führungskraft geht es u.a. darum, den Mitarbeitenden die Bedeutung der Arbeit und der Ziele sowie möglich Wege zum Zielbereich aufzuzeigen. Die Verwendung von Symbolen / Ritualen spielt eine große Rolle. Wichtig ist eine gemeinsamen getragene Vision für die Effektivität von Inspirational Leadership.
3. Intellectual Stimulation (Intellektuelle Stimulation; kreative Denkweise, Lösungen),
   Wichtig bei der intellektuellen Stimulation ist die Begegnung und Ansprache der Geführten auf Augenhöhe. Dadurch werden Motivation und das eigene Verantwortungsgefühl erhöht. Herausfordernde, aber erreichbare Ziele und Erwartungen werden dabei an die Mitarbeitenden formuliert.
4. Individual Consideration (Individualisierte Fürsorge; persönliche Anliegen weiterentwickeln),
   Wichtig ist es, persönliche Gespräche in respektvoll zugewandter, authentischer Weise mit den Mitarbeitenden zu führen, sie in ihren Anliegen ernst zu nehmen, berufsfeldbezogen zu unterstützen und ihnen so ihre persönliche Weiterentwicklung zu eröffnen. Ebenso förderlich ist ein zeitnahes Feedback z.B. zum täglichen Engagement, auch in gewissen Grenzen, so von Mitarbeitenden

gewollt, Gespräche zu privaten Themen. Entscheidend für den Aufbau von Vertrauen durch Gespräche ist die Gewähr von Vertraulichkeit.

Eine besondere, weil für die Führungsweise eines Inspirational Leadership grundlegende Komponente ist die inspirierende Motivation, deren Facetten im Folgenden näher betrachtet werden sollen.

Eine inspirierende Führungsweise muss immer zugleich kooperative und situative Führungselemente beinhalten, will sie die Mitarbeitenden ja zu erhöhter Selbstverpflichtung (Kommitment), erhöhtem Engagement und wachsender Eigenverantwortung anregen. Dies gelingt einer Führungskraft durch gemeinsam definierte Werte- und Verhaltenskodices, übergreifenden Zielen und Visionen sowie mittel- und langfristig kongruent zu je individuellen Sinn- und Zweckansprüchen angelegten, inspirierenden Vorstellungen und Handlungsweisen. Letzteres umfasst insbesondere die Förderung von systemischem Denken bei den Mitarbeitenden, einem gezielten, auch unkonventionellem Denken sowie einer Haltung des immer wieder Erprobens von „neuen" eher passenden Elementen im Erziehungs- und Lernfeld.

Die Entwicklung hin zu einer für die Mitarbeitenden immer öfter inspirierenden Führungspersönlichkeit erwächst aus Lernprozessen, die mit wachsender, reflektierter Erfahrung immer mehr handlungsleitend wirken.

Eine Inspiration kann sowohl durch eine Sache, einen Inhalt oder eine Person ausgelöst werden. Sie bewirkt eine erhöhte intrinsische Motivation, eine gegebene Situation zu verändern, zu überwinden und erzeugt ein Gefühl hoher innerer Energie, einen enormen Drang zum Handeln (Schaffenskraft) zum Erreichen des intendierten Zieles. Nach Wunderer (2001) besteht das psychologische Konstrukt „Inspiration" aus drei Komponenten: „Providing Meaning, Shared Vision und Use of Symbols“.

- *Providing Meaning* bedeutet, dass bei Mitarbeitenden durch passende Vorgabe einer Bedeutung bzw. eines Zwecks oder einer Sinngebung eine Steigerung des Bewusstseins und des Verständnisses für gemeinsame Ziele erreicht werden kann, z.B.: Den Mitarbeitenden werden Sinn und Bedeutung der Aufgaben, der Teamarbeit und der gemeinsamen Ziele aufgezeigt / konkret verdeutlicht. Dadurch erhöht sich die Attraktivität von Aufgaben und Zielen. Providing Meaning erhöht die Identifikation aller Mitarbeitenden mit den Aufgaben, dem Projekt bzw. der konkreten Organisation.
- *Shared Vision* will die Motivation der Mitarbeitenden durch das gemeinsame Erstellen einer ansprechenden / fesselnden Vision oder Aktion (z.B. ein Vorhaben) erhöhen (Wunderer, 2001). Erreicht wird dies durch die Ansprache und das Einbeziehen aller Mitarbeitenden in den Erarbeitungsprozess einer Vision, eines Leitbildes, einer Konzepts bzw. eines Programms. Das Erarbeiten einer gemeinsamen Handlungsstrategie aller Beteiligten bezweckt, das Kommitment aller involvierten Personen nachhaltig zu steigern. Die Erarbeitung einer vereinenden Vorstellung dient dazu, positive Emotionen zwischen den Beteiligten z.B. Teammitgliedern auszulösen. Im Vordergrund steht auch die Nähe und Offenheit des Leaders gegenüber neuen Ideen, was ein zwar formal korrektes, jedoch unkonventionelles Denken / Handeln einschließt.
- *Use of Symbols* intendiert den Einsatz von Symbolen / Ritualen zur Inspiration der Mitarbeitenden. Nach Bass (1981, S. 209) sind Symbole bzw. Rituale Strategien für das Verständnis und die bewusste oder unbewusste Sinngebung von Organisationen.

2.1.2 Elemente eines inspirierenden Führungsverhaltens

Bass (1988, S. 22) erläutert das inspirierende Führungsverhalten gemäß seiner Inspirational-Leadership-Theorie wie folgt:

„There are different possible behaviours which could be inspirational. The leader could set challenging objectives as standards, use symbols and images cleverly to get idea across, provide meaning for proposed action, point out reasons why followers will succeed, remain calm in crises, appeal to feelings, call for meaningful actions, stress beating the competition, envision an attractive, attainable future and articulate how to get there."

- Wichtig für den Führungserfolg ist es, einen klaren Plan über den weiteren Verlauf und die Ziele der eigenen Organisation zu haben. Nur so sind Sie in der Lage, glaubwürdig und mit Überzeugung inspirierend zu wirken.
- Entscheidend für die Inspiration der Mitarbeitenden ist eine von Ihnen gestaltete und gepflegte aktive, interpersonelle Beziehung, was Empathie, unter Wahrung von professioneller Nähe - Distanz einschließt.
- Bedeutsam ist die Authentizität (authenticity) der Führungskraft, die unabdingbar für einen langfristigen Führungserfolg ist.
- Für inspirierende Leader ist eine klare, passende Sprache ein erforderliches, oft unterschätztes Verhaltensmerkmal. Dies kann trainiert werden, muss jedoch situationsbezogen stimmig und authentisch sein..
- Um Vertrauen aufzubauen im persönlichen Kontakt hilft das Storytelling (Erzählen von sich selbst.) als ein erfolgsversprechendes Instrument zur nachhaltigen Inspiration der Mitarbeitenden.
- Searle und Hanrahan (2006) bezeichnen auch Respekt und Achtung gegenüber den Mitarbeitenden und allen Mitmenschen als erfolgskritisch für Inspirational Leadership.

Inspirationale-Leadership fußt auf zwei Kernbereichen: Kommunikations- und Beziehungsfähigkeit (Führung / Leitung z.B. Selbstführung). Beides ist stark wissens-, erfahrungs- und persönlichkeitsbezogen. Die von Schulz von Thun entworfenen Konzepte „Kommunikationsquadrat“ und „Führungsquadrat“ bilden diese Kernbereiche ab und können als Rahmenkonzepte herangezogen werden (Schulz v. Thun, 1981). Alle Komponenten lassen sich als Lernfelder aktiv von jeder Führungsperson lernend erarbeiten, internalisieren (Einstellungen / Haltungen) und als Handlungsleitlinien praktizierend umsetzen.

Mit dem Kommunikationsquadrat lässt sich der Prozess der Auslösung von Inspiration abbilden. Inspiration ist dabei als das Resultat einer kommunikativen Handlung zwischen Sender und Empfänger einer Nachricht zu verstehen. Entscheidend ist sowohl was jemand äußert als auch das, was beim anderen ankommt.

2.1.3 Kommunikationsquadrat – Wirkungen

Modellhaft bildet das Kommunikationsquadrat die grundlegende Prozessperspektive bei der Auslösung von Inspiration im Führungskontext ab.

Schulz von Thun u.a. beschreiben den vierfachen Gehalt einer Äußerung wie folgt:

„Wenn ich als Mensch, wenn ich als Führungskraft etwas von mir gebe, bin ich auf vierfache Weise wirksam. Jede meiner Äußerungen enthält, ob ich will oder nicht, vier Botschaften gleichzeitig: Eine Sachinformation (worüber ich informiere), eine Selbstkundgabe (was ich von mir zu erkennen gebe), einen Beziehungshinweis (was ich von dir halte und wie ich zu dir stehe) sowie einen Appell (was ich bei dir erreichen möchte)“ (Schulz von Thun u.a., 2000).

Eine inspirierende Führungsweise will durch die Übermittlung einer Botschaft eine Resonanz bei den Empfängern auszulösen. Diese

Resonanz oder auch Reaktion kann anhand des Kontexts von Inspirational Leadership als Resultat der Auslösung von Inspiration bezeichnet werden (vgl. Lenzlinger).

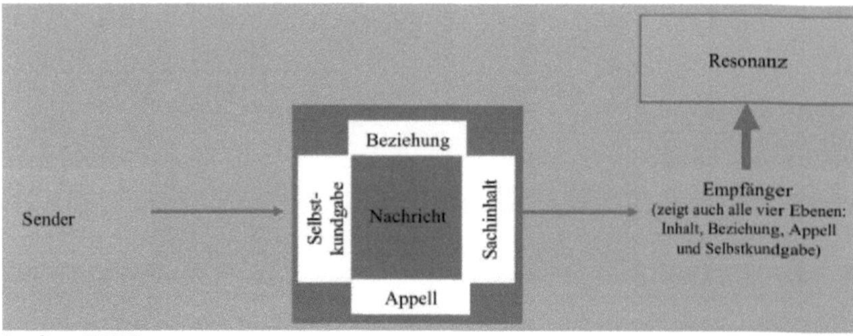

(Lenzlinger, F. 2015)

A) Sachebene:

Die Sachinhalte spielen für die Inspiration der Kolleginnen / Kollegen durch die Führungsperson eher eine eingeschränkte Rolle. Sachinhalte dienen der Führungsperson lediglich zur Vermittlung von rationalen Informationen und Fakten.

B) Beziehungsebene:

Die Beziehungsebene ist für ein erfolgreiches Inspirational Leadership der Führungsperson besonders bedeutsam.

- Ausschlaggebend ist das Vorherrschen einer Vertrauenskultur. Diese Vertrauenskultur wird wesentlich durch das Verhalten und die Vorbildfunktion der Führungsperson beeinflusst bzw. geschaffen. Dabei ist respektvolles, authentisches Verhalten gegenüber den Mitarbeitenden elementar wichtig.
- Die Führungsperson ist dafür verantwortlich, aktiv aus dem Kollegium ein gemeinsam für diese Organisation verantwortliches Team zu formen. Sie formt die Art der Zusammenarbeit und der Kommunikation im Kollegium. Sie muss sich dafür gut in ihre Mitarbeitenden einfühlen können.

- Die Führungsperson muss eine Bewältiger-Mentalität bei Mitarbeitenden aufbauen. Sie muss alle ihre Mitarbeitenden regelmässig durch Feedbacks wertschätzen. Diese Wertschätzung für den (Traum-)Beruf muss die Führungsperson auch bei ihren Mitarbeitenden fördern und fordern.

C) Ebene der Selbstkundgabe:

Neben der Beziehungsebene nimmt das Element der Selbstkundgabe eine wichtige Funktion bei der Auslösung von Inspiration durch die Führungsperson ein.

- Die Führungsperson muss von sich aus eine eindeutige, klare Richtung vorgeben. Sie muss eine Vorstellung bzw. einen Plan haben. Die Führungsperson besitzt eine Wegweisungsfunktion. Dafür muss sie mit ihren Mitarbeitern regelmäßig, jedoch selektiv und häufig auch situativ kommunizieren.
- Elementar ist eine Art Selbstgewissheit, eine „Ausstrahlung" und ein stimmiges Selbstbewusstsein bzw. die „Vermittlung eines Glaubens" an sich selbst und an die Mitarbeitenden.
- Die Führungsperson muss die gleichen Werte vorleben, die sie von jedem Mitglied des Kollegiums verlangt. Diese muss sie gemeinsam mit dem Kollegium definieren und als gültig für sich und die Mitarbeiter taxieren. Ganz wesentlich ist das Vorleben des Arbeitsethos: Ohne Fleiß kein Preis, ohne Einsatz kein Erfolg, ohne Zusammenarbeit keine positive Wirkungen.
- Die Führungsperson muss mit ihren Mitarbeitern auf Augenhöhe kommunizieren. Damit dies funktioniert, muss sie bedürfnisgerecht kommunizieren (z. B. Stellvertretende Leitungsperson, Teamkoordinatorinnen, Fachbetreuende, neu im Beruf Tätige, Auszubildende, Vertretungsfachkräfte usw.). Es muss der Führungsperson auch gelingen, eine Beobachterrolle einzunehmen und dadurch die Distanz bzw. Nähe gegenüber ihren Mitarbeitenden variieren zu können.

D) Appellebene

Auch die Appell-Ebene innerhalb des Kommunikationsquadrats besitzt eine Art Hebelwirkung für die Führung bei der Inspiration von Kolleginnen / Kollegen in sozialen Organisationen. Die Führungsperson sollte hohes eigenes Engagement, Interesse, Freude und Neugier im Berufsfeld haben und dies auch zeigen. Auf dieser Grundlage sollte sie ein angemessenes Selbstvertrauen haben und leben.

Einer Führungsperson in sozialen Organisationen sollte es ein Anliegen sein, das „Feuer“ für die alltäglichen und besonderen Aufgaben in dem Berufsfeld zu erhalten bzw. immer wieder zu entfachen. Hilfreich sind hier immer wieder gezielt eingesetzte Feedbacks (Sehen des Einsatzes / Engagements) auch mit konstruktiver Unterstützung oder auch Kritik im Einzelgespräch.

Die Appell-Ebene umfasst im weitesten Sinne auch die Fähigkeit, Verantwortung und damit auch spezifische Tätigkeits- und Gestaltungsfelder, wo immer dies möglich ist, zu delegieren.

Nur so gelingt es der Führungsperson in eine für das Führen und Leiten einer sozialen Organisation so wichtige Rolle des Beobachtenden, dem Agieren zwischen der Nähe und Distanz zu den Mitarbeitenden, zu schlüpfen. Mit einer durchdachten Delegation und der damit einhergehenden Stärkung der Eigenverantwortung, dem Eröffnen von Frei- und Gestaltungsräumen bei den entsprechenden Mitarbeitenden entsteht der Effekt einer Führung von unten, zugleich auch ein Element der Personalentwicklung. Unterstützend dabei ist die vorherige, gemeinsame Definition von Zielen und Werten von Führungsperson und Mitarbeitenden.

Am erfolgversprechendsten, weil individuelle Kräfte weckend, ist eine situative, flexible Führungsweise, die sowohl Kontroll- als auch freiheitsgebende Elemente beinhaltet. Analog situativ sollen auch die beiden Pole Freude und Anstrengung beim täglichen Erproben zielpersonangemessener Handlungs- und Arbeitsweisen, also Planung, Umsetzung, Reflexion, Anpassung- oder Veränderungsideen usw. gesehen werden. Sprich Fleiß und Disziplin bei den Mitarbeitenden sollen gesehen, unterstützt, gefördert und als Führungsinstrumente eingesetzt werden.

- Eine Führungsperson, die fähig ist, durch ihre Führung Inspiration bei Kolleginnen / Kollegen auszulösen, wird von diesen meist als jemand beschrieben, die eine Offenheit gegenüber neuen Ideen, Ansätzen und Sichtweisen, auch eine stimmige Fehlertoleranz besitzt und damit neue Dynamiken in das Kollegium / Team bringen kann.

2.1.4 Führungs- Leitungspräferenzen - Wirkungen

Jede Führungsperson ist ein „Unikat“, sprich aufgrund ihrer Herkunft, bisherigen Ausbildung, gemachten / reflektierten Erfahrungen und inneren Haltungen einzigartig. Jede Führungsperson hat auf diesen Grundlagen in bestimmten Situationen Handlungstendenzen entwickelt. Für eine gelingende Führung im Kontext von Inspirational Leadership ist es wichtig, diese eigenen, gewachsenen Handlungstendenzen zu erkennen, um anstehende Situationen als Lernprozesse ggf. zur Modifikation zu nutzen.

Bezogen auf das Kommunikationsquadrat ergeben sich in bestimmten Situationen mögliche Handlungstendenzen:

„*Beziehungsgeleitete Führungspersonen* mit Fokus auf der Beziehungsebene:

- Kreieren eine Vertrauenskultur zwischen ihnen und Mitarbeitern; und besonders zwischen den Mitarbeitern untereinander.
- Vermitteln den Mitarbeitern Freiraum und Freiheiten; und ermöglichen Führung von unten.
- Gelingt es durch die Variation von Nähe und Distanz mit den Mitarbeitenden auf Augenhöhe zu kommunizieren, gleichzeitig jedoch auch eine Beobachtungsrolle einzunehmen.

- Richten Ihre Führungsprinzipien und die daraus abgeleiteten Ziele und Maßnahmen mittel- bis langfristig aus. Für die Beziehungsleitende ist Kontinuität und Nachhaltigkeit von elementarer Bedeutung.
- Legen ein besonderes Augenmerk auf die aktive Entwicklung des Teams und formen die Zusammenarbeit im Kollegium.
- Beschützen das Kollegium und sich selbst vor äußeren Einflüssen."

Führende nach Vorbild „mit Fokus auf der Ebene der Selbstkundgabe:
- Agieren durch das Vorleben von gemeinsamen Werten (z. B. Arbeitsethos) als Vorbild.
- Geben den Mitarbeitenden Werte und Ziele vor und dienen als sog. Wegweiser.
- Sind selbstbewusst und versuchen dies auch auf die Mitarbeiter zu übertragen.
- Sind offen gegenüber Innovationen und neuen Ansätzen, um damit bei den Mitarbeitenden neue Dynamiken zu entfachen."

Appell-Führende „mit Fokus auf Appell-Ebene:
- Führen die Mitarbeiter mittels Emotionen; in unterschiedlichen Intonationen und Situationen.
- Entfachen bei den Mitarbeitern die Leidenschaft und ein Feuer für das Aufgabenfeld.
- Verwenden Rituale, Symbole und Metaphern (z. B. Wettbewerbspreis oder Berggipfel).
- Kreieren eher eine Wettbewerbsatmosphäre" (nach Lenzlinger).

2.1.5 Führungsquadrat

In Ergänzung zum Kommunikationsquadrat hat Schulz von Thun für die Inhaltsebene einer Kommunikation das Werte- und Entwicklungsquadrat entwickelt.

Das Werte- bzw. Entwicklungsquadrat ist ein heuristisches Modell, das eine dynamische und dialektische Balance zwischen zwei positiven Qualitäten (sog. Ergänzungspartnerschaften) abbildet (Pörksen & Schulz von Thun, 2014). Die Basis zum Verständnis der Logik des Entwicklungsquadrats wird wie folgt beschrieben (Schulz von Thun, Ruppel, & Stratmann, 2000, S. 54):

„Es geht nicht darum Führungskräfte vom sog. Schlechten zum sog. Guten zu leiten, sondern von dem Guten, wovon sie zu viel haben, hin zu dem Guten, welches ergänzend dazu kommen müsste und vielleicht noch unterentwickelt ist. Und wir sehen plötzlich, die Entwicklungsrichtungen von Menschen überkreuzen sich: Was der eine dringend (zur Ergänzung seiner Persönlichkeit) braucht, hat der andere viel zu viel!"

Das Entwicklungsquadrat intendiert den ausgewogenen Umgang mit den verschiedenen Verhaltensweisen. Schulz von Thun u.a. drücken den Zweck dieser Modellierung so aus:

„Nicht die eindimensionale Spitzenleistung auf irgendeiner Skala darf das Ziel der persönlichen Entwicklung sein, sondern die Integration der Gegensätze, die dynamische Balance der Polaritäten, die Teambildung der inneren Wertgegenspieler" (Schulz von Thun, Ruppel, & Stratmann, 2000, S. 55; siehe „Inneres Team").

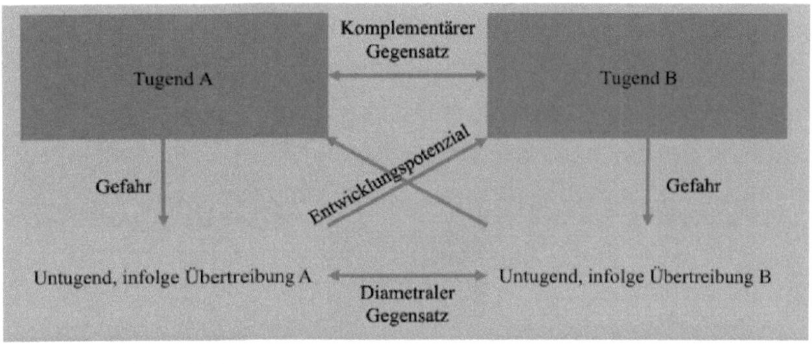

(Schulz von Thun, 1981)

Dieses Werte- und Entwicklungsquadrat wird im Kontext von Inspirational Leadership als Führungsquadrat bezeichnet und weiterentwickelt in dem Sinne, dass bei Inspirational Leadership eine Kombination von Kommunkations- und Führungsquadrat tragend ist.

Das Kommunikationsquadrat legt einen Fokus auf den Prozess zur Auslösung von Inspiration bei den Mitarbeitenden. Das Führungsquadrat dient der inhaltlichen Analyse von Inspirational Leadership.

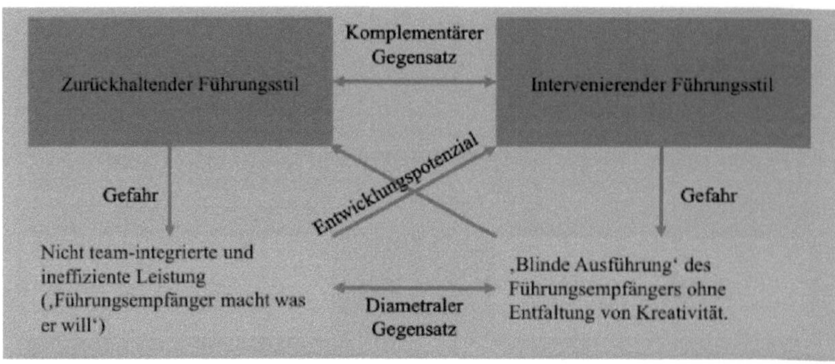

(Lenzlinger)

Die beiden polaren Führungseigenschaften des stärker zurückhaltenden bzw. des eher forsch intervenierenden Führungsverhaltens bilden eine inhaltlich relevante Dimension des Inspirational Leadership. Die Führungsperson muss, um authentisch führen zu können, sich situativ stimmig entscheiden zwischen folgenden „Ergänzungspartnerschaften des Inspirational Leadership:

1 Selbstsicheres vs. moderates Führungsverhalten;
2 Mitarbeiterspezifisches vs. teamspezifisches Führungsverhalten;
3 Dominantes vs. freiraumgewährendes Führungsverhalten
4 Emotionales vs. rationales Führungsverhalten;
5 Nahbares vs. distanziertes Führungsverhalten; Damit
6 Zurückhaltendes vs. intervenierendes Führungsverhalten;
7 Exponierendes vs. protektionistisches Führungsverhalten;
8 Delegatives vs. selbstausführendes Führungsverhalten;

9 Innovierendes vs. bewahrendes Führungsverhalten“ (nach Lenzlinger).

Damit lassen sich für das Praktizieren eines Inspirational Leadership „neun Dimensionen mit folgenden Elementen feststellen: 1) Adressat; 2) Distanz; 3) Exposure; 4) Authentizität; 5) Dominanz; 6) Intervention; 7) Emotionalität; 8) Befugnis; und 9) Innovation“ (Lenzlinger).

Um die eigene, aktuell eher praktizierte Führungsweise zu erkennen, kann die Arbeit bzw. das Markieren in folgender Grafik dienen; Beispiel eines „Führungsnetzes“ ausgefüllt:

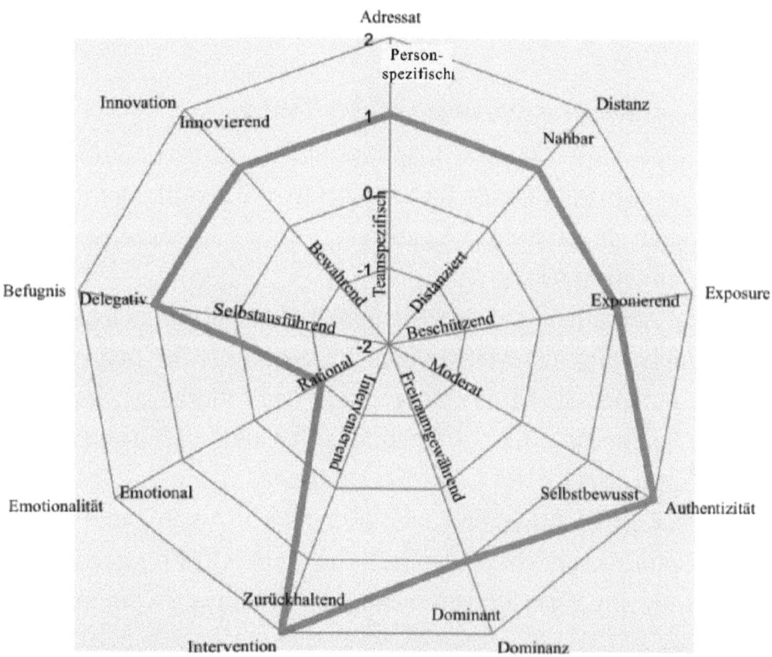

(Lenzlinger)

Das Führungsnetz sollte realistisch ausgefüllt werden; denn nur dann können Erkenntnisse und mögliche verändernde Maßnahmen / Entscheidungen daraus abgeleitet und getroffen werden.

Entscheidend für die Wirkungen für ein Inspirational Leadership ist ein ausgewogenes Vorhandensein möglichst vieler der Dimensionen; d.h. idealerweise sollten die Markierungen mit geringen Schwankungen im Bereich +1 bis -1 liegen. Werte im Bereich +2 sind nicht unbedingt so positiv, wenn es nur Einzelwerte sind. Entsprechendes gilt für Werte bei -2, deren konkrete Ausprägung unbedingt genauer angesehen werden muss, um ggf. rasch passende Veränderungen vorzunehmen. In der Gesamtsicht sollte es ein Sowohl-als-auch sein, das heißt eine für die Führungspersönlichkeit stimmige Balance hinsichtlich der Ausprägung der neun Dimensionen aufweisen.

2.1.6 Inspirational Leadership - Maßnahmen

Welche Elemente eine auf dem Inspirational Leadership aufbauende Führungsweise aufweist, wurde bisher erörtert. - Es stellt sich nun die Frage, wie kann Inspirational Leadership in der konkreten Praxis erreicht bzw. angewendet werden?

Lenzlinger hat aufbauend auf den Elementen des Führungsnetzes eine Art ´Werkzeugkasten´ für Maßnahmen im Kontext des Inspirational Leadership entwickelt. Besonders stellt er heraus, dass die Maßnahmen stimmig zur Persönlichkeit der Führungsperson konzipiert und praktiziert werden müssen, sich jedoch die Führungsperson in allen Dimensionen lernend und veränderungsfähig weiterentwickeln kann bzw. sollte, um ihr Führungsverhalten zukünftig immer situationsangemessener und stimmiger optimieren zu können.

Grundlegend gilt für jede Führungsperson: Weist eine Führungskraft in ihrer inneren Einstellung Authentizität, Empathie, Wertschätzung, Werteorientierung, Verlässlichkeit, Ausdauer, stimmiges Selbstbewusstsein, berufliche Neugier und Fleiß auf, so vermag sie bei ihren Mitarbeitenden eher ein inspiriertes Denken und Verhalten auszulösen.

Kommt noch eine passende Fehlertoleranz bei Erprobungsphasen von neuen Ansätzen hinzu, gewinnt sie mindestens diejenigen ihrer Mitarbeitenden, die gerne neue, auch unkonventionelle Wege in ihrem Arbeitsfeld zur Zielerreichung einschlagen. Weist eine Führungskraft einen hohen Grad der oben genannten Merkmale auf, so ist dies in sozialen Organisationen eine hohe Gewähr für ein positives, engagiertes und gesunderhaltendes Arbeitsklima.

Adressat: Diese Dimension unterscheidet die Relevanz der Kollegiums- bzw. Teamführung von der der personbezogenen Mitarbeiterführung. Eine Führungsperson kann zum einen das gesamte Kollegium bzw. Team oder einen einzelnen Mitarbeiter zum Adressaten seiner Führung bzw. seines Führungsverhaltens machen. Einerseits kann eine Führungsperson durch Ansprache in Konferenzen oder Besprechungen die gesamte Mitarbeiterschaft, auch mit z.B. der Unterstützung durch Veranschaulichungsmittel engagiert ansprechen. Andererseits ergeben sich immer wieder genügend Möglichkeiten, um mit Mitarbeitern individuell zu sprechen. Bei wichtigen Themen sollte dafür ein gemeinsamer Termin vereinbart werden. Auch können Mitarbeiter z.B. je nach Berufserfahrung bzw. -jahren oder spezifischen Kenntnissen / Fähigkeiten gezielt und individuell gefördert werden. Hilfreich ist hier z.B. ein Fortbildungskonzept, das im Kollegium besprochen ist. Hinsichtlich einer Personalentwicklung kann mit einzelnen Mitarbeitern auch z.B. ein Eins-zu-eins-Coaching eingesetzt werden. Eine weitere Möglichkeit diese Dimension zu beeinflussen, ist die Integration aller Teamkoordinatoren in die Führung (erweiterte Leitung), z.B. ins Steuerteam. Bei allen Maßnahmen der Einzel- und Teamführung sollte eine klare, einfache Sprache mit Rückversicherung des Verstandenseins verwendet werden.

Distanz: Das Spannungsfeld zwischen Nähe und Distanz zu den Mitarbeitenden ist eine weitere Determinante von Inspirational Leadership im Leiten sozialer Organisationen. Relevant ist eine empathische, einfühlsame Nähe, in Ritualen auch z.B. ein Handschlag oder, so passend, eine Umarmung für eine erfolgreiche Führung. Auch das Einhalten einer professionellen Distanz bei konstruktiver Interaktionsweise kann situativ geboten sein, um z.B. eine Beobachtungsfunktion wahrnehmen zu können.
Eine weitere Möglichkeit Nähe zu Mitarbeitenden zu schaffen, ist das Erzählen (Storytelling) von beruflichen oder ggf. auch privaten Erlebnissen und Erfahrungen. Auch gemeinsame Aktivitäten wie u. a. Klausurtagungen, Kollegiumsausflüge bzw. -events (z.B. Kletterpark, Bootsfahrt), hausinterne Fortbildungen (z.B. mit der örtlichen Feuerwehr, dem Roten Kreuz), Teamsport (z.B. Kraftsport-, Badminton-, Handballgruppe), fördern die Beziehung zwischen Führungsperson und Teams bzw. dem Kollegium. Fotos oder Kurzfilme von gemeinsamen Erlebnissen, die jedem zugänglich gemacht werden, stärken positive Erinnerungen an gemeinsame Aktivitäten und damit die Teamkohäsion.

Exposure: Bei der Dimension Exposure geht es darum, inwiefern eine Führungsperson ihre Mitarbeitenden gegenüber Dritten exponiert bzw. sie gegenüber diesen schützt. Nahezu jede soziale Organisation, vor allem im Arbeitsfeld mit Kindern und Jugendlichen steht immer wieder im öffentlichen Fokus. Erziehungsberechtigte, öffentliche Behörden, z.B. Sozialverwaltung einer Gemeinde, Staatliches Schulamt / Regierungspräsidium, Lokalpolitiker, Kirchenvertreter bzw. Kirchenverwaltungen nehmen je nach Situation das öffentliche Bild bis hin zur inhaltlichen Arbeit einer sozialen Organisation genauer in den Blick, erheben Forderungen, geben Handlungswünsche usw.. Hier ist in erster Linie, zumindest im allgemeinen Aufgabenfeld, die Leitung der jeweiligen Organisation gefordert; denn sie vertritt ihre Organisation nach außen. Zum Beispiel bei Schulen ist dies ausdrücklich im Schulgesetz so geregelt. Werden Klagen z.B. von Erziehungsberechtigten über die Arbeits- oder Verhaltensweise einer Fachkraft erhoben, ist es zum Abbauen oft emotional überformter Äußerungen sinnvoll, diese zunächst in ruhiger, zugewandter Form entgegenzunehmen, um herauszufinden, wer das Problem hat: Liegt ein Problem im Feld der Erziehungsberechtigten oder ein Führungsproblem vor, oder handelt es sich um ein z.B. inhaltliches bzw. methodisches Detailproblem, das nur die Fachkraft lösen kann.

Im ersteren Fall ist die Führungsperson auch aus Fürsorge für den Mitarbeiter gefordert. Sie wird im Gespräch mit den Erziehungsberechtigten zunächst diese anhören, die Situation durch aktives Zuhören so weit als möglich klären, um dann konkret die spezifischen Aufgabenfelder und Wirkungsmöglichkeiten der Organisation aufzuzeigen (sozusagen die „Geschäftsgrundlage“ aller Beteiligten), auf die Bedeutung einer Kooperation von Erziehungsberechtigten und Organisation hinweisen und auf konkrete Vereinbarungen abzielen.
Erkennt die Führungsperson ein in ihrem Handlungsrahmen gegebenes Führungsproblem, so klärt sie ähnlich wie oben zunächst mittels aktivem Zuhörens die Betroffenheit und die gesehene Sachlage bei den Klageführenden. Sie sucht dann fragend, z.B. mit geschlossenen „W-Fragen“ (z.B. „Wer?“, „Wann?“, „Wo?“), sodann mit offenen Fragen (z.B. „Was?“ und „Wie?“); zu ergründen, welchen Handlungsauftrag die Klageführenden ihr erteilen wollen. Klar muss sein, dass ein erkanntes Führungsproblem allein bei der Führungsperson angesiedelt ist und keinesfalls Mitarbeitende nach außen „aufgestellt“ werden. Unbenommen und geboten sind ggf. organisationsintern erforderliche Klärungen und zu treffende Regelungen mit tangierten Mitarbeitenden. In der aktuellen, möglicherweise auch emotional auf Seiten von Führungsperson und

Klageführenden geprägten Situation, sollte keine konkrete bzw. detaillierte Ansage erfolgen; denn vor einer Handlung sollte diese, ggf. nach Einholen weiterer auch innerorganisatorischer Informationen, ohne Zeitdruck genügend durchdacht werden. Das Signal an die Klageführenden sollte jedoch für diese akzeptabel sein, im Sinne von: Sie fühlen sich verstanden, respektiert und die Führungsperson kümmert sich um das Anliegen. Je nach Situation kann auch eine zeitnahe Rückmeldung an die Klageführenden abgesprochen werden.

Wurde im Erstgespräch der Führungsperson mit den Klageführenden ein Problem auf Seiten des Mitarbeiters festgestellt, so sollte die Führungsperson z.B. erfragen, ob die Klageführenden bereits mit dem Mitarbeiter Kontakt aufgenommen bzw. gesprochen haben? Mit welchem Ergebnis? Je nach Situation könnte jetzt entweder ein Führungsproblem oder ein beim Mitarbeiter anzusiedelndes Detailproblem erkannt werden. Liegt ein Detailproblem (z.B. methodische oder inhaltliche Fragen) vor, sollte die Führungskraft den Klageführenden nach Absprache und Information des Mitarbeiters einen Gesprächstermin anbieten, um alle Fragen dort zu klären. Es ist sinnvoll, den Gesprächstermin zwar zeitnah, jedoch mit zwei bis drei Tagen Abstand zu vereinbaren; denn sowohl die Führungskraft wie der Mitarbeiter müssen sich auf das Gespräch vorbereiten können. Im dann stattfindenden Gespräch fungiert die Führungsperson in Moderatorfunktion, die das Gespräch leitet hinsichtlich z.B. Zeitvorgabe, Gesprächsablauf, Zusammenfassungen des aktuellen Gesprächsstands, Festhalten und Klären von Vereinbarungen sowie dem Beenden des Gesprächs. Neben der Moderationsfunktion hat die Führungsperson auch eine Schutzfunktion für den Mitarbeiter im Gespräch: Sie achtet streng auf die einzuhaltende Gesprächsform (Achtung und Respekt für den Gesprächspartner). Ihre Funktion erklärt die Führungsperson ggf. schon bei der Vereinbarung des

Gesprächstermins, jedoch spätestens zu Beginn des gemeinsamen Gesprächs. Bei kritischen Gesprächen ist es sinnvoll eine weitere, protokollführende Person dabei zu haben. Bei Einverständnis aller Beteiligten könnte auch ein Tonaufzeichnungsgerät zum Einsatz kommen.
Wie oben bereits erwähnt, vertritt allein die Führungsperson ihre Organisation nach außen, was entweder in Satzungen oder Gesetzen bzw. Rechtsverordnungen geregelt ist. So schirmt die Führungsperson ihre Mitarbeitenden vor der (interessierten) Öffentlichkeit, z.B. der örtlichen Presse, ab.

Authentizität: Diese Dimension determiniert das Führungsverhalten im Spannungsfeld zwischen einem moderaten und einem selbstbewussten Auftreten gegenüber dem Kollegium bzw. dem Team sowie gegenüber der Öffentlichkeit. Bescheidenheit wird von vielen Mitarbeitenden geschätzt. Andererseits wird gegenüber dem Kollegium bzw. Team sowie gegenüber Dritten auch ein selbstbewusstes Auftreten gefordert. Ein Instrument zur Steuerung dieser Dimension kann die selbstbewusste Formulierung und Bekanntgabe von Visionen und konkreten, erreichbaren Zielen für die Weiterentwicklung im Aufgaben- und Arbeitsfeld dienen. Dies umfasst u.a. die Bereiche Beziehung und Organisation, über die die Führungsperson bei allen gebotenen Informationen und Detailklärungen alleinige Handlungsbefugnis hat: Eine Führungsperson kann dann inspirierend wirken, wenn sie ihre innere Einstellung im täglichen Handeln sichtbar / erlebbar macht. Die Führungsperson muss die gemeinsam mit dem Kollegium definierten Werte (Leitlinien, Konzepte, Programme usw.) mit hoher Integrität vermitteln. Sie muss diese dem Team / Kollegium täglich aktiv vorleben! So wirkt sie auch hinsichtlich des Miteinanders unter den Kolleginnen / Kollegen und erarbeitet bzw. erhält sich eine Vertrauensbasis.

Elementar ist das Einnehmen einer integren Vorbildfunktion im alltäglichen Geschehen und Arbeitsablauf in der jeweiligen Organisation. Eine Führungsperson, die von Bescheidenheit spricht, sollte diese für ihre Mitarbeitenden auch erfahrbar zeigen. Gerade in sozialen Organisationen führt die Leitungsperson durch das Setzen von Strukturen, z.B. von stimmiger Teamorganisation und eröffnen von Mitwirkungs- und Eigengestaltung verbunden mit erhöhter Selbstverantwortung; jedoch auch durch spezifisches Gestalten der Beratungsweisen, z.B. in Konferenzen. Angemessen strukturierte und zum jeweiligen Thema stimmige methodische Maßnahmen können sowohl die Sachberatungen intensivieren, als auch abwechslungsreicher und nachhaltiger, weil vielfältiger, zur Sachklärung beitragen (siehe Folgekapitel in diesem Band).

Dominanz: Aus den obigen Ausführungen wurde ersichtlich, dass der Dimension der Dominanz, die sich im Spannungsfeld zwischen einer dominanten und einer freiraumeröffnenden Führungsweise, eine gewichtige Rolle in der Wirkungsweise von Inspirational Leadership zukommt. Das Eröffnen passender Freiräume ist eine ´sine qua non´ von Inspirational Leadership. Dies kann in sozialen Organisationen im Aufgabenfeld von Bildung und Erziehung in zwei Ansätzen wirken:
Zum einen beim Mitarbeiter im Ausgestalten eines persönlich zu verantwortenden Handlungsrahmens, z.B. dem Ermuntern Dinge anders oder neu zu denken und dies im Rahmen der gesetzten Vorgaben auch zu erproben. Was von Seiten der Führungskraft eine erhöhte Fehlertoleranz voraussetzt. Zum anderen kann im Kollegium eine andere Arbeitsstruktur durch eine Organisation z.B. in Aufgabenteams erfolgen (siehe Band Führen und Leiten in dynamischer Balance; hier Führen in Teamstrukturen). Gerade in sozialen Organisationen im Bildungs- und Erziehungsbereich, z.B. Schulen, bietet sich aufgrund der Heterogenität der Kinder / Jugendlichen (z.B. erhöhter Abstimmungsbedarf unter den

Fachkräften), eine für die Mitarbeitenden innerorganisatorisch passende Struktur an, um die täglich anfallenden Arbeiten effizienter erledigen zu können. Hier ist z.B. das klar umrissene Delegieren von Verantwortlichkeiten bei Förderung der Selbstverantwortung in Teams sinnvoll, um für die Führungsperson selbst mehr Leitungsfreiraum z.B. in ihrer Steuerungs- und Beobachtungsfunktion zu gewinnen; Beispiel: Personalentwicklung.

Intervention: Die Dimension der Intervention determiniert, ob die Führungsperson eher ein intervenierendes oder ein zurückhaltendes Führungsverhalten einsetzt. Die Führungsperson kann in sozialen Organisationen durch bestimmte, in ihrem alleinigen Handlungsrahmen mögliche organisatorische bzw. im Einzelfall greifende Setzungen bewusst z.B. die Arbeitsabläufe fördernd beobachten, gestalten oder stärker intervenierend (Vorschriften machend) ausrichten. Klar sollte sein, dass eine Führungskraft dann intervenieren muss, wenn von Mitarbeitenden z.B. gesetzlich oder satzungsgemäß vorgegebene Richtlinien überschritten werden. Mitarbeitende fordern meist von ihrer Führung bzw. Leitung Rückmeldungen zu der von ihnen täglich geleisteten Arbeit. Sie wollen in ihrem Engagement gesehen werden. Hier sollte eine Führungsperson eine Feedbackkultur einführen und dauerhaft institutionalisieren. Das Geben eines Feedback, das Offenlegen einer Außensicht für die Mitarbeitenden, sei dies nun freiwillig oder formal gesetzt (z.B. dienstliche Beurteilung / Dienstbericht) stellt eine mögliche Intervention dar. Auch in Konferenzen kann durch entsprechend allgemein angesproche Fakten oder Situationen eine Art Intervention stattfinden, wissend, dass sich ggf. einige Mitarbeitende nicht angesprochen fühlen. Auf keinen Fall darf ein individuelles Feedback im Kollegium erfolgen. Am nachhaltigsten und zielführendsten ist ein freiwilliges, eingefordertes Feedback, das individuell aufgrund von Beobachtungen im Aufgaben- und Arbeitsfeld sowie sonstigen dienstlichen Beobachtungen erfolgt.

Emotionalität: Diese Dimension bewegt sich im Spannungsfeld der rationalen und der emotionalen Führung des Kollegiums / Teams. Sie ist eine gewichtige Determinante von Inspirational Leadership speziell in sozialen Organisationen. Die Interaktionen mit Kindern / Jugendlichen sind immer mit einer mehr oder weniger großen emotionalen Komponente versehen. Gerade bei der Dimension Emotionalität ist die situative Stimmigkeit entscheidend, z.B. kann in bestimmten Situationen ein Ruhe bewahrendes Führungsverhalten inspirierend wirken.
Einerseits ist es wichtig, Emotionen bewusst einzusetzen und hervorzurufen, um die Mitarbeitenden zu inspirieren. Um solche Emotionen zu wecken, sind anschauliche, mit konkreten, praxisbezogenen Beispielen aus dem Arbeitsfeld versehene und authentisch gestaltete Ansprachen / Vorträge z.B. bei einer internen Fortbildung, einer thematischen Konferenz, an einem Fachtag / einer Fachkonferenz geeignet. Vorteilhaft zur Schaffung eines inspirierenden Umfelds kann auch der Einbezug von Fachkräften sein, die ihre entsprechenden Erfahrungen z.B. mit Videos oder sonstigen passenden Veranschaulichungsmedien vorstellen. Andererseits gibt es bestimmte Situationen, in denen es für ein Kollegium / Team angebracht ist, in sachlicher, rationaler Weise zu führen.

Befugnis: Diese Dimension regelt das Spannungsfeld der Führung zwischen Delegation und Eigentätigkeit. Grundlegend für jedwede Delegation ist ein gegenseitiges, belastbares Vertrauen. Die Führungsperson kann z.B. bei einer Teamstruktur im Kollegium Tätigkeits- und Verantwortungsbereiche bis hin zu konkreten Entscheidungen den jeweiligen Teamberatungen, geleitet durch die teamkoordinierende Person, überlassen. Die jeweiligen Entschei-

dungsrahmen müssen vorher klar umrissen und benannt sein. Ebenso inspirierend kann das Verdeutlichen der Wichtigkeit und Bedeutung jedes einzelnen Mitarbeitenden sein, der viel Energie in die gemeinsamen Aufgaben einbringt.
Ein konkretes Instrument könnte eine spezifizierte Vereinbarung / Zielsetzung mit dem jeweiligen Team / einer Fachgruppe usw. sein, sodass diese in ihrem Tätigkeitsfeld selbständig / eigenverantwortlich und intern verbindlich arbeiten kann. Hilfreich ist es, wenn eine solche Gruppe für sich intern, der Führungsperson bekannt, eine Art schriftliche Vereinbarung trifft.
Ein weiteres Instrument innerhalb dieser Dimension ist es z.B. einem Team für die anstehenden Aufgaben Ressourcen einzuräumen, sei dies ein Finanz- oder ein Zeitrahmen (Anrechnung bzw. Deputatsverlagerung).
Für ein Team wie für ein Kollegium besitzt es eine relevante Bedeutung, wenn die Führungsperson gelegentlich ihr mögliche unterstützende Arbeiten fürs Team selbst ausführt, anstatt z. B. in ihrer Beobachterrolle zu bleiben.

Innovation: Diese neunte Determinante von Inspirational Leadership beinhaltet den Umgang der Führungsperson mit Innovationen bzw. mit der Bewahrung des Status quo. Durch das Anregen und die Integration von neuen methodischen oder didaktischen Ansätzen kann es gelingen, Inspiration innerhalb des Kollegiums / eines Teams auszulösen. Die Führungsperson kann ausgehend vom eigenen Vorbild eine Atmosphäre der beruflichen Neugier und Kreativität bei möglichst vielen ihrer Mitarbeiter anstoßen und fördern.
Eine Führungsperson kann z.B. passend zum aktuellen Thema einen „Blick über den Tellerrand" organisieren, sei dies durch das Einbeziehen von Fachleuten (z.B. aus der Elternschaft, oder Wirtschaftspartnern) oder das Aufsuchen passender Unternehmen, um dadurch innovative Ideen im entsprechenden Arbeitsumfeld zu

erfahren und daraus für die je eigene Arbeit weiterführende Denkansätze bzw. Erprobungen anzuregen. Mit Blick auf eine Gesundheitsvorsorge und -fürsorge, können auch bestimmte Sportarten z.B. bei einer kollegiumsinternen Fortbildung wie Yoga, Bogenschießen, Klettern, Trainingsmöglichkeiten im Alltag (u.a. Rückentraining), usw. hilfreich sein. Für jede Führungsperson sehr zu empfehlen sind der Austausch von Erfahrungen mit Berufskollegen z.B. in einer Supervisions- oder Fortbildungsgruppe. Ein solcher Austausch kann sehr erfrischend / ermutigend sein, um vielleicht schon selbst angedachte, jedoch aus Unsicherheit zurückgestellte neue Führungsmethoden zu erproben. Andererseits sollte eine Führungsperson, die diese Funktion erst kürzlich übernommen hat, zunächst die an der neuen Stelle üblichen Abläufe und Vorgehensweisen erkunden und ggf. hinterfragen, bevor tiefergreifende Veränderungen angedacht und eingeleitet werden. Auch Postulate, die sich oft in der Fachliteratur finden, sollten auf dem Hintergrund der eigenen Persönlichkeit reflektiert, ggf. modifiziert und für die örtliche Situation (Ausstattung / Personal, usw.) passend angepackt und umgesetzt werden. Auch hier gilt das Motto „Sowohl-als-auch“: Bewährtes, Neues und Veränderungswürdiges sollten in einem ausgewogenen Verhältnis gesehen und wo immer gemeinsam gestaltet werden (nach Lenzlinger (Struktur), modifiziert und verändert).

Das Führungsnetz und seine einzelnen Dimensionen können von einem Mitarbeiter aus seiner jetzigen Sicht ausgefüllt werden. Gleichzeitig füllt die Führungskraft ein Führungsnetz mit Blick auf den Mitarbeiter selbst aus und stellt dann dieses dem vom Mitarbeitetr ausgefüllten gegenüber. Anschließend könnten beide mit dem betreffenden Mitarbeiter besprochen zu einer qualifizierten Beratung (Selbst- und Fremdwahrnehmung) oder einem Personalentwicklungsgesprächs und später einer Personalentwicklung verwendet werden. Die Führungskraft schafft durch dieses Instrument eine in sozialen

Organisationen besonders im Bildungs- und Erziehungsbereich für dort tätige Mitarbeiter eine oft so nicht übliche Transparenz z.B. im Bereich der Personalauswahl oder auch Personalbeurteilung.

Literatur:

Bass, B. M.; Bass & Stogdill's handbook of leadership: theory, research, and managerial applications. (3rd ed.), New York 1981.

Bass, B. M.; The Inspirational Process of Leadership. Journal of Managment Development(5), pp. 21-31, 1988

Burke, R. J., & Cooper, C. L.; Inspiring Leaders, New York 2006.

Wunderer, R.;Führung und Zusammenarbeit. Eine unternehmerische Führungslehre. (4. vollständig überarbeitet ed.). Neuwied-Kriftel 2001.

Gotschall, D.; The Inspirational leadership of social entrepreneur and philanthropist Malcom Harris, San Francisco 2010.

Jenewein, W., & Heidbrink, M.; High-Performance-Teams, Die Fünf Erfolgsprinzipien für Führung und Zusammenarbeit. Stuttgart 2008.

Lenzlinger, F.; Learning Inspiration: Untersuchung von Hochleistungsteams im Fussball zur Entwicklung eines Inspirational-Leadership-Modells, St. Gallen / Schesslitz 2015.

Pörksen, B., & Schulz von Thun, F.; Kommunikation als Lebenskunst: Philosophie und Praxis des Miteinander-Redens. Heidelberg 2014.

Schulz von Thun, F.; Miteinander Reden 1 - Störungen und Klärungen, Reinbek bei Hamburg 1981.

Schulz von Thun, F., Ruppel, J., & Stratmann, R.; Miteinander Reden: Kommuniksationspsychologie für Führungskräfte, Reinbeck bei Hamburg 2000.

Schüller, A. M.; Generation Y - So führen wir heute erfolgreich, Zurich 2014.

Searle, G. D., & Hanrahan, S. J.; Leading to Inspire others: charismatic influence or hard work? Leadership & Organizational Development Journal.(7), pp. 736-754, 2010.

Snook, S., Nohria, N., & Khurana, R.; The Handbook for Teaching Leadership. Knowing, Doing, Being. Thousand Oaks, CA 2012.

Walter-Busch, E.; Arbeits- und Organisationspsychologie im Überblick, Stuttgart 2008

Anlagen

Kategorien von Inspirational Leadership - Sicht der Führungsperson

Kategorien	1	2	3	4	5	6
1: Ist authentisch mit sich selbst.						
2: Ist authentisch zu den Mitarbeitenden.						
3: Setzt sich mit Mitarbeitenden auseinander, fördert, fordert und gibt Feedback.						
4: Fördert die Zusammenarbeit des Teams / Kollegiums.						
5: Führt das Kollegium situativ flexibel.						
6: Fühlt sich in einzelne Mitarbeiter ein.						
7: Wertschätzt seine Kolleginnen / Kollegen.						
8: Ist stetig und ausdauernd (Steter Tropfen höhlt den Stein).						
9: Agiert zwischen Nähe und Distanz.						
10: Nimmt Mitarbeiter in Verantwortung und lässt sie mitentscheiden.						
11: Gibt den Mitarbeitenden eine Vision vor und vermittelt Vertrauen.						

12: Löst durch Ideen / Beispiele und Emotionen Inspiration aus.						
13: Lebt den Mitarbeitenden Werte vor.						
14: Beschützt die Mitarbeitenden und sich selbst.						
15: Bezieht Experten mit ein.						
16: Redet seine Mitarbeiter stark (Mit … schaffen Sie das!).						
17: Kreiert ein Innovationsteam, um immer besser zu werden.						
18: Kann Neugier in den Mitarbeitenden anregen.						
19: Ohne konkreten Einsatz / Fleiß keine Inspiration.						
20: Bringt neue Ideen und Dynamik ins Kollegium.						

(nach Lenzlinger, F.; 2015)

Kategorien von Inspirational Leadership – Kollegenperspektive

Kategorien	1	2	3	4	5	6
1: Kommuniziert und agiert authentisch und transparent.						
2: Beachtet das ganze Kollegium und gibt Feedback.						
3: Hat einen Führungsstil, der Raum für Resonanz lässt.						
4: Inspiriert die Mitar-beitenden als aktives Vorbild.						
5: Entwickelt und präsentiert Visionen.						
6: Fühlt sich in seine Mitarbeitenden ein und führt mit Herz.						
7: Vermittelt lockere und positive, und doch bestimmte Stimmung.						
8: Leitungsperson formt Interaktionen des Kollegiums.						
9: Feiert Erfolge ansprechend mit Ritualen / Symbolen.						
10: Löst Inspiration durch Ideen, Emotionen und Metaphern aus.						
11: Führt und entwik-kelt das Kollegium "von unten".						

12: Hält den Mitarbeitenden den Rücken frei und verschafft ihnen Ruhe.						
13: Spricht den Mitarbeitenden Mut zu.						
14: Ihre Führung basiert auf Vertrauen.						
15: Vermittelt und strahlt Selbstbewuss-tsein aus.						
16: Inspiriert durch seine Körpersprache, Stimme & Wortwahl.						
17: Vermittelt den Mitarbeitenden Wertschätzung für die Arbeit.						
18: Ist im Kollegium präsent im Geschehen.						
19: Ist bestrebt, besser zu werden.						
20: Setzt bedingungslos auf seine koordinierenden Mitarbeiter (z.B. Team...).						

(nach Lenzlinger, F.; 2015, angepasst, verändert)

Führungsnetzmodell

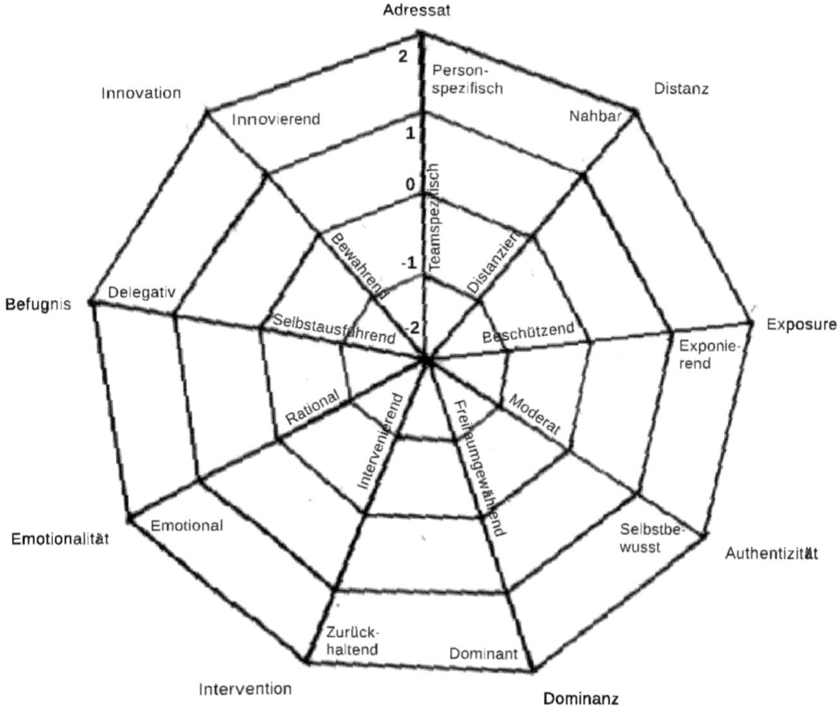

2.2 Führungs- und Leitungshandeln bei komplexen, komplementären Anforderungen

Einleitende Gesichtspunkte

Die Herausforderungen und damit Anforderungen an Führungspersonen in Organisationen mit Erziehungs- und Bildungsaufgaben haben sich in jüngster Zeit vervielfacht vor allem aufgrund ihrer steigenden Komplexität. So wird auch in öffentlichen Organisationen immer mehr auf Effektivität und Effizienz und einem optimierten Umgang mit eingesetzten Ressourcen sowohl in materieller wie personaler Hinsicht geachtet. Dies zeigt sich z.B. in einem erhöhten Leistungs-, Innovations-, Effizienz- und Zeitdruck, was sich im Feld von Erziehung und Bildung z.B. in einer erhöhten Dokumentations-, Individualisierungs- und Kommunikationspflicht zeigt. Verstärkt wird dies noch durch die politisch gesetzte Outputorientierung z.B. im schulischen Bereich. Führungspersonen im Erziehungs- und Bildungsbereich müssen so verstärkt, das bei einzelnen Personen im Kollegium vorhandene Expertenwissen fürs gesamte Kollegium synergetisch zusammenführen, was mit dem Aufbau einer Teamstruktur für alle Beteiligten positiv gestaltet werden kann (siehe: Führen und Leiten in dynamischer Balance, 2017). Liegen bei entsprechenden komplexen Herausforderungen innerhalb derselben Widersprüche und / oder scheinbar komplementäre Anforderungen (Paradoxien) vor, muss sich die Führungsweise passend zu den Gegebenheiten angemessen verändern. Organisationen mit Erziehungs- und Bildungsauftrag agieren in einem dynamischen Umfeld. Dies bedeutet, dass sie vor Ort bzw. intern flexible Organisationsstrukturen und im Bereich des Kerngeschäfts dezentrale Entscheidungsspielräume und -prozesse benötigen, was sich wiederum auf die gebotene Führungsweise einer konkreten Organisation auswirkt. An eine Führungsperson, die ein Kollegium von Experten leitet stellt sich damit die Aufgabe, eine dynamische

Balance zwischen Exploitation und Exploration zu gestalten. Exploitation bedeutet die effiziente Nutzung vorhandener Kompetenzen, während Exploration das Ziel einer kreativen Entwicklung neuer Kompetenzen, Prozesse und Handlungsweisen hat (nach Kearney, 2013). Ein weiteres Gegensatzpaar stellt Effizienz versus Flexibilität dar. In pädagogischen Arbeitsfeldern wird in jüngster Zeit vermehrt Effizienz gefordert. Vor Ort, in der Arbeit mit z.B. einem konkreten Kind bzw. Kindern ist i.A. eine erhöhte Flexibilität in der Anspracheweise erforderlich, um überhaupt einen Lernprozess beim Kind aktivieren zu können. Die übergeordneten Instanzen müssen dies in ihren vor Ort wirkenden Regelungen bedenken, soll vor Ort situativ stimmig gehandelt werden können.

2.2.1 Gedanken zum Handeln bei komplementär wechselwirksamen Anforderungen (Ambidextrie)

Um konstruktiv, zielbewusst und lösungsorientiert mit sich widersprechenden Anforderungen umzugehen, d.h. in solchen Situationen handlungsfähig zu sein, bedarf es der Fähigkeit, effizient gegenwärtige / aktuelle Anforderungen zu bewältigen und zugleich gegenüber umweltgesetzten Veränderungen anpassungsfähig zu sein (nach Raisch u. Birkenshaw, 2008).

Im Kern besagt dies, dass eine Führungsperson, die bei nicht auflösbaren, immer wieder auftretenden widersprüchlichen Gegebenheiten (Paradoxien) handlungsfähig bleiben möchte, sowohl für sich als auch für die in ihrer Organisation Tätigen eine Balance zwischen den vorhandenen, nicht auflösbaren Gegensätzen finden muss. Bei paradoxen Gegebenheiten oder Anforderungen muss diese Balance dynamisch sein; denn es gilt sie immer wieder aufs Neue zu finden. Im pädagogischen Kontext ist ein Nacheinander, d.h. einmal den Schwerpunkt auf den einen Pol und ein andermal auf den anderen Pol zu legen, in den wenigsten Fällen möglich; denn ein Mensch als Subjekt ist in sich eine biologische Einheit (Wechselwirkungen!); dies betrifft vor allem auch die geistigen und handlungsleitenden Prozesse. Beim Gegensatzpaar von Exploitation und Exploration im Führungshandeln in erzieherisch-bildenden Organisationen gilt es eine dynamische Balance zwischen klaren Aufgaben, Routinen, Rollenklarheit, Kontrolle (u.a. Hierarchie) und Kreativität, Innovation, Improvisation, Flexibilität und Lernen zu finden. Eine Aufteilung oder ein Nacheinander würde grundlegend die Zusammenarbeit im Kollegium enorm erschweren (hohe Reibungsverluste) und ist daher weder sachgerecht noch praktikabel; denn eine Bildungseinrichtung vor Ort muss sich permanent an die auftretenden bzw. sich einstellenden Veränderungen flexibel und effizient anpassen. In einer solchen Situation bzw. strukturellen Gegebenheit ist eine Vorortorganisation in Teams sinnvoll und hilfreich; denn durch die in Bildungsorganisationen tätigen Expertinnen / Experten können so in Veränderungs- und Innovationsprozessen schon während der Ideengenerierung bzw. deren ´Durchspielen´ die erforderlichen Umsetzungs- und Implementierungsprozesse mit bedenken. Ebenso können während der Implementierung wiederum aufkommende z.B. ergänzende Ideen im Sinne von Optimierung oder höherer Effizienz schon / noch während der Umsetzung besprochen, abgeklärt und einbezogen werden.

Exkurs Erperten - Expertenorganisation: *Mintzberg bezeichnet eine Bildungs- und Erziehungsinstitution als Organisation von Experten: „Der wichtigste Teil einer Expertenorganisation ist der betriebliche Kern und die darin arbeitenden Experten. … Die Fachkräfte stellen den größten und qualitativ wichtigsten Teil der Institution dar. … Um die Qualität sicherzustellen, wird an den Institutionen fast ausschließlich Personal mit einer hohen Qualifikation eingesetzt, das eine lange, aufwändige und stark reglementierte Ausbildung durchlaufen hat. … Über die Qualität der Kernprozesse an der Institution entscheidet die Qualifikation der einzelnen Fachkraft, die wiederum von Fertigkeiten, Erfahrungen und Neigungen sowie des* *beruflichen Selbstverständnisses geprägt ist. ... Die an den Institutionen durchgeführten Standardverfahren sind komplexe Operationen, die ihrem Gegenstand angemessen immer wieder adaptiert und perfektioniert werden, die aus vielen einzelnen Teilschritten bestehen können und so anspruchsvoll sind, dass sie nur von flexibel und eigenverantwortlich handelnden, jahrelang gut ausgebildeten Experten durchgeführt werden können. Eine Beschreibung, die auf Lernangebote gut anwendbar ist. ... Eine mittlere Führungsebene ist kaum vorhanden. ... Die Funktionsträger sind zugleich Fachkräfte und damit Teile des betrieblichen Kerns. ... Unterstützende Personen kommen meist vom Träger (Sekretariat, Hausmeister, Reinigungspersonal). ... Die Sicherstellung von Prozessabläufen und Ergebnissen wird durch die spezifische Qualifikation der Beschäftigten erreicht. ... Institutionen sind da, wo sie Standardsituationen vorfinden und mit ihrem Standardrepertoire bearbeiten können, hoch effektiv. ... "(Minzberg, 1992).*

Smith und Lewis (2011) unterscheiden zwischen dialektischen Spannungen, Dilemmata und Paradoxien. Widersprüchliche Elemente in dialektischen Spannungen lassen sich durch eine Synthese auflösen. Stehen zwei Alternativen zur Auswahl, die beide mit Vor- und Nachteilen verbunden sind, sprechen sie von Dilemmata. Das Merkmal von Paradoxien ist, wenn bei zwei Alternativen diese immer wieder auftreten und somit Spannungen immer erneut auftreten. Paradoxien können letztlich nie aufgelöst werden und stellen permanent vorhandene Herausforderungen dar. Hinzu kommt, dass bei Paradoxien die Spannungen zwischen den Gegensätzen scheinbar widersprüchlich, jedoch tatsächlich komplementär sind (siehe Smith u. Lewis, 2011), was einen grundlegend anderen Ansatz für die Führungsweise einer Organisation z.B. im Bildungs- und Erziehungsbereich mit und in ihrem spezifischen Umfeld bedingt.

Gerade in Bildungs- und Erziehungsorganisationen gilt es das Prinzip der Nachhaltigkeit einzuhalten, dies gilt insbesondere bei gegensätzlich wirkenden Prozessen. Kurzfristige Erfolge widersprechen dem und sind oft nur scheinbar.

Bezogen auf das Führungshandeln in der Leitung bei paradoxen / ambidextren Herausforderungen in einer solchen „lernenden Organisation“ heißt dies, dass im kommunikativen Prozess des Führungshandelns diese Idee der Gleichzeitigkeit als eine Meta-Funktion aufzufassen ist: Dies „erfordert eine ständige Reflexion des aktuellen Balance-Zustandes“ (Schreyögg u. Sydow, 2010), um ggf. rechtzeitig entweder vom Team selbst, von der das Team koordinierenden Person oder der Führungsperson Nachjustierungsprozesse in Gang zu setzen mit dem Ziel eines temporär wirkenden dynamischen Gleichgewichts. Dies bedeutet für die entsprechenden Personen die Fähigkeit eines „Sowohl-als-auch“-Denkens, was einem einseitigen Denken und Handeln vorbeugt (Kerney, 2013). Smith und Lewis (2011) entwarfen ein Kategorienraster zur Analyse von Widersprüchen / Spannungen in Organisationen als eine Art Mehr-Ebenen-Modell, was sowohl in der Organisation tätige Individuum als auch das organisationale System umfasst. Es ist in seiner Diktion auf im freien Wettbewerb stehende Organisationen bezogen, lässt sich jedoch auch in den pädagogischen Non-profit-Bereich übertragen. Bei der Betrachtung jeweiliger Kategorien gilt es darauf zu achten, ob in der Auseinandersetzung mit den Spannungen sich eine positive oder negative Dynamik andeutet bzw. auftritt.

Lernen::Zugehörigkeit Spannungen zwischen dem Bedürfnis nach Anpassung und Veränderung und dem Wunsch nach einem stabilen Selbstkonzept und Lebensentwurf	**Lernen** Bestrebungen nach Anpassung, Veränderung und Innovation fördern Spannungen zwischen der Fortführung und der Aufgabe der Vergangenheit	**Lernen::Organisieren** Organisationale Routinen und Kompetenzen benötigen einerseits Stabilität, Klarheit und Effizienz und andererseits Dynamik, Flexibilität und Anpassungsfähigkeit
Zugehörigkeit Identitätsbezogene Spannungen zwischen dem Individuum und dem Kollektiv sowie zwischen gegensätzlichen Werte, Rollen und Mitgliedschaften	**Zugehörigkeit::Organisieren** Spannungen zwischen dem Individuum und dem Kollektiv **Lernen::Leistung** Der Aufbau von Kompetenzen für die Zukunft vs. Sicherstellung des Erfolges in der Gegenwart	**Organisieren** Beim Strukturieren und Führen kommt es zu Spannungen zwischen Kooperation und Wettbewerb, Ermächtigung und Vorgaben sowie Kontrolle und Flexibilität
Leistung::Zugehörigkeit Spannungen zwischen individuellen Zielen und Identitäten einerseits und sozialen und beruflichen Anforderungen andererseits	**Leistung** Pluralität fördert das gleichzeitige Verfolgen multipler und gegensätzlicher Ziele, da unterschiedliche Stakeholder unterschiedliche Schwerpunkte setzen	**Leistung::Organisieren** Zusammenspiel zwischen Mitteln und Zwecken, Forderungen der Belegschaft vs. Forderungen der Kundschaft sowie hohem Commitment vs. hoher Leistung

(Smith & Lewis' Kategorisierung organisationaler Spannungen. (Adaptiert aus: Smith & Lewis, 2011.))

2.2.2 Analytische Ansätze zum Leiten (Leadership) bei paradoxen Gegebenheiten

Für ein unter diesen Bedingungen stattfindendes Führungshandeln ist es mit entscheidend, sich eine möglichst genaue Übersicht der Gegebenheiten zu machen. Hierzu können folgende Instrumente mit ihren zwar scheinbaren Gegensätzen, die jedoch in komplementärem Verhältnis zueinander stehen, hilfreich sein.

Das erste Analysemodell will eine Gesamtschau ermöglichen: Wo stehe ich / wir momentan? Wo will ich / wollen wir hin? Und als Konsequenz daraus: Was muss ich tun / was müssen wir tun?

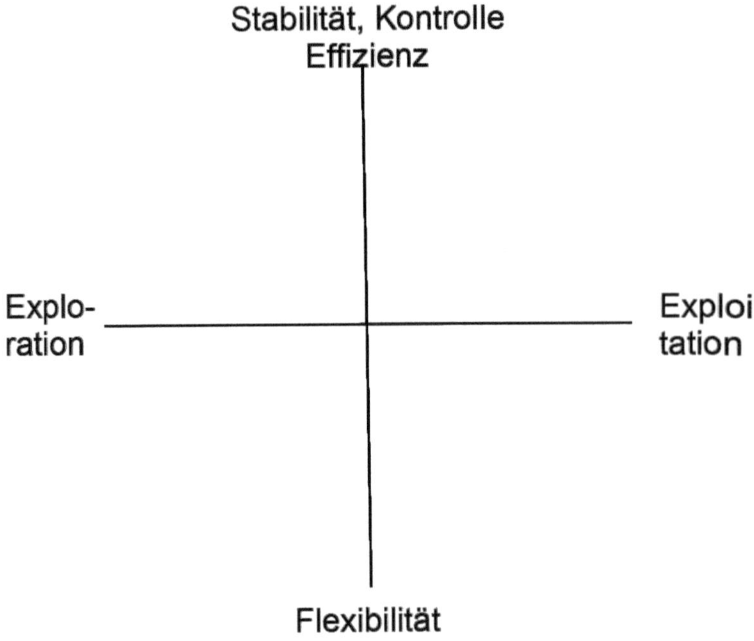

Die beiden folgenden Analysemodelle beziehen sich auf die von der Führungsperson auszufüllenden unterschiedlichen und oft gegensätzlichen Rollen (Quinn u.a., 1988, Hooijberg, 1996). Der Ansatz ist, wie es einer Führungsperson möglichst gelingen kann, alle Rollen gleichermaßen stimmig im organisationalen Rahmen zu leben, wissend, dass bei paradoxen Gegebenheiten jede Handlungsstrategie darauf ausgerichtet sein soll "die negativen Sekundäreffekte ihrer jeweils entgegengesetzten Strategie zu vermindern" (Gebert et all, 2010). Eine Analyse intendiert, konkrete Handlungsmöglichkeiten aufzuzeigen mit dem Ziel ein breites Spektrum an situativ stimmigen Führungsverhaltensweisen zu entwickeln, um den vielfältigen und komplexen Anforderungen gerecht werden zu können. Es stellt sich jedoch immer die Frage, welche Rollen Sie als Führungsperson tatsächlich ausfüllen müssen. Hierzu gibt es nur person- und situationsspezifische individuelle Antworten.

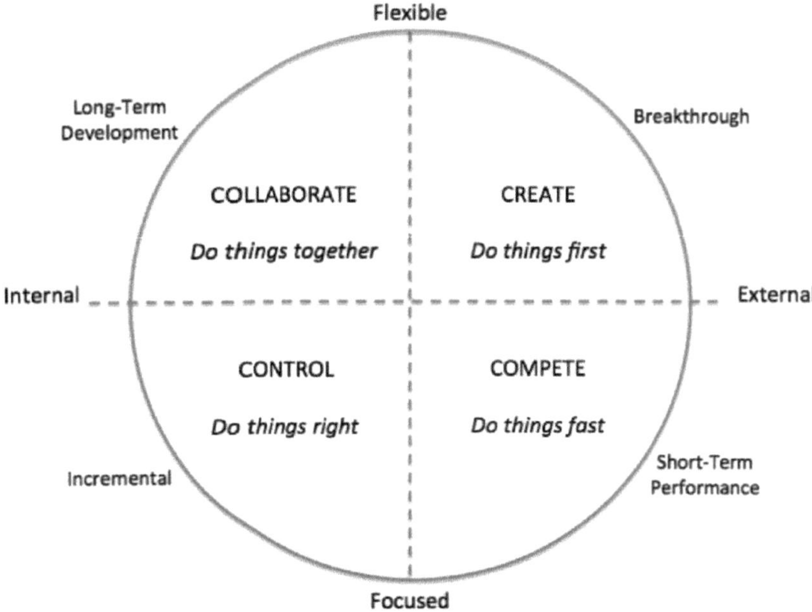

(Quinn nach Denison et al., 1995)

Begriffserläuterung: Incremental: schrittweise, stufenweise; Short-Term Performance: Kurzzeitverhalten; Long-Term Development: Langfrisitge Entwicklung; Breakthrough: Durchbruch erzielen; Compete: Wetteifer, Wettbewerb.

Auf vier Grundfunktionen der Führung reduziert ergibt sich folgende Grafik, die Hinweise auf Handlungsmöglichkeiten gibt (Hooijberg 1996):

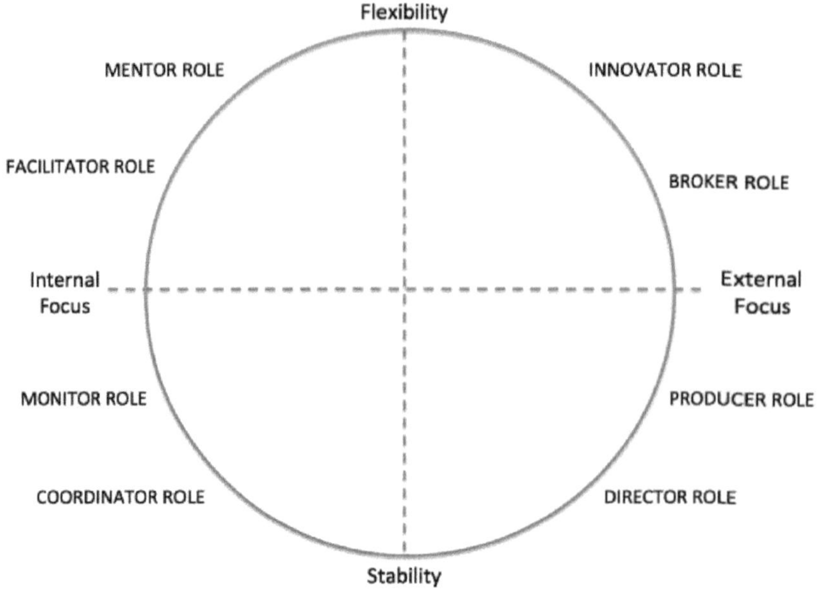

(CVF, Hooijberg, aus Cameron et al, 2007)

Durch die Strategie einer Kombination gegensätzlicher Handlungsansätze können die positiven Effekte eines jeden Ansatzes zum Tragen kommen, ohne dafür hohe Ausprägungen an negativen Sekundäreffekten in Kauf nehmen zu müssen (Kearney, 2013).

2.2.3 Ansätze des Leitens bei ambidextrer Sachlage (ambidextres Leadership)

Ambidextres Leiten / Führen beinhaltet Verhaltensweisen, die gegensätzliche, im Hinblick auf das Erreichen bestimmter Ziele / Entwicklungen jedoch komplementäre Elemente sieht, diese gleichzeitig betont und fördert (Kearney, 2013).

Zahlreiche, gerade im bildungs- und erziehungsbezogenen Feld gegebene Herausforderungen sind komplex vor allem im Hinblick auf mittel- und langfristig zu erreichende Zielsetzungen insbesondere auch hinsichtlich ihrer Nachhaltigkeit. Personen in der Führung einer in diesem Feld arbeitenden und diese mitgestaltenden Organisation sind gut beraten, sich intensiv mit ambidextren Sachlagen in ihrem Berufsfeld zu befassen. Es gilt die scheinbar gegensätzlichen Anforderungen als tatsächlich komplementär zu einander zu erkennen, um daraus dann für strategische wie konkrete Handlungsansätze eine stimmige Kombination zu finden, die beide Pole einbezieht bzw. kombiniert. Die Blickweise auf die jeweiligen Anforderungen und die eigene Haltung dazu lassen eine persönliche Paradox-Perspektive wachsen, die passende Handlungsstrategien gewinnen lässt.

Zu unterscheiden sind offene und geschlossene Handlungsstrategien: Nach der Literatur fördern offene Maßnahmen (weite Rahmensetzungen bei komplexen Aufgaben) eine Ideengenerierung, wohingegen geschlossene Maßnahmen (enge Rahmensetzungen bei Routinearbeiten) eine Ideenimplementierung begünstigen.

Vorweg: In Expertenorganisationen sollten Sie als Führungsperson eine ausgewogene, situativ stimmige und für alle Beteiligten transparente Kombination von offenen und geschlossenen Maßnahmen praktizieren; entscheidend sind dabei die Art der Kommunikation und Transparenz. Soll ein optimal hohes Leistungsniveau bei der Bearbeitung komplexer Aufgaben / Herausforderungen erreicht werden, dann bedarf es sowohl der Maßnahmen, die ein Generieren passender Ideen fördern / ermöglichen, als auch stimmiger Maßnahmen zu deren Implementierung. Somit sind von der Führungsperson Kombinationen von gegensätzlichen Handlungsstrategien einzusetzen. Kearney (2013) hat dies in einer übersichtlichen Grafik zusammengefasst.

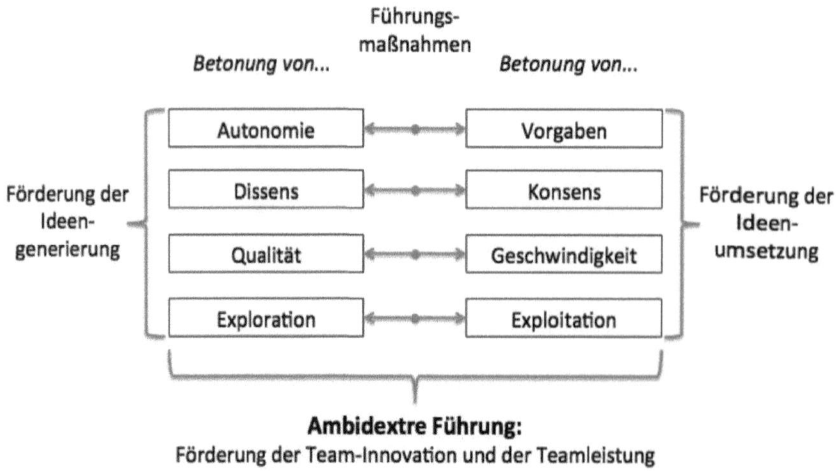

Dimensionen und angenommene Wirkungen bei ambidextrer Führung; (basiert auf Gebert u. Kearney, 2011)

In der Grafik ist zu erkennen, dass ein ambidextres Führen / Leiten grundsätzlich am besten durch eine Organisationsstruktur eines Kollegiums in Teams gestaltet werden kann (de Jong; 2017).

2.2.4 Führungskonzept beim Bearbeiten komplexer Herausforderungen

Das Führen eines Kollegiums in Teamstrukturen erfordert von der Leitungsperson eine genaue Analyse der Stärken jeweiliger Mitarbeitenden, um die Teams passend zur Aufgabenstellung zusammenzusetzen. Es gilt Personen zu finden, die die Teams koordinieren und in eine erweiterte Leitungsstruktur eingebunden sind. Ebenso erforderlich ist das Entwickeln spezifischer Verhaltensweisen der Leitungsperson hinsichtlich von Kommunikation und Transparenz.

Auch der Grad der Autonomie d.h. der Vollmachterteilung mit dem Ziel der Ideengenerierung der jeweiligen Teams sowie der diese koordinierenden Personen ist genau zu bedenken sowie klar und

transparent zu gestalten (z.B. Aufgabenbeschreibungen), soll das Risiko von Unklarheit und Unkoordiniertheit minimiert werden. Hilfreich ist eine projektartige Struktur beim Bearbeiten komplexer Aufgabenfelder mit schon zu Beginn in den Teams gesetzten Zwischenzielen, Terminierungen (Arbeitsphasen mit Erproben der Implementation, Zwischenstopps (Rückmelde- und Reflexionsstationen innerhalb der Teams), Rückmeldungen an die Führungsperson und solchen fürs gesamte Kollegium (Ideenintegration) sowie Vorstellen des Erreichten (mit Würdigung: Feiern; Implementierung in der (Teil-)Organisation) usw.). Für den Erfolg eines solchen Prozesses sind sowohl die Rückmelde- und Reflexionsphasen innerhalb des Teams im Sinne von konstruktiver Gruppenkohäsion, als auch diejenigen zur Führungsperson entscheidend im Sinne von positivem, konstruktivem Begleiten bzw. erfahrbarem (belastbarem) Vertrauen.
Bei komplexen Aufgabenstellungen, die in sich komplementäre jedoch aufeinander bezogene Elemente enthalten, ist ein ambidextres Führen / Leiten angesagt. Dies ist ein Führen / Leiten mit eher weiten organisationalen, delegativen bzw. freiheitsgewährenden thematischen Rahmenvorgaben bei gleichzeitig transparent gesetzten, verbindlichen direktiven Maßnahmen.
Angesagt, weil zielführend, ist somit für Sie als die Führungsperson in ihrer Führungsverantwortung eine bewusste und durchdachte, transparent kommunizierte Kombination von Freiraum gewähren und Verbindlichkeit setzen.

Wie mehrfach angesprochen ist die Art der von der Führungsperson praktizierten Kommunikation bzw. ihr Verhalten bedeutend, da zunächst bei komplexen Aufgabenstellungen ja bei allen Beteiligten die Unsicherheit besteht, welche Idee / welcher Ansatz am besten geeignet ist, ein bestimmtes Ziel zu erreichen. Sie als Führungsperson sollten dem Team / dem Kollegium verdeutlichen, dass bei der zu bearbeitenden komplexen Aufgabenstellung eine multidimensionale

Herangehensweise erforderlich ist, was bedeutet: Ein einseitiges Beharren auf verbindlichen Vorgaben, ein Denken in „Entweder-Oder-Kategorien“ verfehlt ebenso das Ziel wie ein „Jede(r) bewältigt das selbst!“ usw.. Benötigt wird die Expertise und Kompetenz jedes Mitglieds im Team / im Kollegium, da es verschiedene Möglichkeiten gibt, das angestrebte Ziel zu erreichen. Hier benennen Sie auch die einsetzbaren Ressourcen bzw. die verbindlichen allgemeinen Rahmenvorgaben (z.B. Zeitvorgaben (z.B. Arbeits-, Rückmeldephasen), Kommunikationswege bzw. -struktur, Grenzen der gegebenen Vollmacht, Vorgehen bei Konflikten oder Sachproblemen, Dokumentations- und Kontrollelemente). Hilfreich ist es, diese Dinge wie in einer Art ´Allgemeine Geschäftsordnung´, auch später noch nachlesbar, ausgearbeitet vorzugeben, hierin liegt u.a. Ihre Führungsverantwortung.

Die Beteiligten sollen erkennen, dass Sie als ihre Führungsperson gewillt und in der Lage sind entsprechend der gestellten, komplexen Aufgabe, sowie situationsadäquat der Bedürfnisse des / der Teams zu führen. Zugleich erkennen alle Beteiligten beim Vorstellen der Rahmensetzungen die Freiräume (u.a. Erprobungsphasen), die in der Gestaltungsmacht des Teams liegen, das ins Team gesetzte Vertrauen, sowie ihre Verantwortung und die organisch erforderlichen Rückmeldungen (u.a. Kontrolle). In diesem Rahmen stellen Sie auch die Personen vor, die jeweils ein Team koordinieren sowie deren Aufgaben hierbei.

Am besten entwerfen Sie zuvor ein Organigramm, das Ihre geplante Organisations- bzw. Vorhabenstruktur optisch verdeutlicht und auch während des Vorhabens präsent bleiben sollte. Dieses Organigramm sollte ggf. situationsadäquat u.a. in Absprache mit den Teams angepasst werden können. Im Organigramm sollten die ein jeweiliges Team koordinierenden Personen aufgeführt werden, damit auch später jedem Teammitglied klar ist, wer die erste Ansprechperson im Team

ist.
Zunächst gilt es in den Teams, das Ziel möglichst genau auch in seinen möglichen Untergliederungen zu beschreiben, es zu operationalisieren, um daraus eine erste Arbeitsstruktur zu entwerfen.
- Hilfreich kann es bei komplexen Aufgabenstellungen sein, die einzelnen Facetten in einem Strukturbild oder einer Strukturaufstellung darzustellen, um daraus ein besseres Bild der Situation / Gegebenheiten zu erhalten, sodass Lösungsansätze eher und schneller erkannt werden können. Auch könnten jetzt verschiedene Möglichkeiten ´geistig durchgespielt ´und erste Erprobungselemente bestimmt werden.
- Gefundene Arbeitsstukturen gilt es dann in Arbeitsphasen zu gliedern. Diese von den Teams intern abgestimmt erstellte Arbeitsstruktur schafft Verbindlichkeit und im Gesamtkollegium präsentiert sowie Ihnen übergeben ist ein erstes, vorläufiges ´Vertragspapier´ entstanden.

2.2.5 Eine Zusammenfassung

Offene Maßnahmen sind: Eröffnen von Freiräumen, das Fördern von konstruktivem Dissens, Ergebnisausrichtung auf Qualität, Ermuntern zu Exploration. Solche Maßnahmen fördern die Ideenvielfalt (Ideengenerierung).
Geschlossene Maßnahmen sind: Einschränkende, präzise Vorgaben, Einfordern von Konsens, Fordern von schnellen Ergebnissen, Betonung von Exploitation. Solche Maßnahmen fördern die Implementierung von Ideen.
Offene Maßnahmen wirken den negativen Sekundäreffekten von geschlossenen Maßnahmen entgegen und umgekehrt!
Die Fähigkeit zur ambidextren Führung bei komplexen Aufgaben und Herausforderungen sowie widersprüchlichen Anforderungen fördert sowohl das Generieren von Ideen als auch das Implementieren von

Ideen insbesondere in Teamstrukturen. Insbesondere fördert es eine kollektive Wirksamkeitserwartung im Team, was sich positiv auf die Teamleistung auswirkt. Auch die Teammitglieder dürften wahrnehmen, dass bei solchen Aufgaben strikte, einengende Vorgaben usw. kontraproduktiv sind, sondern ein breiter, explorativer Ansatz erforderlich ist, der auch entgegengesetzte Ideen und Maßnahmen mit bedenkt, um situativ optimale Handlungsansätze zu generieren (nach Kearney, 2013)! Die Teammitglieder werden bei einer solch angemessenen Führungsweise auch empfinden, dass ihre Führungskraft, also Sie, situationsadäquat führt und gleichzeitig die Bedürfnisse des Teams sieht und so weit als möglich erfüllt.

Bei einfachen Routineaufgaben, die klar strukturiert und deren Bearbeitungsweise bzw. der Weg zum Ziel eindeutig ist, wirken offene Maßnahmen eher verunsichernd bzw. disfunktional, da z.B. eine Autonomie von Teammitgliedern oder deren Dissens nicht zielführend sind und eine effiziente Aufgabenerledigung behindert würde. Das Ermöglichen von Exploration bei Routineaufgaben würde von den Teammitgliedern als Zeitverschwendung empfunden. Sie würden den praktizierten Führungsstil widersprechend zu ihren Bedürfnissen sehen, was nachteilige Effekte auf die Einschätzung Ihrer Führungskompetenz hätte (nach Kearney, 2013).

2.2.6 Ambidextres Führen und Personalförderung

Das Fördern der Fähigkeit bzw. Kompetenz zu ambidextrem Führen und Leiten z.B. durch Übertragen leitungsspezifischer bzw. leitungsfordernder Aufgaben und deren Erprobung mit abgesprochener Beobachtung durch Sie als Führungsperson, sowie einem anschließenden Feedback ist eine sinnvolle und gebotene Maßnahme der Personalförderung. Dabei ist ein breiter Blick auf mögliche Personen zu richten, was heißt, gerade auch Personen mit anderen Äußerlichkeiten oder Stärken als Sie bei sich selbst sehen,

sollten eine so objektiv wie möglich bestehende Chance zur je persönlichen Entwicklung erhalten.
Grundsätzlich müssen die Beobachtungs- und Förderkriterien schon zu Beginn den jeweiligen Personen bekannt gemacht werden, und diese müssen ihr Einverständnis zum Prozedere gegeben haben. Nach dem abgesprochenen und durchgeführten Förderzeitraum erfolgt dann das jeweilige, kriterienbezogene Feedback (siehe Kapitel Beraten und Beurteilen). Auf diese Weise lassen sich gezielt mögliche zukünftige Leitungs- und Führungspersonen gerade im Bildungs- und Erziehungsbereich erkennen und in ihren spezifischen Stärken sehen und fördern.

Literatur

Gebert, D., Kearney, E.; Ambidextre Führung: Eine andere Sichtweise. Zeitschrift für Arbeits- und Organisationspsychologie, 55 (2011), 74-87.

Gebert, D., Boerner, S., Kearney, E.; Fostering team innovation: Why is it important to combine opposing action strategies? Organization Science, 21 (2010)., 593-608.

Hooijberg, R. A multidimensional approach toward leadership: An extension of the concept of behavioral complexity. Human Relations, 49, (1996), 917–947.

de Jong, K., Führen und Leiten in dynamischer Balance, Wiesbaden 2017.

Kearney, N; Die Effekte ambidextrer Führung auf die Ideengenerierung und Ideenimplementierung, die Team-Innovation und die allgemeine Teamleistung, Berlin 2013.

van Knippenberg, D. & Sitkin; A critical assessment of charismatic-transformational leadership research: Back to the drawing board? Academy of Management Annals, 7, 1-60, S. B. (2013).

Mintzberg, H.; Die Mintzberg-Struktur; Organisation effektiver gestalten, Landsberg/Lech 1992.

Montano, D. u.a.; Psychische Gesundheit in der Arbeitswelt – Führung; Dortmund 2016

Quinn, R. E.; Beyond rational management: Mastering the paradoxes and competing demands of high performance. San Francisco: Jossey-Bass (1988).

Raisch, S., Birkinshaw, J.; Organizational ambidexterity: Antecedents, outcomes, and moderators. Journal of Management, 34 (2008), 375-409.

Smith, W. K., Lewis, M. W.; Toward a theory of paradox: A dynamic equilibrium model of organizing. Academy of Management Review, 36 (2011), 381-403.

Schreyögg, G., Sydow, J.; Organizing for fluidity? Dilemmas of new organizational forms. Organization Science, 21 (2010), 1251-1262.

Anlagen

Fragen zur Selbstreflexion sowie an Bewerber / Bewerberinnen

In der von mir geleiteten Organisation stehen komplexe Herausforderungen mit widersprüchlichen Anforderungen an. Welche grundsätzlichen Handlungsstrategien würde ich wählen?

Erklärung: 1:starke Ablehnungc; 2: Ablehnung; 3: weder noch; 4: Zustimmung; 5: starke Zustimmung; Zwischenwerte: (Ankreuzen auf der Linie) sind möglich.

Nr	Fragen: Ich als Führungs- bzw. Leistungsperson	--	-	0	+	++
1	... gebe Anweisungen und gewähre gleichzeitig Freiräume.					
2	... mache deutlich, was ich von den Mitarbeitenden erwartee, gebe aber gleichzeitig viele Freiheiten bei der Aufgabenerledigung.					
3	... fördere sowohl eine starke Zusammenarbeit als auch konstruktive Meinungsverschiedenheiten.					
4	... gebe verbindliche, gemeinsame Ziele vor und betone gleichzeitig, dass verschiedene Perspektiven berücksichtigt werden sollten.					
5	... ermutige, Dinge gründlich zu durchdenken, aber auch, Entscheidungen schnell zu treffen.					

6	... fordere auf, anstehende Probleme zu lösen, indem intensiv über alternative Lösungen nachgedacht und schnell gehandelt wird.					
7	... ermutige das zu tun, was alle bereits gut können und gleichzeitig dazu, neues Wissen und neue Fähigkeiten zu erwerben.					
8	... ermutige, bewährte Methoden der Aufgabenerledigung zu nutzen und gleichzeitig neue Ansätze auszuprobieren.					

(Text nach Kearney, 2013; eigenes Layout)

Auswertungshinweise:
Die Fragen decken nicht nur die interessierenden Führungsverhaltensweisen ab. Folgende Punkte sollten im mindestens neutralen und sonst im positiven Bereich liegen: Die Fragen eins (++), zwei (++), fünf (+/++), sechs (+/++) und acht (+) sollten in den in Klammer stehenden Feldern markiert sein, da sie besonders aussagekräftig sind hinsichtlich von Idizien zur Fähigkeit zum ambidextren Führen bzw. Leiten (nach Kearney, 2013). Die Fragen drei (-) und vier (-/--) sollten in den in Klammer stehenden Feldern markiert sein, da sie eher mit sich widersprechendem oder in Teilen direktivem Verhalten in Verbindung stehen.

3 Führungskonzept generieren

Wo kämen wir hin, wenn jeder sagte: „Wo kämen wir hin?" Und niemand ging um einmal zu schauen, wohin man käme, wenn man ging? (Helmut Dörrich)

In der Literatur finden sich verschiedenste Führungsmodelle; seien dies „Mangement by ..." oder „New Leadership" usw. Diese Modelle wollen i.d.R. eine Art Führungssystem bzw. Führungsstuktur für eine gesamte Organisation, z.B. eine Schule, ein Kinderheim usw. aufbauen. Auch wird in der Literatur zum Teil diese Art Führungssystem mit Führungskonzept gleichgesetzt. Im vorliegenden Text wird der Begriff „Führungskonzept" im engeren Sinne als eine Art Führungsleitlinie, gültig in einer konkreten, an der Basis arbeitenden Organisation verstanden.

***Exkurs:** Unter Einbezug von Ansätzen der systemischen Führung, gibt es recht konkrete Hinweise für den gestalterischen Umgang mit in Organisationen im Bildungs- und Erziehungsbereich auftretender Komplexität und Autopoiesis, wie die folgende Übersicht zeigt: „Für die Grundlinien einer entsprechenden systemischen „Führungslehre" ist der Dreischritt Reflexion - Analyse - Handeln grundlegend." Diese Elemente sollten auch beim Erstellen eines Führungskonzepts mit bedacht werden.*

<u>*Reflexion:*</u>*"Hier muss es zunächst darum gehen, dass Führungskräfte sich zur Situationsspezifik bekennen und sich von Rezepten und Rezeptologien verabschieden. Dabei kommt es darauf an zu erkennen, dass Rezepte der Einmaligkeit sozialer Situationen nicht Rechnung zu tragen vermögen. Ein weiterer wesentlicher Aspekt ist die selbstreflexive Einsicht, dass einen die eigenen mentalen Modelle und gewohnheitsmäßigen Sichtweisen auch „blind"*

machen können. Deshalb sollten sich Führungskräfte auch bisweilen in Supervisions- oder Beratungskontakten „von außen anschauen" lassen, um blinde Flecken u. a. in ihren gewohnheitsmäßigen Sicht- und Handlungsweisen zu erkennen.

<u>Analyse:</u> *In diesem Schritt geht es um die Einübung des sozialwissenschaftliche Blicks „vom Anderen her". Da Führungskräfte wie keine andere Gruppe darauf angewiesen sind, „ihren" Bereich in seiner ganzen Vielfalt der Standpunkte und Sichtweisen wahrzunehmen, um das eigene Handeln darauf „abstimmen" zu können, ist es notwendig, dass sie lernen, „das System sprechen zu lassen". Sie müssen hellhörig werden (und bleiben!) für die Vielfalt der unterschiedlichen Aspekte, Kraftfelder und Lesarten im Systemkontext. Und hierzu gehört auch die schon skizzierte Selbstführungsorientierung: Sie müssen auch lernen, eigene Entschlossenheiten zu „zügeln" und immer zunächst nach dem Problemlösungspotential der Systemkräfte zu fragen.*

<u>Handeln:</u> *Der letzte der drei Schritte ist auf die Gestaltung der Systementwicklung bezogen. Hier geht es im Kern darum „respektvoll" mit den Systemkräften umgehen zu lernen. Das Einräumen von „Selbstführungsmöglichkeiten" sowie das kontinuierliche Bemühen um Transparenz und Konsens sind dabei ebenso wichtig, wie die gezielte Entwicklung der Beziehungs- und Akzeptanzebene. Eine Führungskraft, die von ihren Mitarbeiterinnen und Mitarbeitern nicht akzeptiert, sondern vielleicht sogar weitgehend abgelehnt wird, kann nämlich auch kaum noch wirklich etwas „bewegen"."* (Arnold, R., Die Dynamik des Lebendigen, in: Studienseminar, Neuwied 2011)

Für das Führen in sozialen, im Bildungs- und Erziehungs- sowie Betreuungsbereich angesiedelten Organisationen mit ihren in den vorgesetzten Stellen eher verwaltungsmäßig aufgebauten, stark hierarchischen Strukturen (eher transaktionales Führungssystem) und den vor Ort angesiedelten Organisationen mit eher sehr flachen Hierarchien (eher transformationales Führungssystem), lässt sich ein Führungssystem allenfalls auf recht abstrakter Ebene darstellen. Konkreter, weil präziser wäre ein Inspirational Leadership oder ein Ambidextres Leadership.

Immer gilt es, dieses übergeordnete Führungsmodell auf die einzelne örtliche, konkrete Organisation, deren Leitung, Mitarbeitende und Zielpersonen (Klienten) derart herunterzubrechen, dass dort ein praxiswirksames, stimmiges Führungshandeln möglich werden kann.

Daher besteht eine zentrale Führungsaufgabe darin, die Zusammenarbeit in „Ihrer" Organisation so zu gestalten, dass sowohl eine optimale Aufbau- und Ablaufsorganisation als vor allem auch eine optimale Wissensgewinnung und –umsetzung für alle möglich wird, um sowohl gemeinsam bessere Entscheidungen zu treffen als auch die Qualität der konkreten Arbeit zu fördern. Dazu ist es notwendig, den Mitarbeitenden genügend Handlungsspielräume zu geben bzw. ihre Kompetenzen zu fördern, sowie ihnen genauso wie sich selbst ausreichende Fortbildungsmöglichkeiten bzw. Kompetenzentwicklung zu gewähren, um eine gute Basis für das reflektierte, weitere ´Learning-by-doing´ zu haben bzw. zu legen. Dieser Doppelsinn von „Kompetenz" als Befugnis und als Fähigkeit ist der Kern von „Empowerment", ein geeignetes Führungskonzept für wissensintensives Arbeiten.

Wichtig ist, dass Sie als Führungskraft beim Handeln gemäß Ihres Führungskonzepts Ihre Fähigkeit zum vernetzten (systemisches) Denken stärken und entwickeln. Ein solches Denken versetzt Sie in die Lage, nicht länger nur einzelne Systemelemente zu identifizieren sondern auf die diese verbindenden Muster, die Wirkungszusammenhänge und Kraftfelder, zu achten. Sie praktizieren dann ein „Sowohl-als-auch"-Denken, bei dem sowohl die Elemente eines Systems als

auch die Wechselwirkungen zwischen diesen Elementen in Ihren Blick / Ihre Reflexion kommen.
Es ist Aufgabe von Ihnen als Führungskraft ggf. in Zusammenarbeit mit den in der erweiterten Führung beteiligten Mitarbeitern, ein stimmiges Führungskonzept zu erarbeiten. In den meisten Organisationen im Bildungs- und Erziehungsbereich wird eine Mischform in der Führungsweise praktiziert, gewonnen aus verschiedenen Führungsmodellen. Diese Mischformen beinhalten bei hoch qualifizierten, ihre Tätigkeitsfelder im Kerngeschäft weitgehend selbständig und selbstverantwortlich gestaltenden Mitarbeitenden (Expertenorganisationen) i.d.R. situative, kooperative und partizipative Elemente. Diese sollten sich im Führungskonzept widerspiegeln.

3.1 Elemente eines Führungskonzepts

Ein Führungskonzept beinhaltet Aussagen zum einen zum grundlegenden Menschenbild und zum anderen zu den von Ihnen intendierten Handlungsweisen (Handlungsmaximen) sowie Grundlagen Ihrer Führungsweise gegründet auf den gesetzten Vorgaben.

Menschenbild

Ein Führungskonzept sollte das in der jeweiligen Organisation gültige Menschenbild ausweisen. Ein Menschenbild, dass wir uns alle weiter entwickeln und eigentlich gute Arbeit leisten wollen – auch wenn uns das nicht immer gelingt, z.B.: Jede Mitarbeiterin / jeder Mitarbeiter

- bringt sich als gesamte, individuelle Person ein.
- nimmt die eigene Verantwortung im Arbeitsfeld wahr.
- füllt ihre Handlungsspielräume klientenbezogen passend selbständig aus.
- bildet sich im Berufsfeld selbständig, interessegeleitet weiter.
- tritt anderen mit Respekt und Achtung gegenüber.

- kooperiert mit allen Mitgliedern der / des … .
- wird aufgabenbezogen gefördert / unterstützt.
- ist lernfähig und bereit Veränderungen zu sehen, anzunehmen und zu gestalten.
- usw.

Handlungsmaximen

Ein Führungskonzept benennt Handlungsmaximen für die Leitung, z.B.:

- Fördern einer vertrauensvollen Zusammenarbeit;
- Fördern einer offenen, konstruktiven und ergebnisorientierten Kommunikation;
- Fördern der Reflexionsfähigkeit, z.B. im Umgang mit Fehlern;
- Fördern einer achtsamen, klaren Konfliktkultur;
- Fördern von Eigeninitiative und Ideen im Arbeitsfeld;
- Fördern von selbständigem Handeln sowie Kooperation;
- Fördern von Teamentwicklung, die sich an den Bedürfnissen, Stärken und Entwicklungsmöglichkeiten jeweiliger Mitglieder orientiert;
- Fördern der Einbindung von Mitarbeitenden in entsprechende Entscheidungsprozesse;
- Unterstützung in der Umsetzung von Aufgaben / Maßnahmen;
- Unterstützung im Ausbau / Erwerb von Kompetenzen (empowerment);
- Unterstützung beim Erproben / Anpassen von Prozessen im Arbeitsfeld;
- Unterstützung beim Umgang / Handeln in Veränderungsprozessen;
- Ermöglichen einer transparenten, zielführenden und rechtzeitigen Informationsweitergabe;
- Ermöglichen / Einfordern eines rechtzeitigen, regelmäßigen und klaren Feedback;
- usw.

Mit Ihrem Führungskonzept intendieren Sie das Implementieren einer transparenten Führungskultur. Diese erinnert stark an die Funktionen von Führungsgrundsätzen wie:

- Führungskultur stiftet Identität.
- Führungskultur vermittelt Sinn.
- Führungskultur sichert Konsens.
- Führungskultur verschafft Orientierung.
- Führungskultur fördert Lernen.

Kurz zusammengefasst, sollte das Führungskonzept Ihre Führungsweise wie folgt charakterisieren:

- Führen Sie über Wertschätzung und Anerkennung.
- Trainieren Sie Ihren Aufmerksamkeitsfokus konsequent auf das, was schon alles gut läuft.
- Seien Sie offen für Ideen, seien Sie neugierig und zugleich klar reflektierend, um passend für Ihre Organisation Entwicklungsprozesse sehen, aufgreifen, gestalten und umsetzen zu können.

Literatur

Allinger, W., Kreyenberg, J.; Führung 2.0; Ansbach o.J.

Setzwein, M; „Management by…“ 9 Führungskonzepte; Ascheffel 2015.

Stadt Zofingen, Führungsphilosophie, Zofingen o.J.; https://www.seniorenzentrum-zofingen.ch

Thom, N., Ritz, A.; Das IOP-Führungskonzept für den öffentlichen Sektor, in: Personal führen und Organisationen gestalten, Bern o.J.

Gbur, N.; Das Führungskonzept TZI, in: Themenzentrierte Interaktion, Heft 1/2015.

http://www.spital-schwyz.ch

http://www.multimedia-bachor.de/de/pdf/fuehrungskonzept_einer_firma.pdf

http://www.ingenieurkurse.de

http://www.bs-muc.de/downloads/bsm_fuehrungskonzept.pdf

4 Führen und Leiten - kommunikative Aspekte

Führen und Leiten: It always seems impossible until it's done.
(Nelson Mandela)

Die Begriffe Führen / Leiten einer sozialen Organisation werden meist unweigerlich mit dem Begriff der Kommunikation in Verbindung gebracht. Meist werden in diesem Kontext die Begriffe Kommunikation und Interaktion synonym verwendet. So können Menschen allein durch ihre physische Anwesenheit aufeinander einwirken (Körpersprache), ohne dass dem eine Absicht oder ein Plan zugrunde liegt. Wir können eben nicht nicht kommunizieren. Allein die physische Anwesenheit beeinflusst z.B. das Verhalten, das Wohlbefinden und die Leistungsfähigkeit. „Kommunikation ist ein sozialer Prozess, in dessen Verlauf sich die beteiligten Personen wechselseitig zur Konstruktion von Wirklichkeit anregen" (Frindte, 2001, S. 17). Interaktionen können ohne Absicht und ohne Wissen der Beeinflussung erfolgen. Kommunikation dagegen erfolgt planvoll und zielgerichtet. Auch eine im Kontext von Führen und Leiten stattfindende Interaktion ist immer intentional und zielbewusst. „Die unmittelbare Kommunikation zwischen Führungskraft und Geführten stellt das bestimmende Mittel der personalen Führung dar" (Felfe und Liepmann).

„Die Bedeutung von Kommunikation für Organisationen resultiert aus ihrer Steuerungsfunktion" (Theis).

Gerade in sozialen Organisationen mit ihren weitgehend selbständig im vorgegebenen Bildungs- und Erziehungsrahmen (Bildungsplan) arbeitenden Experten ist die Erkenntnis der Wichtigkeit der aufwärtsgerichteten Kommunikation entscheidend, die in der Notwendigkeit des Zuhörens bzw. Hinhörens der Leitungs- bzw. Führungsperson besteht (nach Tompkins, 1984).

Für das Führen und Leiten von Expertenorganisationen sind die von

Likert entwickelten überlappenden Arbeitsgruppen – die linking pins – bedeutsam; denn sie verbinden die hierarchischen Ebenen einer Organisation miteinander und ermöglichen so partizipative Entscheidungen. Solche „linking pins“ finden sich z.B. bei Teamstrukturen einer Organsiation.

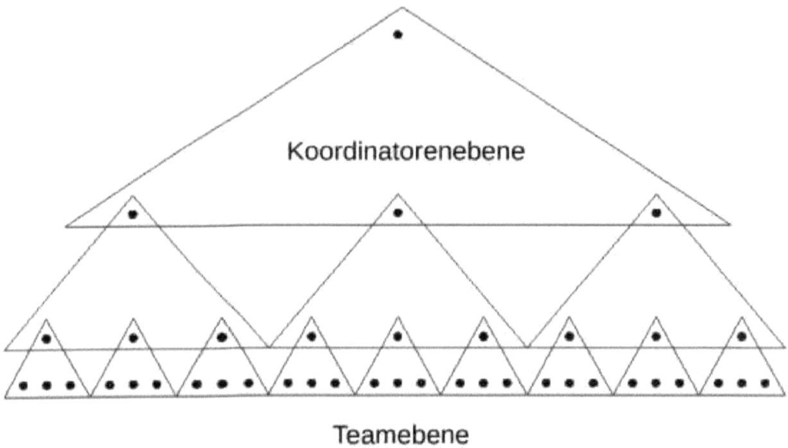

Modell der überlappenden Gruppen (nach Likert)

Die Kommunikation verläuft in beide Richtungen, abwärts und aufwärts. Es handelt sich sowohl um ein Führungs- wie ein Kommunikationssystem. Die Teammitglieder sind durch die regelmäßig stattfindenden Teamsitzungen an Entscheidungen beteiligt und die Leitung der Organisation erhält regelmäßig Rückmeldungen z.B. über den aktuellen Stand (siehe Leitung mit Teams, „Führen und Leiten in dynamischer Balance“). Ein solcher interner Organisationsaufbau, die formale Organisationsstruktur, reduziert im Leitungsgeschehen die Komplexität und die Unsicherheit durch beidseitig zeitnahe Information und ermöglicht so auf der Leitungsebene trotz der Begrenzungen im menschlichen Entscheidungsverhalten, weitgehend rationale und stimmige

Entscheidungen im Sinne der sozialen Organisation zu treffen.
Die innerorganisatorische Kommunikation erfüllt zwei Funktionen:

Primäre Funktionen	**Sekundäre Funktionen**
Vermittlung von Informationen über gemeinsame Zielerreichung	Soziale Eingliederung, informeller Informationsaustausch
Festlegung & Koordination arbeitsteiliger Handlungen	Konfliktminderung und -vermeidung
Aufgabenklarheit, Rollenklarheit	Motivation, Identifikation
Problemerkennung, Entscheidungsunterstützung	Zufriedenheit, Betriebsklima & Unternehmenskultur
Überprüfung & Verbesserung des Zielerreichungsprozesses	Außenwirkung

(Quelle: Torjus, N.)

Hauptfunktionen der Führungskommunikation sind Information, Motivation und Kontrolle. Ergänzt werden diese durch Informationen z.B. zu Planung und Organisation, Koordination, Zielsetzung und Rückmeldungen zum aktuellen Stand z.B. eines Vorhabens.

4.1 Formelle Kommunikation

Mit den Festlegungen der Aufbau- und Ablauforganisation sind die kommunikativen Strukturen und Prozesse weitgehend institutionalisiert. Bei dieser formellen Kommunikation handelt es sich um den Anteil der Kommunikation, der direkt beobachtbar und auf die Erreichung der Organisationsziele gerichtet ist. Die zentrale Aufgabe der formellen Kommunikation ist es, die relevanten

Informationen den einzelnen Organisationsbereichen in einem sinnvollen Maß zur Verfügung zu stellen und dabei gleichzeitig Informationsdefizite zu vermeiden. Klassische Instrumente einer formellen Kommunikation sind Rundschreiben, Aushänge am „Schwarzen Brett“ oder Gespräche mit Mitarbeitern. Die Teams haben andererseits z.B. die Aufgabe eine Dokumentation ihrer Aktivitäten zu erstellen und rückzumelden.

4.2 Informelle Kommunikation

Die informelle Kommunikation beinhaltet allgemein alle Kommunikationsvorgänge, die außerhalb der organisatorisch geregelten Abläufe stattfinden. Sie unterliegt keiner direkten Steuerung und erfolgt i.d.R. unbeobachtet. Das menschliche Bestreben und Bedürfnis nach einem informellen Austausch entsteht aus der sozialen und der psychologischen Funktion der Kommunikation. Eine informelle Kommunikation beinhaltet vor allem private Themen. Besonders in größeren Organisationen, in denen sich interne Gruppen bilden können (informelle Netzwerke), werden informell auch Wissen, beratende Inhalte, inoffizielle Informationen, und micropolitisch wirkende Informationen weitergebenen, um Einfluss, Macht oder Autorität auszuüben.

Formale Kommunikation	Informelle Kommunikation
Eindeutig einer Quelle zuzuordnen	Von der Quelle losgelöst
Standardisierte Informationskanäle	Kanalungebunden, im Raum schwebend
In offiziellen Settings	In den Randbereichen der Organisation
Auf Autoritäten beruhend und verbindlich	Unter Vorbehalt und unverbindlich
Sorgfältig ausgearbeitet	Spontan
Förmlicher Stil	Alltagssprachlich
Schriftlich dokumentiert oder unter Zeugen	Flüchtig
Standardisiert	Kontextbezogen und personenabhängig

(Quelle: (Blickle)

Auch Sie als Führungsperson nutzen spontan oder gezielt oft informelle Kommunikationswege, was duchdacht, sich positiv z.B. in einer erweiterten Leitung auswirken kann. Gerade in sozialen Organisationen kommt der informellen Kommunikation, z.B. dem kurzen Gespräch in der Pause oder im Mitarbeiterraum große Bedeutung zu. Sie als Leitung „Ihrer" Organisation sollen so gut wie täglich mit den Mitarbeitenden in Kontakt sein, sie begrüßen und dabei sowohl private wie kurze dienstliche Informationen austauschen. Entscheidend ist, dass sich die informelle, jedoch berufsbezogenen Kommunikation in ihren Inhalten im Wesentlichen mit denen der formellen Kommunikation deckt. Informelle Kommunikation kann Nähe schaffen, Sie als Person erlebbar machen, was zum Empfinden von Vertrauen und Verlässlichkeit beiträgt.

4.3 Top-down Kommunikation

Beziehen Sie die Ihnen unmittelbar vorgesetzte Stelle / Behörde mit ein, so stellt die vertikale Kommunikation den Informationsaustausch zwischen den einzelnen Ebenen der Hierarchie innerhalb einer z.B. regionalen Organisationsstruktur dar. Sobald es um Entscheidungsfindung und Entscheidungsumsetzung geht, in der vorgesetzte Stellen eingebunden sind, ist dies der wesentliche Kommunikationsfluss. Innerhalb einer z.B. in Teamstrukturen organisierten Expertenorganisation, wie z.B. einer Schule oder eines Heims für Kinder, findet sich ein solcher Kommunikationsfluss z.B. bei Dienstbesprechungen oder der direkten Informationsweitergabe an einzelne Teamkoordinatoren oder auch Teammitglieder bzw. beim eingeforderten Feedback derselben.

4.4 Bottom-up Kommunikation

Eine aufwärts gerichtete Kommunikation umfasst z.B. Rückmeldungen über den derzeitigen Stand / den Erfolg eines Vorhabens, Hinweise auf Prozessstörungen in spezifischen Bereichen, das Einbringen von Ideen und Anregungen, die Meinungsäußerung zur Gestaltung von innerorganisatorisch anstehenden Regelungen z.B. Arbeitsbedingungen oder zu erprobende Verfahren, usw.. Auch Rückmeldungen zu Ihrem Führungsverhalten, z.B. in einem Vieraugengespräch, gehören zur aufwärts gerichteten Kommunikation. Gerade in Organisationen, in denen die Mitarbeitenden im selbständigen Ausgestalten der täglichen Aufgabenerfüllung breite Verantwortung und damit auch Freiraume benötigen und haben, ist eine von Respekt und gegenseitiger Achtung geprägte bottom-up Kommunikation wichtig; denn nur so können Sie als Leitung erfahren, was gerade im System läuft und wo es z.B. einer Nachsteuerung bzw. Ihrer direkten Intervention bedarf. Seien Sie aufmerksam und sensibel gegenüber den Ihnen von Mitarbeitenden überbrachten Informationen. Je nach Situation und übermittelnder Person können unbeabsichtigt verzerrte Informationen zu Ihnen gelangen. Filtern oder schätzen Sie die erhaltenen Informationen nach ihrer Relevanz, ggf. holen Sie sich weitere Informationen von anderen Personen ein. Dies kann auch z.B. in einer Teamsitzung erfolgen, in der Sie eine erhaltene Information als Frage / „eigenen Eindruck" einbringen.

4.5 Horizontale Kommunikation

Eine horizontale Kommunikation findet zwischen Menschen auf derselben Hierarchieebene statt. Sie umfasst z.B. Absprachen, Informationsweitergabe, Aufgabenkoordination, Austausch zu Handlungsstrategieen im Arbeitsfeld, um z.B. aktuelle Probleme zu lösen. Auch das Ansprechen und Bearbeiten von Konflikten innerhalb der Mitarbeitenden in sogenannter Eigenregie, bevor sie auf die Leitungsebene gehoben werden, gehört dazu usw.. Je nach Größe einer Organisation und dem anfallenden Umfang an Informationen kann die Qualität der Kommunikation in dieser Kommunikationsrichtung beeinträchtigt sein. Ein anderes Problem ist die Verzerrung und das Zurückhalten relevanter Informationen, wenn eine hohe Konkurrenz unter den Mitarbeitern besteht. Ist dies gegeben, so sollten Sie mit der die Besprechung leitenden Person zuvor über diese Thematik sprechen und ggf. entsprechende Handlungsstrategieen vereinbaren.

Die Kommunikation zwischen den Mitarbeitenden ohne Anwesenheit der Leitung ist in Teams z.B. in Expertenorganisationen sehr wichtig. Schaffen Sie in „Ihrer" Organisation solche Möglichkeiten, indem Sie z.B. einen bestimmten, vereinbarten Zeitraum organisatorisch implementieren, z.B. eine Stufen-, Fach- oder Teambesprechung, deren Termine z.B. schon zu Jahresbeginn in einer Gesamtkonferenz festgelegt werden, unbenommen einer ggf. erforderlichen

Einberufung. Jede dieser Besprechungen wird von einem Mitglied des Kollegiums geleitet bzw. koordiniert, auch die behandelten Themen kommen aus dem Mitgliederkreis. Aufgrund Ihrer Gesamtverantwortung für alles Geschehen in „Ihrer“ Organisation haben Sie jederzeit das Recht, an solchen Besprechungen teilzunehmen oder auch Themen verpflichtend einzubringen: Handhaben Sie dies unbedingt sehr feinfühlig und zurückhaltend, nur, wenn unabdingbar erforderlich, sollten Sie an einer solchen Besprechung teilnehmen. Unbenommen und „ungefährlich“ ist es, wenn die eine Besprechung koordinierende Person Ihnen in knapper Form Rückmeldung darüber gibt. Dies sollte allen schon bei Einrichtung dieser Besprechungen bekannt gegeben werden.

4.6 Kommunikation und Organisationsstruktur

Die Komplexität des Aufbaus einer Organisation und Organisationsgröße stehen hinsichtlich der innerorganisatorischen Kommunikation in einem unmittelbaren Zusammenhang. Je mehr Abteilungen bzw. diese noch unterteilenden Teams eine Organisation aufweist, desto präziser muss der Kommunikationsfluss durchdacht, strukturiert und für alle Organisationsmitglieder transparent sein.

Zu überlegen ist dann z.B. in wie weit Leitungen von Abteilungen die an sie weitergegebenen Informationen selbstverantwortlich weiter streuen. Entscheidend dabei ist das mit diesen Leitungen vereinbarte Feedback an die Gesamtleitung. Ein solches Feedback könnte z.B. je nach Bedeutung von Informationen auch formalisierte Elemente beinhalten. Je größer eine Organisation ist, desto formaler muss auch der Informationsaustausch zwischen den Abteilungen organisiert sein, dies betrifft z.B. auch vereinbarte, frühzeitig gesetzte Termine von Dienstbesprechungen bzw. Konferenzen der Abteilungsleitungen mit der Gesamtleitung, um den Informationsfluss in beide Richtungen so optimal wie möglich zu gestalten.

4.7 Aspekte der Kommunikationsplanung

Bei jeder Kommunikation, erst recht bei verbindlichen Gesprächsterminen, muss auf die Erfordernis und Stimmigkeit für die Beteiligten geachtet werden: Wichtigste organisatorische Fragen sind dabei z.B.:

- Für wen ist die Information wichtig / sinnvoll?
- Welcher Kommunikationskanal ist für die Informationsweitergabe am geeignetsten?
- Bedarf es noch Hinweisen / Ergänzungen, damit die Information verstanden werden kann?
- Welche Wirkungen löst die entsprechende Information wahrscheinlich aus?
  (z.B. Die Führungsperson bietet eine Teilnahme an einer Abteilungskonferenz für Fragen an.)
- Wird eine Rückmeldung nach der Weitergabe / Bearbeitung erwartet bzw. muss diese erfolgen und bis wann?

usw..

Entscheidend mit Blick auf die Mitarbeitenden ist mit einer Metapher gesagt: „Die Art des Wurms muss dem Fisch schmecken!“ Die Informationsweitergabe, ggf. -aufbereitung und -bearbeitung muss die Adressaten im Blick haben, so z.B. deren Termin- und Motivationslage (derzeitige affektive Situation), deren Arbeitszufriedenheit und -belastung, deren Commitment und auch deren aktuelle soziale Situation.

Anmerkung: Commitment beschreibt, inwieweit sich Menschen einer Organisation zugehörig und verbunden fühlen.

Sie müssen bei Ihrer Gestaltung der Kommunikation entscheiden z.B. unter den Gesichtspunkten: „Kurz und präzise!“ und „Weniger ist mehr!“.

Für einen Entwurf eines Kommunikationskonzepts in Ihrer Organisation kann das Einholen von Ansichten und Meinungen Ihrer

Mitarbeitenden sowie der Mitglieder der erweiterten Leitung (getrennt auswerten) z.B. in Form eines Fragebogens hilfreich sein. Haben Sie ein solches erstellt, dann besprechen Sie es zumindest mit den Personen in der erweiterten Leitung. Lassen Sie es danach allen mit Ihrer Organisation verbundenen Personen zukommen. Außerdem bedarf ein Kommunikationskonzept immer mal wieder der Anpassung!

4.8 Die Rolle der Kommunikation in der Führung

„Eine effektive Führungskraft ist
a) kommunikationsorientiert;
b) empfänglich für die Anfragen und Anliegen der Geführten;
c) tendiert dazu, mehr zu fragen, zu argumentieren und zu überzeugen;
d) kündigt Veränderung frühzeitig an und erklärt deren Notwendigkeit (nach: Redding, 1972 zitiert nach Penley & Hawkins, 1985).

Eine effektive Führung beruht auf einer situationsangemessenen Kommunikation und auf der grundlegenden Fähigkeit zu kommunizieren: Es handelt sich hier um die Kommunikationsfähigkeit bzw. die kommunikative Kompetenz. „Generell zeigt sich, dass der Kommunikationsstil eng mit den individuellen Kommunikationsfähigkeiten bzw. der kommunikativen Kompetenz zusammenhängt (...). Der Kommunikationsstil einzelner Mitarbeiter wird wesentlich auch durch den der Führungskraft (...) mitgeprägt" (Spieß & Winterstein, 1999, S. 68); (nach: Torjus).

Literatur

Blickle, G.; Interkation und Kommunikation. In H. Schuler, Enzyklopädie der Psychologie D/III/4: Organisationspsychologie - Gruppe und Organisation (S. 55-128), Göttingen 2004.

Felfe, J. & Liepmann, D.; Organisationsdiagnostik, Göttingen 2008.

Frindte, W.; Einführung in die Kommunikationspsychologie, Weinheim 2001.

Likert, R.; Neue Ansätze der Unternehmensführung. Bern 1972.

Theis, A. M.; Organisationskommunikation: theoretische Grundlagen und empirische Forschungen, Opladen 1994.

Tompkins, P. K.; The functions of communication in organizations. In C. Arnold & J. Bowers, Handbook of rhetorical and communication theory (pp. 659-719), New York 1984.

Torjus, N., Kommunikation in Organisationen, Berlin 2013.

5 Mentale Stärken aufbauen – Resilienz fördern

Einführende Gedanken

Die hohen Belastungen denen alle im Bildungs- und Erziehungsbereich Tätigen täglich ausgesetzt sind, ist mittlerweile vielfach von den einschlägigen Wissenschaften mit verschiedensten Untersuchungen bestätigt worden. Erforscht ist auch, welche Kompetenz zur Bewältigung und Verarbeitung in diesen Berufen erforderlich ist: Die Selbstkompetenz. Sie umfasst „die Fähigkeit, mit den eigenen Ressourcen systematisch umzugehen und grundlegende Techniken der Emotionsregulation und des Handelns unter Druck zu beherrschen“ (Storch, M., Krause, F., 2002).

Wesentlich für den Zugang der je eigenen mentalen Stärke ist die Ressourcenperspektive, d.h. dass jeder Mensch meist die für das Bestehen einer Herausforderung erforderlichen Ressourcen bereits in sich trägt. Mit Blick auf den Aufbau von Resilienz ist ein neurobiologischer Ressourcenbegriff tragend: Dieser besagt, dass alles zur Ressource werden kann, „was gesundheitsfördernde neuronale Netze aktiviert und entsprechende Ziele fördern hilft“ (Storch, M., Krause, F., 2002). Für die Fähigkeit eine gezielte Handlung einzuleiten bilden unbewusste oder vorbewusste Bedürfnisse, fußend auf inneren Visionen oder Bildern, die entscheidende Grundlage. Diese Bilder entwickeln sich zu einem bewussten Motiv, das so viel innere Kraft entfaltet, dass es über Abwägungsprozesse zu entschlossenen Handlungen führt. In der Sprache des Züricher Rubikonmodells ist dann „der Rubikon“ überschritten.

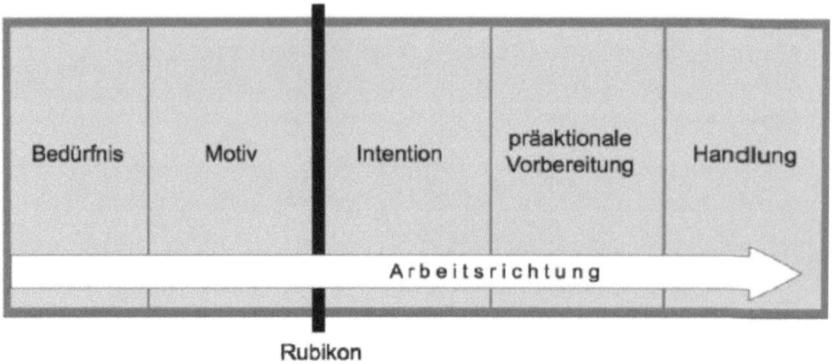

(Quelle: Storch, M., Krause, F., 2002)

Durch die Erkenntnisse der jüngeren Hirnforschung ist bekannt, dass jeder Mensch in seinem Gehirn über zwei, seine Handlungen steuernden Systeme verfügt. Das eine gründet auf dem sprachbezogenen Bewusstsein (Logik, Cortex, Kurzzeitgedächtnis), das andere auf dem Erfahrungswissen (tiefere Gehirnschichten, Langzeitgedächtnis). Letzteres arbeitet mit Erinnerungen, Ähnlichkeiten, Assoziationen und zeitlicher Nähe und ist sehr personspezifisch. Welches System gerade in Aktion ist, lässt sich erkennen, ob Sprachelemente (Denken, bewussterVerstand) oder ein „Bauchgefühl" mit Körperwahrnehmungen oder Gefühlen bis hin zu Emotionen ihre Wirkung entfalten (adaptives Unbewusstes) (nach Storch). Adaptiv meint, dass dieses System permanent die Umwelt scannt und sich ständig an diese anpasst und daraus lernt: War eine Erfahrung positiv für den Körper – Folge: Wieder so handeln! - War die Erfahrung schlecht für den Körper – Folge: Diese Handlung zukünftig vermeiden!

Beide Systeme in unserem Gehirn unterscheiden sich vor allem in der Geschwindigkeit, mit der sie Informationen verarbeiten und so Handlungen bzw. Reaktionen auslösen. Der bewusste Verstand, unser Bewusstsein, verarbeitet Informationen sehr langsam. Das adaptive Unterbewusstsein nimmt viele Ereignisse oder Gegebenheiten wahr, die handlungsentscheidend sein können, jedoch von unserem Bewusstsein so gar nicht erkannt und damit auch für unseren Verstand unzugänglich sind. Die Werbung nutzt z.B. diese Erkenntnisse aus, um kauffördernde, angenehme Gefühle und Stimmungen in uns zu erzeugen. Das adaptive Unbewusste arbeitet etwa 40000 Mal so schnell wie unser Bewusstsein (nach Storch). Dabei ist unser Gehirn ein Leben lang damit befasst, Nervenverbindungen auf- oder abzubauen (neuronale Netze), je nachdem, wie oft wir diese benutzen (neuronale Plastizität). So können wir uns flexibel an Veränderungen anpassen, wenn wir gesund sind.

Die Grafik (nach Wilson, 2007,) stellt überblickartig die beiden Systeme, die in unserem Gehirn Handlungen auslösen und steuern, vor:

Das adaptive Unbewusste und das Bewusstsein im Vergleich

Adaptives Unbewusstes Multiple Systeme	**Bewusstsein** Ein System
On-line Mustererkennung	Check und Ausgleichsmaßnahmen im Nachhinein
Befasst mit dem Hier und Jetzt	Arbeitet auf lange Sicht
Reizgesteuert	Reflexionsgesteuert
Automatisch (schnell, nicht intentional unkontrollierbar, mühelos)	Kontrolliert (langsam, intentional, kontrollierbar, mit Anstrengung verbunden)
Rigide, aber wenig störungsanfällig	Flexibel. aber stark störungsanfällig
Gut / Schlecht – Bewertung (hedonistisch)	Wahr / Falsch – Bewertung (logisch)
Kommunizierbar über somatische Marker	Kommunizierbar über Sprache
Hat Zugriff auf emotionales Erfahrungs-gedächtnis (Langzeitspeicher)	Hat Zugriff auf Arbeitsgedächtnis (Kurzzeitspeicher)

(Quelle: Storch, M./Cantieni, B., 2006)

„Lernen und Vergessen beruhen auf der Erhöhung bzw. der Verminderung der Verbindungsstärke zwischen Synapsen der jeweiligen Nervenstränge.“

Nehmen wir unsere Gefühle wahr und können wir diese z.B. benennen und bestimmten Erfahrungen zuordnen (siehe „Inneres Team“), so können wir uns bewusst förderliche Bilder / Visionen und Erfahrungen vorstellen bzw. bewusst positive Ereignisse aufsuchen (z.B. in TZI Persönlichkeitskursen). Eigene Körpersignale wahrzunehmen, sie sich bewusst zu machen bzw. sie bewusst zu erleben bedeutet, sich der eigenen „somatischen Marker“ sicher zu sein, was uns mental sehr stärkt bzw. robuster aufstellt.

<u>Eskurs:</u> *Somatische Marker*

António Damásio stellte die Theorie auf, dass alle Erfahrungen, die ein Mensch in Laufe seines Lebens macht, in einem emotionalen Erfahrungsgedächtnis gespeichert werden. Ein somatische Marker stellt die Summe Ihrer Erfahrungen dar. Es ist ein blitzartiges körperliches Signal (von griechisch soma „Körper“). Innerhalb von Millisekunden signalisiert uns unser Körper "Halt" und/oder "Weiter". Wenn ich weiß, dass mein Erfahrungsgedächtnis einen sehr schnellen, jedoch flüchtigen Reiz, z.B. ein Körpersignal, ein Gefühl, eine Emotion auslöst, kann ich lernen dies wahrzunehmen. Die somatischen Marker sind nach Damasio die Grundlage unserer Entscheidungen. Sie helfen uns beim Denken, indem sie auf bisherigen Erfahrungen gründende Vorentscheidungen treffen und uns, ohne dass es uns bewusst würde, in eine bestimmte Richtung drängen, vor Dingen warnen, mit denen wir schon einmal schlechte Erfahrungen gemacht haben, oder die Aufmerksamkeit auf etwas Wichtiges lenken. Ich realisiere mit meinem Verstand vielleicht dann auch, dass ich in einer Situation sowohl positive, bejahende, als auch negative, vermeidende Handlungsimpulse in mir vorfinde. Die Gleichzeitigkeit dieser sich scheinbar ausschließenden Gefühle (Sowohl-als-auch) kann genauso hilfreich sein, wie ein einzelner positiver oder negativer Marker (nach: Damásio, A., 2011).

„Eine Entscheidungsfindung ist um so schneller und einfacher möglich, je besser das zugrundeliegende Wissen kategorisiert und klassifiziert sowie durch Marker bewertet vorliegt“ (Stangl, W.; o.J.). Durch den Erwerb von Wissen über die Wurzeln der eigenen Motivierbarkeit werden Sie zum Experten für Ihre eigene Person und steigern dadurch Ihr Erleben von Selbstwirksamkeit, eine der wichtigsten Ressourcen für psychische Gesundheit und Wahrnehmung der je eigenen Kompetenzen (nach Schunk / Pajares 2005).

5.1 Erfassen des eigenen Ressourcenpools

Für Ihre psychische und damit auch handlungsrelevante Gesundheit ist es wichtig, dass Sie Ihre personspezifischen Ressourcen kennen. Diese Ressourcen beziehen sich auf alle aktivierbaren Kenntnisse, Fähigkeiten und Fertigkeiten. Notieren Sie diese z.B. in einer zweispaltigen Tabelle mit den Spaltenüberschriften: Ressourcen // konkrete Beispiele bzw. Erfahrungen.

Für die für Sie wichtige Ressourcen sowohl im privaten wie im beruflichen Bereich sollten Sie sich eine Art Trainingsprogramm erstellen; denn nur durch bewusstes Wiederholen, Üben und Trainieren, sprich handelnd Lernen, gelangen diese in Ihr Erfahrungswissen. Sie können sie dann rasch wieder abrufen oder aktivieren.

Wollen Sie einen neuen Inhalt, eine neue Erfahrung, in Ihr Langzeitgedächtnis aufnehmen, so gelingt dies, indem Sie sich bewusst die Handlung bzw. Aktivität bildlich in ihrem Ablauf und Ergebnis vorstellen und dann mehrfach bzw. möglichst oft konkret und bewusst ausführen (gezielte Erinnerungshilfen). Achten Sie dabei bewusst auf Ihre Körpersignale; denn Ihr Verstand und Denken (kognitives System), Ihr Gehirn und Ihre Psyche stehen immer in Verbindung zum gesamten Körper (Körpergedächtnis): Alles ist mit allem in Wechselwirkung. Auf diese Weise legen Sie eine neue neuronale Verbindung in Ihrem Gehirn (im adaptiven Unbewussten),

die Sie z.B. durch entsprechende Coachingprozesse noch intensiver vernetzen bzw. verstärken können.
Um z.B. echt und authentisch zu wirken, müssen Verstand und Körper im Ausdruck deckungsgleich sein.

5.2 Einsatz des Ressourcenpools – psychische Stabilisierung

Setzen Sie Ihre verschiedenen Ressourcen sowohl im privaten wie beruflichen Bereich immer wieder ein, um sich dieser zu vergewissern (Ressourcengewinn). Stellen Sie sich einzelne Ressourcen, die dort auftretenden positiven Gefühle, z.B. konkret als Innere Teammitglieder vor, mit denen Sie jederzeit in Kontakt treten können. Machen Sie sich vor Belastungssituationen Ihre dazu passenden Ressourcen bewusst. Treten Sie mit Ihren Teammitgliedern in Kontakt, auch mit denen, die Warnsignale senden (inneres Zwiegespräch): Dies stärkt Ihre innere Haltung, macht Sie zuversichtlicher, erleichtert die Bewältigung einer Herausforderung und fördert einen konstruktiv passenden Umgang mit Stressempfindungen (proaktives Handeln). Sie bleiben eher sowohl körperlich als auch psychisch gesund. Die WHO definiert Gesundheit so: „„Zustand des Wohlbefindens, in dem der Einzelne seine Fähigkeiten ausschöpfen, die normalen Lebensbelastungen bewältigen, produktiv und fruchtbar arbeiten kann und imstande ist, etwas zu seiner Gemeinschaft beizutragen.“ (WHO, 2014).

Jeder Mensch, so auch Sie, hat Überzeugungen, eine motivationale Orientierung und selbstregulative Fähigkeiten. Diese können durch bewusst aus- oder aufgesuchte Erfahrungsfelder beeinflusst werden und so innere Haltungen verändern. Dies kann durch eine Teilnahme an einer entsprechenden Aus- oder Fortbildung geschehen, z.B. im Grundkurs zum Züricher Ressourcenmodell, einem thematisch passenden Persönlichkeitskurs (TZI), einem themenbezogenen Kurs bei der Volkshochschule, usw.. Sie können sich auch von einem Coach unterstützen und beraten lassen. Dies kostet alles mehr oder weniger Geld. Im Kern geht es dabei überwiegend um das Einüben von Achtsamkeit gegenüber sich selbst sowie um Entschleunigung. Besonders bedeutsam für das Bewältigen von Herausforderungen ist die Selbstregulationsfähigkeit. Diese ist definiert als „verantwortungsvoller Umgang mit den eigenen persönlichen Ressourcen“ (Baumert & Kunter, 2006).

Ohne diesen monetären Einsatz, jedoch mit einem guten Maß an Selbstdisziplin und bewusster Zeitsetzung können Sie vieles selbstgestaltend bewirken: Ein wichtiges Element dabei ist der bewusste, zu Ihnen passende Einsatz von Ritualen. Beobachten Sie jüngere Leistungssportler z.B. in den Disziplinen Boden- oder Geräteturnen sowie Bogenschießen. Sofern nicht bereits in der Umkleidekabine geschehen, sitzen diese einige Zeit vor ihrem Auftritt am Rande des Wettbewerbsfeldes ruhig, konzentriert und wie es scheint in sich gekehrt auf ihrem Stuhl. Alles, was um sie herum geschieht, so macht es den Eindruck, wird von ihnen ausgeblendet. Diese Personen sind im besten Sinne voll bei sich, voll in sich versammelt, können Ihre Gedächtnisinhalte, den Ablauf ihrer sportlichen Darbietung, die wichtigsten Handlungen bild- oder filmartig in ihrer Vorstellung aktivieren.

Diese in Ihnen auch angelegte Fähigkeit können Sie sich z.B. mittels Ritualen zu Nutze machen! Überlegen Sie sich z.B. ein für Sie passendes Ritual für morgens, bevor Sie zur Arbeit gehen; je ein Ritual, wie Sie Ihren Arbeitstag beginnen und beenden, ein Ritual, wie Sie den von Ihnen gelebten Tag beenden. Insbesondere in mental sehr anstrengenden und fordernden Berufsfeldern wie sie in Sozial- oder Bildungs- und Erziehungsbereichen tätigen Organisationen anzutreffen sind, wirken individuell passende, bewusst eingesetzte / eingeübte Rituale i.d.R. entlastend. Beispiele für einzelne Rituale im Tagesverlauf:

Ritual am Morgen zuhause:
Sie sehen ca. 15 Minuten zur körperlichen Aktivierung vor: Leichte Bewegungen von Armen, Beinen und Rumpf; kurze Dehn- und leichte Kraftübungen; Duschen; Anziehen; Frühstücken; die Tagesstruktur kurz andenken; Gang oder Fahrt zur Arbeit.

Ritual am Morgen an der Arbeitsstelle:
Ankommen (Raum lüften; an den Schreibtisch sitzen und zwei, drei Mal tief durchatmen); Richten des Arbeitsplatzes (z.B. Herausholen der Ablageschalen, in denen Sie am Vorabend alle wichtigen Vorgänge und dazu erforderliche Schriftstücke abgelegt haben.); Sichten des Wochenterminkalenders (z.B. Geburtstag von Mitarbeitenden, von für Sie und Ihre Arbeitsfelder wichtigen Personen in den nächsten Tagen [Bürgermeister, Vorgesetzte, Kontaktperson in der Gemeindeverwaltung, Kollegin / Kollege, usw.], Mail oder Karte verschicken; Herausnehmen und Durchsehen der eigenen Wiedervorlagenmappe; Hochfahren des Computers und Durchsicht eingegangener Nachrichten bzw. Informationen; Arbeitsstruktur für den Tag ggf. anpassen; Beginn mit dem Bearbeiten der rasch erledigbaren Aufgaben; wichtige, eine höhere Konzentration und mehr Zeit erfordernde Aufgaben in den mittleren Vormittag bzw. Nachmittag legen (i.d.R. weniger Störungen); usw..

Ritual innerhalb des Tages:
Bewusst immer wieder kurze (ca. 5 Min,) und mindestens zwei längere (ca. 20 Min.) Pausen vorsehen und bewusst, strikt einhalten: Sich bewegen, den Raum lüften, Trinken und ggf. etwas leicht verdauliches essen.
Gesprächstermine in den späteren Vormittag oder frühen Nachmittag legen.

Ritual am Arbeitsende:

Aufräumen des Schreibtisches; Blick in den Terminkalender; Herrichten bzw. Bestücken der Ablageschalen mit den Vorgängen (z.B. Unterlagen, Schriftstücke o.ä.), die am nächsten Tag bearbeitet werden müssen; Durchsehen der eigenen Wiedervorlagenmappe; Wegschließen der Ablageschalen und der eigenen Wiedervorlagenmappe; Herunterfahren des Computers; voraussichtlichen Arbeitsplan für den nächsten Tag skizzieren; den durch- und erlebten Arbeitstag vor dem „inneren Auge" revue passieren lassen (ca. 20 Min,):

- Was habe ich bearbeitet / abgeschlossen (erledigt)?
- Was ist mir leicht gefallen, wo habe ich mich schwer getan?
- Was ist mir gelungen (welche Fähigkeiten konnte ich dabei einsetzen)?
- Wobei habe ich Fehler gemacht?
  - Wie kann ich meine Kenntnisse bzw. Fähigkeiten ausbauen?
  - Kurznotiz (persönliche To-do-Liste)
- Wie bin ich mit meinen Unzulänglichkeiten mental umgegangen?
  - Kurznotiz (Reflexion „ruhiger Moment")
- So gut wie möglich mentales Abschließen und Verabschieden des Arbeitstages am Arbeitsplatz.

Bei dieser Reflexionsarbeit lernen Sie aktiv am Gewesenen, an den gemachten Erfahrungen, nehmen nochmals bewusst ihre in der jeweiligen Situation aufgetretenen Körpersignale und ihre „inneren Mitarbeiter" wahr, lächeln vielleicht über die eine oder andere Ihrer Aktionen, setzen eine grimmige Miene bei gemachten Fehlern oder festgestellten Unzulänglichkeiten auf, „hauen" dabei vielleicht auch Mal „auf den Tisch" (Der „innere Mitarbeiter", Ihre Emotion, will gesehen und gewürdigt werden.). Dieser Rückblick kann mental anstrengend sein, ist jedoch für Ihre eigene Psychohygiene ungemein

wichtig; denn so haben Sie eine Chance eher Ihren inneren Frieden mit dem durchlebten Arbeitstag zu machen und entspannter nach Hause zu kommen.
Dies kommt Ihrem ebenso wichtigen und zu gestaltenden Privatleben zugute, das Sie sich mit Ihrem konzentrierten, oft anstrengenden, weil alle verfügbaren Energien einfordernden, engagiert geplanten und gestalteten Arbeitseinsatz redlich verdient haben. Philosophisch betrachtet: Nehmen Sie diesen vergangenen Arbeitstag mit allen seinen Höhen und Tiefen mit einer Haltung der Demut als Geschenk des Lebens an Sie an, würdigen Sie die gemachten Erfahrungen als Lern- und geistige Wachstumsangebote.
Sind Sie auf dem Weg eine solche Haltung zu entwickeln? Vielleicht erproben Sie bereits Ansätze davon, dann bin ich mir sicher, dass Sie bei allen beruflichen oder privaten Herausforderungen Ihre innere Balance immer wieder erreichen können, was sich sehr förderlich für Ihre Gesundheit und insgesamt Ihre Lebensgestaltung auswirkt.

Literatur

António R. Damásio, A., R.; Selbst ist der Mensch : Körper, Geist und die Entstehung des menschlichen Bewusstseins, München 2011

Schunk, D.H., Pajares, F.; Competence Perceptions and Academic Functioning. In: Elliot, A.J./Dweck, C.S. (Eds.): Handbook of Competence and Motivation. New York (2005).

Stangl, W.; http://arbeitsblaetter.stangl-taller.at/GEHIRN/GehirnSomatischeMarker.shtml.

Storch, M./Krause, F.; Selbstmanagement – ressourcenorientiert. Grundlagen und Trainingsmanual für die Arbeit mit dem Zürcher Ressourcen Modell ZRM., Bern 2002.

Storch, M./Küttel, Y./Stüssi, A.-Ch.; Gut geschützt gegen Stress – Selbstmanagement mit dem Zürcher Ressourcen Modell ZRM., In: Lehren und Lernen 8/9, S. 28-38. Villingen-Schwenningen 2005.

Storch, M./Cantieni, B./Hüther, G./Tschacher, W.; Embodiment. Die Wechselwirkung von Körper und Psyche verstehen und nutzen. Bern (2006).

Wilson, Th.D.; Gestatten, mein Name ist Ich, Zürich (2004).

6 Führungsperson – Beratungsaufgaben - systemisch betrachtet

Eine Beratung im pädagogischen Handlungsfeld, auch durch die Führungsperson, stellt einen Kommunikationsprozess dar. Dieser Prozess ist reziprok und zirkulär.

Exkurs: *Zirkularität bedeutet das Gegenmodell zur linearen Kausalverkettung und meint, dass jedes Element eines Systems zugleich als Ursache und Wirkung zu sehen ist.*
Bei der Rekursivität handelt es sich um das Zurückwirken des Ergebnisses eines Prozesses auf den Prozess selbst.

Bei jeder Beratung ist zu bedenken. dass Sie selbst und die zu beratende Person selbstreferentielle Systeme sind. Das bedeutet, dass „das Gehirn sich als ein funktional und semantisch selbstreferenzielles oder selbstexplikatives System auffassen läßt. Unter funktionaler Selbstreferentialität eines Systems verstehe ich die Eigenschaft, mit den eigenen Zuständen rekursiv oder zirkulär zu interagieren, so dass jeder Zustand aus der Interaktion früherer Zustände resultiert. Selbstreferentielle Systeme sind in ihren Zustandssequenzen selbstbestimmt oder autonom. Ihre Zustandssequenzen sind nicht von außen steuerbar. Wichtig ist, dass Selbstreferentialität nicht Isoliertheit bedeutet: Selbstreferentielle Systeme sind i.a.R. durchaus von außen beeinflussbar oder modulierbar. Die Wirkungen dieses Einflusses, seine Quantität und Qualität, sind aber vollständig durch das selbstreferentielle System bestimmt. D.h. ob ein externes Ereignis überhaupt auf das System einwirken kann und, wenn ja, in welcher Weise und Stärke, legt das System fest“ (Roth, 1987).
Jeder Kommunikationspartner „ist Element in der Wirklichkeit des anderen. Beide Partner sind sich gegenseitig Wahrnehmungsobjekt und -subjekt. Kommunikation ist damit eine Sozialhandlung, sie ist

reziprok und zirkulär. Der jeweilige Sprecher erweckt einen Eindruck beim Hörer und dieser Eindruck ist wiederum von der Subjektivität des Hörers abhängig bzw. mit bedingt. Wie etwas wahr- und aufgenommen wird, hängt, so Ungeheuer, von der subjektiven Welttheorie ab. Und diese sozial geprägte subjektive Welttheorie umfasst individuelle Einstellungen, Motive und Erwartungen ebenso wie Lebenserfahrung, Denkstil und Selbstbild des Einzelnen" (Ungeheuer, G.). Ziel der pädagogischen Beratung ist die Hilfe zur Selbsthilfe, die neue Sichtweisen und Handlungsmöglichkeiten eröffnet. „Im Mittelpunkt pädagogischer Beratung steht die Ressourcen-Aktivierung

- Pädagogische Beratung zielt darauf ab, Ressourcen zu erhalten und zu stärken.
- Pädagogische Beratung ist hinsichtlich ihrer grundsätzlichen Ausrichtung individuumszentriert.
- Pädagogische Beratung geht von der Bildsamkeit des Menschen aus.
- Pädagogische Beratung basiert damit auf anderen theoretischen Prämissen als Ansätze, die auf der nomothetischen Verifikation von Defiziten und Störungen beruhen,"
- Pädagogische Beratung berücksichtigt die Vernetztheit im Umfeld. Hinsichtlich des Umfeldes ist in der pädagogischen Beratung vor allem die Eruierung belastender und unterstützender Funktionen von zentraler Bedeutung" (Zwick, 2004); (siehe auch den TZI-Ansatz: „Globe").

Die zu beratende Person gilt es dergestalt zu unterstützen, dass sie selbst (wieder) in der Lage ist, die gestellten Herausforderungen zu überblicken und genau zu bestimmen, für sie erreichbare (ggf. erste) Ziele zu definieren, durchdachte, passende Entscheidungen zu treffen, zielkonforme und zielgerichtete Handlungspläne zu entwerfen, ihre individuellen Ressourcen zu erkennen und zu nutzen und die von ihr selbst angedachten bzw. eingeleiteten Handlungen bzw.

Handlungsstrategien auf ihre Effektivität und Effizienz hin zu überprüfen (siehe Krause, 2003).

Beratung wird so zu einer besonderen zwischenmenschlichen „Interaktionsform, die planvoll, sachkundig und methodisch geschult durchgeführt wird“ (Hartmann, M.). Professionelle Beratung ist problembezogen und fachkundig. Sie baut auf den Fähigkeiten des Beraters zu Akzeptanz, Empathie und Kongruenz zusammen mit fachlicher Kompetenz auf:

- *Akzeptanz:* Achtung und Anerkennung des anderen.
- *Empathie:* Sich in Situation und Gefühlslage des anderen hineinversetzen können und so dessen Perspektive erfassen sowie das innere Bezugssystem wahrnehmen und verstehen können.
- *Kongruenz:* Echtheit - Äußerungen entsprechen ihrem Fühlen und Denken.

Eine ressourcenorientierte pädagogische Beratung richtet ihr Augenmerk auf problembezogene und entwicklungsorientierte Inhalte. Sie weist als wesentliches Strukturelement den Aspekt der Prozesssualität auf. Damit beinhaltet sie ein Grundgerüst: Eine Problemanalyse, Zielbestimmung und die Frage der selbstgesteuerten / selbstverantworteten Realisierungsmöglichkeiten. Ziel jeder pädagogischen Beratung ist der Aufbau, die Stabilisierung und ggf. die Wiederherstellung individueller Handlungsfähigkeit unter Einbezug der Frage nach der situativen Angemessenheit (nach Hartmann, M., 2004).

6.1 Führungsperson - Beratungsgespräche

In allen Beschreibungen von Führungsaufgaben in sozialen, pädagogischen und öffentlich-rechtlichen Organisationen findet sich ein direkter Hinweis auf eine Beratungsaufgabe dergestalt, dass z.B. zu lesen ist: “Der Leiter / die Leiterin trägt die Gesamtverantwortung in der ...-Organisation. Dazu zählt auch bei Bedarf die Beratung der Beschäftigten bzw. Mitarbeitenden. ...“ Meist wird auch klar ausgedrückt, dass „der Leiter / die Leiterin weisungsberechtigt" ist gegenüber allen an der Organisation Beschäftigten, z.B. Schule, beschränkt allein z.B. gegenüber Beschäftigten außerhalb der Kernaufgaben der Organisation, z.B. Sekretariat / Hausmeister. In der Aufgabenbeschreibung der Beschäftigten steht z.B. der Hinweis, dass sie „weisungsgebunden" sind und „Weisungen befolgen müssen" sofern sie nicht gegen Gesetze verstoßen. Die Leitung in diesen Organisationen, z.B. einer Schule, steht somit vor einem immer wieder auftretenden Dilemma, einer Paradoxie, die keine Auflösung erfahren kann: Sie muss erkannt, durchgehalten und doch gestaltet werden. - Ganz konkret wird diese Erfahrung bei noch in der Ausbildung stehenden Personen an „Ihrer Organisation". Hier haben Sie als Führungsperson die Pflicht zum Besuch z.B. von Unterricht, dessen Besprechung (Beratung) und am Ende der Ausbildungszeit dem Erstellen eines Gutachtens / einer Beurteilung, die über den weiteren Berufsweg der/des Auszubildenden maßgeblich mit bestimmend ist.

Die Leitung hat in ihrer Gesamtverantwortung von der auftraggebenden Institution, sei dies ein Träger oder der Gesetzgeber (z.B. Landtag) den Auftrag erhalten, für die bestimmungsgemäße Umsetzung der z.B. im Lehr- oder Bildungsplan genannten Aufgabenfelder der Organisation zu sorgen. Dort finden sich in einer Art Präambel u.a. pädagogische Ausführungen in Form von Leitgedanken oder Leitperspektiven z.B. mit Denkanstößen zur Anbahnung von Kompetenzen, einer Niveaudifferenzierung, Erziehung zu Selbständigkeit und Leistungsorientierung, usw. gefolgt von vorausgehenden Präzisierungen in einzelnen Fachgebieten. Diese Ausführungen definieren sozusagen „den Geist", die grundlegenden Intentionen des jeweiligen Bildungsplans (Erziehungs-, Fach- und Methodeninhalte). Über die regionale bzw. örtliche konkrete Ausgestaltung dieser Vorgaben entscheidet die Konferenz der Beschäftigten (der

Expertinnen / Experten) in je eigener pädagogischer Verantwortung. Nun ist ersichtlich worauf sich die bei Bedarf zu aktivierende Beratung der Leitung z.B. einer Schule bezieht: Das Achten auf die Einhaltung der grundlegenden Aufgaben gemäß des jeweiligen Bildungsplans durch die Beschäftigten. Ergänzt wird dies durch eine Beratungspflicht in rechtlicher Hinsicht, z.B. dem Einhalten des Schulgesetzes durch die Mitarbeitenden.

Jede Führungsperson in pädagogisch orientierten Organisationen, die im organisatorischen und personalsteuernden Bereich vom Direktoralprinzip und im Bereich des Kerngeschäfts vom Kollegialprinzip bestimmt ist, so auch Sie, wird in den Bereichen des Kerngeschäfts von Erziehung und Bildung an „Ihrer Organisation" darauf achten, dass exklusive ggf. auch einseitige Sicht- und Handlungsweisen thematisiert und reflektiert werden. Die Leitungs- und Führungsperson kommt ja nicht von ungefähr aus dem jeweiligen Berufsfeld der in der Organisation Mitarbeitenden und kennt organisations- wie mitarbeitendenbezogen verschiedenste Facetten.
Aufbauend auf dem unter Mitwirkung der an der Organisation Beschäftigten, z.B. Schule, sollten Sie als Führungsperson ein stimmiges Führungskonzept erstellen, das Kernbereiche ausweist bzw. bestimmt, jedoch flexibel sein sollte, um auch in aktuell unvorhergesehenen Situationen handlungsfähig sein zu können (siehe oben, bzw. Buch: Führen und Leiten in dynamischer Balance). In diesem Führungskonzept wäre z.B. auch das Vorgehen / der Ablauf einer von Ihnen durchzuführenden Beratung einer an „Ihrer Organisation" beschäftigten Person festzuhalten.

6.2 Beratungsgespräche vorbereiten und führen

Ein zentraler Gesichtspunkt für die Vorbereitung jeder Beratung ist die Frage: Wer hat das Problem?! Ist dies geklärt, ergeben sich Fragen nach meiner Rolle (Rollenklarheit) in der Beratung / dem Gespräch:

„Passen die angestrebten Ziele zu meiner Gesprächsrolle? Passt die Gesprächsrolle zu meinen Zielen?“ Weiter gilt es für sich vorweg zu klären: „Wie gehe ich damit um, wenn die Beratung / das Gespräch im (teilweisen) Dissens endet? Wie kann ich zu Beginn des Gesprächs meine Gesprächsintentionen so formulieren, dass mit der zu beratenden Person darüber eine Art Kontrakt entsteht?“ (nach: Bartz, A.). Letzteres ist von Bedeutung, weil es zum einen gegenseitiges professionelles Vertrauen und zum anderen gegenseitige Achtung bzw. gegenseitigen Respekt signalisiert. Hilfreiches Ritual wäre für ein solches Gespräch, dass insbesondere die zu beratende Person sich anhand einer Art Checkliste auf das Gespräch vorbereiten kann. Zugleich gibt eine solche Checkliste einen gewissen Rahmen der im Gespräch zu thematisierenden Inhalte vor. Eine solche Checkliste wird von Ihnen als Führungsperson situations-, themen- und personbezogen vor der Einladung zum Gespräch erstellt und mit der Einladung der zu beratenden Person übergeben, sodass sich diese vorbereiten kann.

Für jedes Gespräch, so auch ein Beratungsgespräch, sollte eine passende Zeit ohne jedwede Störung vorgesehen sein. Ebenso ist es hilfreich, für das Gespräch ein zeitliches Limit festzusetzen. Ein solches Limit bestimmen Sie als Führungsperson. Dabei gilt es immer eine situations- und themenangemessene Balance zu finden, die zwischen Kürze (zielbewusst, „auf den Punkt bringen“) und Länge (weitschweifig, „über thematische ´Dörfer´ gehend) sich befindet.

Bartz gliedert das Beratungsgespräch durch die Führungsperson in vier Phasen:

1. *„Orientierungsphase:*

Orientierung auf der Beziehungsebene:

– positive Beziehung herstellen (Akzeptanz)

– Selbstinstruktion als Berater/-in:

´Die Beratung hat zum Ziel, die Fachkraft dabei zu unterstützen,selbst eine Lösung zu finden´.

Orientierung auf der Inhaltsebene:
– Was ist Thema der Beratung?
– Was soll nach Abschluss der Beratung das Ergebnis sein?
Kontrakt zwischen Leitungsperson und Fachkraft:
– Definition der Situation als Beratung und Klärung der entsprechenden Rollen.
– Kontrakt über das Thema: Worum genau geht es in der Beratung?
– Kontrakt über Zeitrahmen und Vorgehen.

2. *Klärungsphase:*
– Die Fachkraft berichtet frei über ihre (Problem-)Situation.
– Die Leitungsperson unterstützt die Klärung durch Verständnis und Sondierungsfragen, die sich auf den Zusammenhang von Person, Rolle und System beziehen.

3. *Veränderungsphase*:
Sammlung von Lösungsmöglichkeiten für die Fragestellung bzw. das Problem:
– Die Fachkraft findet selbst neue Lösungen; die Leitungsperson unterstützt sie dabei durch lösungsorientierte Fragen (Prozessberatung)
– Die Fachkraft bringt angedachte / mögliche Ansätze bzw. Strategien ein.
– Die Leitungsperson stellt mögliche Lösungsansätze / Handlungsstrategien vor (Expertenberatung).
– Bewertung der Lösungs- bzw. Handlungsstrategien (Blick auf: „Sowohl-als-auch-Strategien):
– Die Fachkraft bewertet die gefundenen Lösungs- bzw. Handlungsideen.
– Die Leitungsperson unterstützt sie dabei und durchdenkt / überprüft gegebenenfalls die Belastbarkeit der Lösungen, die die Fachkraft für sich findet, zum Beispiel durch die Frage, was bei der angestrebten Lösung / Handlungsstrategie schlimmstenfalls passieren könnte und ob die Fachkraft eine solche Worst-Case-Situation ertragen / steuern kann oder ob die Lösungs- bzw. Handlungsstrategie weiter durchdacht, bearbeitet oder abgesichert werden muss (Prozessberatung).

4. *Abschlussphase*:

– Entwicklung eines konkreten Handlungsplans (Prozessberatung): „Was nehmen Sie als Ergebnis mit?
Was machen Sie mit diesem Ergebnis? Was sind ihre nächsten Schritte?“

Kontrakte:

– Kontrakt, den die Fachkraft mit sich selbst in Anwesenheit der Beraterin oder des Beraters macht: „Ich werde . . .“
– Kontrakt über Abschluss der Beratung und ggf. über einen neuen Beratungstermin.“ (verändert nach Bartz, A.).

6.3 Kurzgespräche – eine entschleunigende Beratungsform

Die Beratungsform „Kurzgespräch“ ist eindeutig von den „Tür-und-Angel“-Gesprächen zu unterscheiden. Das Pädagogische Kurzgespräch ist eine gegliederte Gesprächsform. Sie greift die oben genannten Ziele und Kriterien für pädagogische Beratungsgespräche in einer besonderen Weise auf: So wird bei einem Kurzgespräch vom Berater insbesondere auf das sprachliche Begriffsfeld des zu Beratenden ebenso geachtet wie auf die effiziente Zeitnutzung. Mit Hilfe mäeutischer Fragen bzw. Erkundungsfragen soll der / die Beratene sich selbst erkunden, zum Nachdenken kommen und eigene Kraftquellen bzw. Lösungsansätze erkennen. Dabei orientiert sich der Berater an (Teil-) Sätzen, an dortigen Wortfeldern oder sprachlichen Repräsentationsebenen (nach Lohse, T., 2012) des Beratenen, in denen dieser sein Kernanliegen benennt bzw. durchscheinen läßt. Solche vom Beratenen verwendeten körperbezogenen Sätze verweisen unbewusst auf seine individuelle Tiefenstruktur:

- „Eine innere / äußere Bewegung;
- das Sehen;
- das Hören;
- das Riechen;
- das Schmecken.“ (Lohse, T., 2012)

Beispiele für Äußerungen des / der Beratenen:

„So steht es um mich.“ oder „Ich stehe unter Druck.“ (innere / äußere Bewegung);
„Das sieht gut aus.“ oder „Ich muss wieder einen Überblick gewinnen.“ (Sehen);
„Das klingt noch in mir nach.“ oder Jetzt verstehe ich nichts mehr.“ (Hören);
„Mir stinkts!“ oder „Ich wittere etwas.“ (Riechen);
„Das hat einen unangenehmen Nachgeschmack.“ oder „Dieses Problem frisst mich auf.“ (Schmecken).

Solche Äußerungen sind Signale für Berater im Kurzgespräch, um mit dem Beratenen sukzessive das eigentliche Problem aufzudecken zu helfen; denn dann kann der erste Schritt einer Lösungsstrategie aufleuchten und vereinbart werden.

Eine weitere Besonderheit des Kurzgesprächs ist, dass genannte Nomina in der Art der Frage zu Adjektiven (Zuschreibungen) oder Verben (Geschehensabläufe) umformuliert werden. Beispiel: „Für mich ist alles ohne Sinn.! → Was ist für Sie sinnvoll?, oder „Mir geht ein Licht auf.“ → Was leuchtet Ihnen ein?, usw..

Ebenso wird bei den Fragen in Kurzgesprächen eine im Konjunktiv vorgebrachte Äußerung in der Frage z.B. in den Indikativ Präsens, den Indikativ Futur oder gar in eine Als-ob-Fiktion umgewandelt. Beispiele: „Ich möchte Sie was fragen.“ → „Was fragen Sie mich?“ (Fragestellendenstimmlage tief!) oder „Hätten Sie für mich Zeit?“ → „Wie wollen Sie die Zeit verwenden?“ oder „Ich würde Sie gerne sprechen!“ → „Über was sprechen wir?“, usw..

Weist eine Aussage Komparative oder Superlative auf, so wird der Berater diese auf einfache Adjektive oder Verben reduzieren. Beispiele: „Da muss ich mich verbessern!“ → „Was machen Sie gut?“ oder „Das Schlimmste ist für mich …!“ → „Wie schlimm ist … für Sie?“, usw..

Hilfreich bei allen Fragen sind die Worte „Was … ?“ und „Wie … ?“

zu vermeiden sind Fragenstellungen, die mit „Warum …?“, „Weshalb …?“ und „Wieso … ?“ beginnen sowie negative Fragestellungen, da sie die zu beratende Person in ihrem inneren, meist negativen Muster belassen. Beziehen Sie sich auf z.B. die Kehrseite der vorgebrachten Äußerung. So kann es gelingen, dass sich der/die Ratsuchende aus dem bisherigen „Problemkarussell“ löst. Beispiele für „Opfermuster“: „Ich fühle mich immer schuldig!“ → „Wofür tragen Sie die Verantwortung?“ oder „Ich finde keine Hilfe!“ → „Was schaffen Sie aus eigener Kraft?“
„Sackgassenmuster“: „Ich stecke mit … fest!“ → „Was befreit Sie?“ oder „Ich fühle mich blockiert!“ → „Bremsen blockieren, wenn man zu fest draufdrückt!“
„Desorientierungsmuster“: „Ich kann nicht mehr!“ → „Wofür haben Sie Kraft?“ oder „Woran soll ich mich noch halten?“ → „Was hält Sie?“, usw. (nach Lohse, T., 2012).

Zusammenfassend

Die Führungsperson unterstützt die eingeladene ggf. anfragende Person in der Beratung bei der Reflexion beruflicher Situationen bzw. Probleme und der Suche nach neuen Lösungs- und Handlungsansätzen. Schwerpunkt des Beratungsgesprächs ist ein mehrschichtiges Verstehen der vom zu Beratenden erzählten Situation / des Problems im Zusammenspiel von Institution (z.B. Rollen, Normen, Institutions-Geschichte), Gruppe (und Gruppenprozessen) und eigener Berufsperson (und ihrer Berufsbiographie).

Ziel der Beratung ist es, die (eigenen) beruflichen Situationen bzw. Fragestellungen oder Probleme besser zu verstehen und dabei sowohl institutionelle Bedingungen wie auch eigene Anteile herauszufinden / zu erkennen / zu durchdenken, um eigene Lösung- und Handlungsstrategien im Sinne passender (besserer) Arbeitsqualität zu entwickeln. Eine solche größere Klarheit im eigenen Berufsfeld zielt zugleich auf größere berufliche Wirksamkeit und Berufszufriedenheit.

Literatur:

Bartz, A., Gespräche mit Lehrkräften führen, in: Praxiswissen Schulleitung, Cleve o.J.

Boettcher, W. / Mosing, G., Leitungskommunikation. In: Buchen H. / H.-G. Rolff (Hrsg.) Professionswissen Schulleitung. Weinheim/Basel o.J., S. 870-991, 919-921.

Buchberger, Ch., LIS-Bremen, Bremen 2009.

Hartmann, M., Coaching als Grundform pädagogischer Beratung - Verortung und Grundlegung -, München 2004.

König, E./Söll, F., Coaching durch Schulleiterinnen und Schulleiter ist ein Angebot zur Beratung und Unterstützung im Schulalltag, in: Bartz, A. u. a. (Hrsg.), PraxisWissen Schulleitung, München 2005.

Krause, C., Pädagogische Beratung: Was ist, was soll, was kann Beratung? In C. Krause, B. Fittkau, R. Fuhr & H. Thiel (Hrsg.), Pädagogische Beratung, Grundlagen und Praxisanwendung (S. 15-31). München 2003.

Lohse, T., Das Kurzgespräch in Seelsorge und Beratung, 4. Aufl., Göttingen 2012

Mutzeck, W. Kooperative Beratung Grundlagen und Methoden der Beratung und Supervision im Berufsalltag. Weinheim (1996).

Roth, G., Erkenntnis und Realität. Das reale Gehirn und seine Wirklichkeit. In S. J. Schmidt(Hg.), Der Diskurs des Radikalen Konstruktivismus (S. 229-255), Frankfurt (1987).

Ungeheuer, G., Sprache und Kommunikation. Hamburg 1972.

Zwick, E., Gesundheitspädagogik, Wege zur Konstituierung einer erziehungswissenschaftlichen Teildisziplin. Münster 2004

Anlagen

Beispiel - Checkliste: Vorbereitung der Führungsperson auf ein Entwicklungsgespräch

1. Rückblick: Ziele, Arbeitsschwerpunkte und Arbeitsergebnisse

- Welche Aufgaben / Zuständigkeiten umfasst der Arbeitsbereich der Fachkraft? (im Kerngeschäft / außerhalb des Kerngeschäfts)
- Welche Ziele/Aufgaben beinhalten diese Zuständigkeiten?
- Welche Bedeutung haben diese für die Organisation / für die Fachkraft?
- Welche Ziele wurden erreicht oder nicht erreicht, welche Aufgaben wurde abgeschlossen bzw. nicht abgeschlossen?
- Was möchte ich positiv hervorheben und anerkennen, wo gibt es Veränderungsbedarf?
- Welche Verhaltensweisen wären dazu förderlich?
- Welcher Beispiele, Beobachtungen und Ergebnisse können meine Sichtweise verdeutlichen?

2. Kompetenzen der Fachkraft

- Wo liegen aus meiner Sicht die fachlichen und persönlichen Stärken der Fachkraft? Was kann sie besonders gut?
- Welche besonderen Interessen und Fähigkeiten sehe ich darüber hinaus?
- Inwieweit entspricht der derzeitige Einsatz diesen Fähigkeiten und bisherigen Leistungen der Fachkraft? Wo sind ausbaufähige Bereiche?
- Wo sehe ich arbeitsfeld- bzw. aufgabenbezogene Probleme?
- Welche konkreten Beobachtungen konnte ich im Arbeitsfeld, im Auftreten der Fachkraft im dienstlichen Bereich machen?
- Welche Fähigkeiten / besondere Stärken der Fachkraft will ich zukünftig besonders berücksichtigen? Wo und wie könnten diese zukünftig zum Einsatz kommen?

3. Führung und Zusammenarbeit

- Welche Erwartungen habe ich hinsichtlich der Zusammenarbeit?
- Wie erlebe ich die Fachkraft in der Zusammenarbeit mit Kollegen / Kolleginnen, mit der Leitung, mit Eltern usw.?

- Was sollte beibehalten werden? Was sollte sich aus meiner Sicht ändern (Warum?)?
- Welche Erwartungen knüpfe ich zukünftig an das Verhalten der Fachkraft?

4. Ausblick/Planung: Klären einer Entwicklungsrichtung

- Welche Aufgaben und Ziele sehe ich für die Lehrkraft z.B. im nächsten Jahr?
- Was gilt es weiter zu entwickeln? Wo sollten zusätzliche Dinge neu aufgegriffen werden?
- Welchen Sinn machen diese Aufgaben für die Fachkraft / für die Organisation?
- Welche Vorteile/Nachteile sieht die Lehrkraft für sich?
- Was möchte die Fachkraft als nächstes / erstes in Angriff nehmen?

5. Weitere Gedanken

(Quelle: nach: Praxiswissen Schulleitung, Handout C 1.1-2; LIS, PE-Gespräche, Bremen 2009)

Beispiel – Checkliste: Vorbereitung der Fachkraft auf ein Entwicklungsgespräch

1. Rückblick: Ziele, Arbeitsschwerpunkte und Arbeitsergebnisse

- Was waren meine Arbeitsschwerpunkte / Anliegen im zurückliegenden Zeitraum?
- Was habe ich dabei konkret erreicht (Beispiele!)?
- Was fiel mir leicht? Was ist mir gut gelungen? Worauf bin ich stolz?
- Welche Dinge / Gegebenheiten waren förderlich?
- Was fiel schwer? Was konnte ich nicht / nur teilweise umsetzen?
- Welche äußeren Umstände spielten dabei eine Rolle?
- Was könnte ich aus meiner Sicht weiterentwickeln / verbessern?
- Woran mache ich meine Selbsteinschätzung fest (Beispiele und Beobachtungen)?
- Wo sehe ich Ansatzpunkte, über die ich mit meiner Leitungsperson reden will?
- Welche Maßnahmen scheinen mir sinnvoll, um in meinen Arbeitsfeldern besser wirken zu können?

2. Meine Kompetenzen

- Was sind meine fachlichen und persönlichen Stärken? Was kann ich besonders gut?
  Bei welchen Dingen tue ich mich schwer?
- Wie zufrieden bin ich mit meinen derzeitigen Einsatz-/Arbeitsbereichen (Warum?)?
- Inwieweit entsprechen diese meinen Fähigkeiten und meinen bisherigen Leistungen?
  Wo würde ich mich gerne noch einbringen?
- Welche persönlichen Vorstellungen und Interessen habe ich für meine weitere Tätigkeit?
- Welche Dinge behindern mich bei meiner Arbeit? Wie / Wo stelle ich mir Änderungsmöglichkeiten vor?
- An welchen Aufgaben möchte ich mit meinen Fähigkeiten zukünftig gerne mitarbeiten?

3. Führung und Zusammenarbeit

- Wie zufrieden bin ich mit der Anerkennung meiner Leistung?
- Wie zufrieden bin ich mit dem Arbeitsklima?
- Wie zufrieden bin ich mit dem eigenverantworteten Handlungsrahmen?
- Wie erlebe ich die Zusammenarbeit in der Organisation (Kollegenebene, Leitung, Eltern)?
- Welche Unterstützung wünsche ich mir von der Leitung?

4. Klären von Zielen

- Welche Informationen wünsche ich mir zu Perspektiven in meiner Organisation?
- Welche Schwerpunkte/Ziele würde ich mir im Rahmen meiner Arbeit selbst gerne setzen?
- Welchen Sinn machen diese Ziele/Aufgaben für mich/für der Organisation?
- Was sollte sich ändern (Zuständigkeiten/Aufgabenverteilung/Zusammenarbeit/Organisation)?
- Was brauche ich an Rahmenbedingungen (Zeit, Ausstattung, Budget, Information)? Wer ist mit einzubeziehen?
- Welche Maßstäbe lege ich persönlich an meine Leistung an?

5. Förderung und Entwicklung

- Welche Kenntnisse und Fähigkeiten sollte ich ausbauen / hinzugewinnen?
- Welche konkreten Dinge würden mich dabei unterstützen? Was halte ich für unbedingt erforderlich?
- Was erwarte ich von meiner Leitungsperson? Was kann und will ich selbst dazu beitragen?
- Welche mittelfristigen Perspektiven sehe ich für mich (z.B. in den nächsten 5 Jahren)?
- Welche Maßnahmen sollten eingeleitet werden, damit ich meine mittelfristigen Perspektiven realisieren kann?

4. Weitere Gedanken

(Quelle: Praxiswissen Schulleitung, Handout C 1.1-3, o.J; LIS, PE-Gespräche, Bremen 2009)

Beispiel eines Einladungsschreibens an die Fachkraft drei Wochen vor dem Beratungs- oder Entwicklungsgespräch

Einladung zum Entwicklungsgespräch

„Sehr geehrte/r Frau/Herr Mustermann,

Ich möchte mit Ihnen gemeinsam über Ihre berufliche Situation, Ihre Erwartungen und Interessen sprechen und Möglichkeiten entwickeln, wie wir gemeinsam für eine … fortführen / einleiten /ausbauen können.

Das Gespräch verläuft verbindlich nach der im Führungskonzept unserer Organisation genannten und vereinbarten Form ab. Unser Gespräch wird maximal 90 Minuten dauern und in Raum … in Zimmer ... stattfinden.

Ich möchte Ihnen alternativ folgende Termine innerhalb unserer normalen Präsenzzeiten anbieten, von denen Sie mir in den nächsten Tagen bitte einen bestätigen:

tt.mm.20jj, hh.mm. - hh.mm Uhr
tt.mm.20jj, hh.mm. - hh.mm Uhr
tt.mm.20jj, hh.mm. - hh.mm Uhr

Zu Ihrer Information und Vorbereitung finden Sie anliegend die Checkliste.

Bitte reichen Sie mir in den nächsten Tagen die aus Ihrer Sicht von Ihnen bearbeiteten wesentlichen Aufgaben / Aufgabenfelder, Ihre Außenaktivitäten mit Ihrer Gruppe, Ihre Fortbildungen, usw. herein.

Ich freue mich auf ein interessantes Gespräch mit Ihnen!

Mit herzlichem Gruß

(Leiter/in) (Quelle: nach LIS, Bremen 2009)

Struktur eines unterrichtsbezogenen Beratungsgesprächs

1 Dem zu Beratenden Gelegenheit zur Stellungnahme geben	- Wenn Sie möchten, könnten Sie jetzt... - Sie wirken auf mich nach dieser Stunde sehr angespannt....
2 Rekonstruktion des Lehr-Lern-Prozesses	- Als Unterrichtseinstieg wählten Sie ... Zur Veranschaulichung setzten Sie... Für mich waren die Arbeitsanweisungen für die Schüler...
3 Gelungene Aspekte hervorheben	- Die Schüler waren hellauf begeistert, als Sie ... - Ich hatte den Eindruck, dass die Schüler sehr....
4 Bestimmte Ereignisse analysieren	- Sie hatten sicher gute Gründe, dass - Sie gingen auf den Beitrag von ... nicht näher ein. - Wie hat .... aus Ihrer Sicht .... auf die Schüler gewirkt
5 Alternativen aufzeigen und diskutieren	- Sehen Sie die Möglichkeit... - Könnten Sie sich vorstellen...
6 Differenziertes Feedback geben	- Ich fasse zusammen.... - Ich möchte Sie ermutigen... - Sie sollten künftig... - Für die Bereiche haben wir Alternativen herausgearbeitet

7 Coaching – ein Führungsansatz

Nachfolgend werden einige wesentliche Aspekte zum Coaching benannt. Die Literatur zum Coaching ist sehr umfangreich und weist oft unterschiedliche Ansätze auf. Ich habe daher mir wichtig erscheinende Elemente und Facetten von Coaching sowohl im Theoretischen wie Praktischen zusammengestellt mit Blick auf Anregungen für eine eigene Reflektion und praktische Umsetzung.

7.1 Coaching – Was ist das?

Im Coaching begleitet eine darin ausgebildete Person (Coach) eine bei ihr ratsuchende Person (Coachee) auf strukturierte Weise. Der Coachee soll sich selbst Ziele setzen und der Coach begleitet ihn im Prozess des Erreichens dieser Ziele. Der Coach fördert die Selbst- und die Prozessreflektion beim Coachee durch gezieltes Fragen. Coach und Coachee einigen sich auf den Ablauf und vereinbaren die Vorgehensweise. Der Coachee übernimmt selbst die Verantwortung für das was geschieht bzw. das, was inhaltlich wie bearbeitet wird. So wird der Coachee z.B. darin unterstützt diejenigen Felder zu benennen, in denen er sich weiterentwickeln / verbessern will. Der Coach stellt z.B. Modelle und Inhalte vor, die zum Gewinnen von Handlungs- oder Lösungsstrategien hilfreich sein könnten. Der Coachee entscheidet, welche Inhalte er bearbeiten will und welche Methoden in welcher Form angewendet werden sollen bzw. er lehnt dies ab.

Rauen hat in pragmatischer Weise Merkmale und Unterscheidungen einzelner Arten des Coaching zusammengestellt:

Erstens lässt sich Coaching unterscheiden nach der „Art“ des Coachs, ob er Coaching hauptberuflich oder als Nebenaspekt seiner Tätigkeit (als Vorgesetzter, der seine Mitarbeiter coacht) praktiziert und „Herkunft“ des Coachs, ob er als Organisationsinterner oder Organisationsexterner agiert.

Zweitens findet sich eine Unterscheidung anhand des „formalen Setting“ des Coachings, das durch Art und Anzahl der Klienten als z.B. Einzel-Coaching, Gruppen-Coaching, Team- oder Projekt-Coaching bestimmt wird.
Drittens ist zu unterscheiden nach der „inhaltlichen Ausrichtung“ des Coaching, das nach Inhalten, Anlässen und Zielsetzungen enorm variieren kann (z.B. Coaching zur Mitarbeitermotivation, zur Krisenbewältigung und damit letztlich für die verschiedensten Formen der Kompetenzentwicklung) (Quelle: nach Rauen, 1999).

Externe Coachs haben den Vorteil, dass sie außerhalb der Hierarchie der Organisation stehen. Dies hat den Vorteil der Neutralität. Dies hat auch den Vorteil der Intimität vor allem wenn neue Dinge integriert werden sollen, die in der bisherigen Organisationskultur so nicht ohne weiteres möglich wären. Ein externer Coach verfügt auch methodisch, beim Festlegen von Inhalten oder Vorgehensweisen über breitere Möglichkeiten des Zielerreichens. So kann ein externer Coach vor allem aufgrund seiner Außensicht neue Perspektiven oder Ideen einbringen.
Ein externer Coach hat den Nachteil von fehlenden spezifischen Kenntnissen der internen Situation einer Organisation. So fehlen ihm z.B. Kenntnisse über organisationsinterne Zusammenhänge. Er kann sich nur auf berichtete oder erfragte Situationsbeschreibungen und von daraus abgeleitete Schlussfolgerungen beziehen.
Rauen benennt, dass eine „ursprüngliche Bedeutung des Coaching ein entwicklungsorientiertes Führen von Mitarbeitern durch ihren Vorgesetzten gewesen ist“ und sich sogenannte „Linien-Vorgesetzte“ hinsichtlich ihrer Kenntnisse über die organisationsspezifischen Prozesse als interne Berater in der Praxis bewährt haben (nach Rauen, 1999).
Beim Coaching durch den Vorgesetzten ist dies als Bestandteil seiner Führungsaufgaben zu sehen. „Ob und aufgrund welcher Kompetenzen ein Vorgesetzter in der Lage ist, seinem Mitarbeiter gegenüber als

Coach zu fungieren, kann dabei jedoch nur beantwortet werden, wenn klargestellt ist, was im jeweiligen Fall in der jeweiligen Organisation unter Coaching verstanden werden soll“ (Hartmann, 2004).

Coaching ist nach Rauen „ein personenzentrierter Beratungs- und Betreuungsprozess, der berufliche und private Inhalte umfassen kann und zeitlich begrenzt ist (keine „Rat-Schläge“, sondern individuelle Prozess-Beratung im Sinne einer auch präventiven Hilfe zur Selbsthilfe und zur Selbstverantwortung):

- der auf der Basis einer tragfähigen und durch gegenseitige Akzeptanz gekennzeichneten Beratungsbeziehung in mehreren freiwilligen und vertraulichen Sitzungen abgehalten wird, (d.h. der Coachee wünscht das Coaching freiwillig von sich aus und der Coach sichert ihm Diskretion zu);
- für eine bestimmte Person (oder im Falle von Gruppen-Coaching: für eine genau definierte Gruppe von Personen) mit Führungsaufgaben, durch einen (oder mehrere) Berater mit psychologischen und pädagogischen Kenntnissen und praktischer Erfahrung bezüglich der thematisierten Problemfelder (um die Situation des Coachee fundiert einschätzen und ihm qualifiziert helfen zu können);
- der auf der Basis eines ausgearbeiteten Coaching-Konzeptes agiert (um dem Coachee gegenüber sein Vorgehen und die verwendeten Interventionen erklären zu können und somit transparent und bewusstseinsfördernd zu arbeiten).“

7.2 Coaching versus Supervision

Die folgende Tabelle stellt die beiden Beratungsarten übersichtlich und knapp einander gegenüber:

Coaching	Supervision
professionell – individuumszentriert *Hauptwerkzeug:* Beratungssitzungen + ggf. ergänzende Maßnahmen (Teilnehmende Beobachtung wird vom Coach nur bei entsprechendem Anlass und lediglich ergänzend eingesetzt) *Im Zentrum der Betrachtung steht:* Das Individuum mit der Beschreibung seiner Situation und seinem individuellen Kompetenz- und Selbstentfaltungspotential *Grundperspektive:* Innen – Außen – Innen (Gespräch – Handeln – Gespräch) (Schwerpunkt: Innenperspektive) *Betrachtungsschwerpunkt:* "simulierte" Situationen und reale Situationen, die für den Coachee besonders wichtig oder aufschlussreich sind *Kompetenzförderungs-Schwerpunkt:* Selbstkompetenz (zur Verbesserung der vor allem kontextübergreifenden Handlungskompetenzen) *Ziele:* Verbesserung der Möglichkeiten, das eigene Leben frei zu gestalten und Erweiterung der Fähigkeiten, das eigene Potential zur Entfaltung zu bringen	professionell – individuumszentriert *Hauptwerkzeug:* Teilnehmende Beobachtung + Beratungssitzungen (die Beratungseinheiten orientieren sich wesentlich am Feedback des Supervisors) *Im Zentrum der Betrachtung steht:* Das Individuum im spezifischen Handlungskontext bzw. in mehreren zusammengehörenden Handlungskontexten (beruflich, …) *Grundperspektive:* Außen – Innen – Außen (Handeln – Gespräch – Handeln) (Schwerpunkt: Außenperspektive) *Betrachtungsschwerpunkt:* "reale" Situationen und simulierte Situationen, die sich direkt aus den realen Situationen ableiten lassen *Kompetenzförderungs-Schwerpunkt:* Soziale Kompetenz (zur Verbesserung der vor allem kontextbezogenen Handlungskompetenzen) *Ziele:* Verbesserung der Möglichkeiten, sich und das eigene Potential in spezifischen Handlungskontexten besser einbringen zu können

erweiterte Handlungsmöglichkeiten größere Handlungsfreiheit Höhere Selbstkompetenz, die auch die Entfaltung höherer sozialer Kompetenz begünstigt Höhere soziale Kompetenz, die umgekehrt wieder die Entfaltung der Selbstkompetenz erleichtert	erweiterte Handlungsmöglichkeiten größere Handlungsfreiheit Höhere soziale Kompetenz die auch die Entfaltung höherer Selbstkompetenz begünstigt Höhere Selbstkompetenz, die umgekehrt wieder die Entfaltung der sozialen Kompetenz erleichtert

(Quelle: Hartmann, 2004)

7.3 Selbstcoaching

Die Fähigkeiten, die ein Selbstcoaching ermöglichen sind eng mit denen zur Selbstführung verwoben. Der Begriff „Selbstcoaching“ umfasst nach Rauen all jene Handlungen, die es ermöglichen sich selbst, ohne einen Coach, durch geeignete Selbstlernmethoden einem angestrebten Ziel im Sinne von individueller Kompetenzerweiterung näher zu bringen. Es werden Methoden angewendet, die zur Analyse und Steigerung der individuellen Kompetenzen geeignet sind. Inhaltlich kann sich dies sowohl auf eigene Fach-, Beziehungs- als auch Verhaltensaspekte richten. Erforderliche Methoden könnten vor dem eigentlichen Selbstcoaching z.B. auf selbst durchlaufenen Weiterbildungen oder aus workshopartig aufgebauten Büchern beruhen, deren Beschreibung und Ablauf dann nach und nach in das eigene Coaching einfließen. Ein Vorteil des Selbstcoaching ist, dass es person- und zeitunabhängig in Selbstregie durchgeführt werden kann. Problematisch an diesem Ansatz ist, dass Selbstcoaching in der subjektiven Wahrnehmung und Analysefähigkeit der praktizierenden Person verbleibt. Verhaltensstrategien kompetenter und nachhaltiger Selbstführung lassen sich vier allgemeinen Dimensionen zuordnen: Selbstführung mit behavioral focus, Selbstführung mit natural reward focus, Selbstführung mit constructive thought focus und Selbstführung mit vitality focus. Ergänzt werden diese durch Überlegungen zur sozialen Kognition und Emotion.

- ***Behavioral focus:*** Dieser Ansatz intendiert, die eigene Verhaltensorganisation zu verbessern (vgl. Houghton & Neck). Dies soll bewirkt werden durch selbstinitiierte Verhaltensanpassung und Gestaltung des eigenen Umfelds. Selbstinitiierte Verhaltensanpassung orientiert sich an einer geeigneten Person, die bereits im jeweiligen Berufsfeld tätig ist und deren Verhalten beobachtet werden kann. Diese Person wird z.B. für eine neue Führungskraft zum Modell. Das Gesehene / Erfahrene wird ins eigene Verhaltensrepertoire integriert. Beim Gestalten des eigenen Umfelds soll das aktuelle Umfeld aktiv umgestaltet werden, so dass es besser zur eigenen Person passt (proaktive Interventionsstrategie).
- ***Natural reward:*** Dieser Ansatz hebt die Bedeutung der intrinsischen Motivation hervor. Er beinhaltet Verhaltensweisen, die sich auf positive und angenehme Aspekte von Tätigkeiten fokussiert, was dazu führt, dass Tätigkeiten von sich aus belohnend wirken und somit Freude bei deren Durchführung empfunden wird. So kommen die eigenen Gefühle und Emotionen in den Blick: In welchen Situationen treten welche Gefühle auf? Es gilt gezielt selbst ansprechende Arbeits- und Lebenssituationen zu gestalten oder Situationen so umzugestalten, dass diese danach als angenehmer erlebt werden.
- ***Constructive thought focus:*** Dieser Ansatz will die Entwicklung konstruktiver Gedankenmuster und Denkweisen anregen. Facetten davon sind Innere Transparenz, Selbstmotivierung, Willensfokussierung und metakognitive Selbststeuerung. Für das Gewinnen innerer Transparenz sind Selbstbeobachtung und Selbstaufmerksamkeit erforderlich. Es gilt eigene Gefühlsregungen und Verhaltensreaktionen in bestimmten Situationen systematisch festzuhalten, um aus den sich abzeichnenden Zusammenhängen

Bedürfnisse und Fähigkeiten abzuleiten. So kann ein verbessertes Einschätzen berufs- und lebensrelevanter Bedürfnisse, Kompetenzen und Fähigkeiten erfolgen. Hierzu gilt es Achtsamkeit herzustellen, was bedeutet, spontane Gefühlsregungen und Verhaltensweisen zu fokussieren, da diese wertvolle Informationen über eigene Wünsche, Vorlieben und Eigenschaften enthalten. So wird auch eine objektivere Einschätzung eigener Fähigkeiten möglich, was das Risiko für übertriebene Selbstkritik oder Selbstüberschätzung verringert. Hilfreich ist hierbei auch das Einholen eines Feedback von z.B. einem „kritischen Freund".

- ***Selbstmotivierung:*** Dieser Ansatz zielt auf Startimpulse für eigene Handlungen und Zielsetzungen. Es gilt, die Beweggründe des eigenen Handelns durch eine Verbesserung der inneren Transparenz zu erkennen, um so Situationen gestalten oder aufsuchen zu können, die zu den gesetzten Zielen und aktivierbaren Fähigkeiten passen. Zu achten ist darauf, sich eigene, herausfordernde, gleichzeitig jedoch realistische Ziele zu setzen und diesen eine klare Ausrichtung zu geben. Wichtig ist eine regelmäßige und zuverlässige Rückmeldung, um zu kontrollieren, ob bisherige Handlungen stimmig zum Zielkorridor passen. Auch ein sich selbst Bestärken z.B. durch eine angenehme Aktivität ist sinnvoll.
- ***Willensfocusssierung:*** Dieser Ansatz zielt darauf Kenntnisse zu erwerben und zu erproben, wie eigene Willenskräfte mobilisiert und somit Widerstände, die bei der Zielverfolgung auftauchen, überwunden werden können (vgl. Müller & Braun, 2009). Festgelegt wird wie, wann, wo und ggf. mit wem ein bestimmtes Ziel erreicht werden soll. Wirkungsvoller ist dieses Vorgehen, wenn zusätzlich Vorsätze gefasst und umgesetzt werden, wie eventuelle Hindernisse überwunden werden können. Es gilt auch Resistenz gegenüber kurzfristig attraktiv erscheinenden Ablenkungen aufzubauen und sich möglichst realitätsnah vorzustellen, welche längerfristigen

Vorteile durch das Erreichen selbst gesetzter Ziele zu erwarten sind (vgl. Müller & Braun, 2009). Das Zollen von Anerkennung und das Loben von diszipliniertem Arbeitsverhalten sich selbst gegenüber bestärkt im je eigenen Tun.

- ***Metakognitive Selbststeuerung:*** Dieser Ansatz zielt auf die bewusste Kontrolle und Steuerung eigener Denkprozesse. Er beinhaltet den Erwerb und die Aktivierung von Wissen, die Steuerung von Denkstilen und Denkhaltungen, mentales Probehandeln sowie Ursachenattribuierung, insbesondere die Aneignung von handlungs- bzw. prozeduralem Wissen d.h. den Erwerb von Kenntnissen z.B. wie Sachverhalte funktionieren. Es geht auch um ein „Chancen-Denken“ (opportunity thinking) um alternative Problemlösemöglichkeiten zu entdecken sowie um mentales Probehandeln. Durch bildhafte Vorstellungen von Lösungswegen einer aktuellen Problemlage wird deren gezielte Anwendung unterstützt, da Ausrichtung, Ablauf und mögliche Ergebnisse von Handlungen szenisch bereits im Bewusstsein verankert sind (vgl. Müller & Braun, 2009).
- ***Vitality focus:*** Dieser Ansatz bezieht physiologische und körperliche Ressourcen mit ein, damit diese effektiver genutzt werden können. Dies führt zu einer Verbesserung der Fitness und Vitalität, was zu einem gesteigerten körperlichen Wohlbefinden führt. Gesundheit und eigene Maßnahmen dazu werden nach neueren Erkenntnissen stark emotional gesteuert. Daher sollten alle gesundheitsfördernden Aktivitäten in einem emotional ansprechenden Umfeld stattfinden. Zu gesundheitsfördernden Dingen zählen z.B. Atemtechniken, u.a. gelernt bei Yogaübungen, und passende sportliche Betätigungen. So wird die Sauerstoff-versorgung des Körpers intensiviert. Hinzu sollten regelmäßige Entspannungsübungen sowie eine gesunde, vitalstoffreiche Ernährung kommen (vgl. Müller & Braun, 2009). Gesundheitsförderliche

Verhaltensweisen müssen, um nachhaltig zu wirken, im Motivations- und Emotionssystem einer Person präsent sein (nach Butzmann, B.).

Die oben genannten Ansätze sind auch beim Coaching von Mitarbeitenden in Ihrer Organisation bedeutsam. Die genannten, eine Selbststeuerung begünstigenden bzw. erst ermöglichenden Ansätze lassen sich somit auch auf Ihr Coaching transferieren und dies vor allem, mit Blick auf das Führen und Leiten in Expertenorganisationen.

Selbstcoaching setzt eine Art Vertrag mit sich selbst voraus, in dem genau beschrieben ist, welches Thema mit welchen Fragen und Zielen bis zu welchem Zeitpunkt bearbeitet und konkret erprobt werden soll. Anspruchsvoll, jedoch entscheidend ist die persönliche Fähigkeit zum selbstkritischen und doch konstruktiv-optimistisch geprägten Rückblick, gefolgt von passenden, sich anschließenden und aufbauenden Vorhaben. Ein Erweitern der je eigenen Perspektive ist beim Selbstcoaching nur eingeschränkt möglich. Hilfreich wäre ein „kritischer Freund" mit dem immer mal wieder thematisch passende Gespräche geführt oder z.B. per regelmäßigen „Mail- oder Skypekontakten" Sichtweisen ausgetauscht werden könnten.

Anmerkung: In anderen Kapiteln in diesem Buch sowie im Buch „Führen und Leiten in dynamischer Balance" finden Sie weitere, grundlegende Aussagen zu förderlichen Haltungen in Führungs- und Beratungsprozessen.

7.4 Coaching in der Personalförderung

„Coaching zählt in diesem Zusammenhang zu den zielgerichteten und entwicklungsorientierten Führungs-, Förderungs- und Unterstützungsaufgaben des meist direkten Vorgesetzten gegenüber seinen Mitarbeitenden, die im Rahmen eines Personalentwicklungskonzeptes umgesetzt werden. Der Vorgesetzte hat diese Aufgaben prinzipiell durchgehend und zeitlich unbegrenzt inne, auch wenn oft eine konsequente Umsetzung tatsächlich nur bei neuen Mitarbeitern, z.B. bei solchen, die noch in der Ausbildungs- oder Einarbeitungsphase sind oder bei einer Personalentwicklung von Nachwuchs-Führungskräften oder in der Probezeit stattfindet" (Hartmann, 2004). In der Literatur wird im oben genannten Zusammenhang oft auch von „Mentoring" gesprochen, bei dem der Vorgesetzte die jeweiligen Mitarbeitenden zu bestimmten Aufgaben qualifiziert, das Erledigen fachlich betreut, anleitet und unterstützt. Zwischen Mentoring und Coaching ergeben sich hinsichtlich der Interaktionsweisen der beteiligten Personen Unterschiede:

Coach	Mentor
-"verwendet ein strukturiertes Modell für seine Gespräche mit vereinbarten Ergebnissen; - benutzt bestimmte Fragetechniken, um Prozesse voranzubringen; - kann sich auch auf einen eng begrenzten Bereich beziehen; - erwartet, dass der Coachee eigene Fragen und Ideen einbringt; - muss nicht zwingend dieselbe Rolle begleitet haben; - steuert die Verfahrensweise ohne inhaltlich Stellung zu beziehen; - Hauptziel ist, die Fähigkeiten des Coachee zu wecken bzw. zu stärken.	- stellt ggf. schnell Ideen bzw. Lösungen zur Verfügung; - gibt Hinweise und Tipps, wie er in bestimmten Situationen vorgegangen ist; - hat schon gleiche Rollen durchlaufen wie der Mentee; - der Kontakt zum Mentor erfolgt meist auf informeller Ebene; - Ziel ist, einer unerfahrenen Person Wissen zu vermitteln; - ist eng mit dem Tätigkeitsfeld des Mentee verbunden (z.B. Training on the job)" (nach Tolhurst, 2012).

Internes Coaching ist allein sachbezogen und setzt ´Freiwilligkeit´, Rollenklarheit, beiderseitiges Vertrauen und gegenseitige Anerkennung voraus.

Schreyögg weist darauf hin, dass „selbst wenn sich eine Beratung ausschließlich um fachliche Probleme dreht, dies nicht in jedem Fall ohne problematische Konsequenzen bleiben muss, da es immer auch die Aufgabe des Vorgesetzten sein wird, seine Mitarbeiter zu beurteilen und zu kontrollieren“ (Schreyögg, 2002).
Rauen betrachtet den Coach inhaltlich als Prozessberater, dessen Aufgabe es ist, Rückmeldung (Feedback) zu geben sowie „Verhaltens- und Wahrnehmungseinschränkungen“ zu analysieren und zu bearbeiten.

Damit Sie als Führungskraft in der Lage sind, die gewünschte Beratungsleistung im Coachingprozess zu erbringen, benötigen Sie zunächst einen zeitlichen Freiraum und die Ausstattung mit entsprechenden Coaching-Kompetenzen. Sie sollten z.B. in der Lage sein, ihr eigenes Führungsverhalten zu analysieren und zu reflektieren, die Beziehung zum Mitarbeiter aktiv zu gestalten, die durch Coaching angestrebten Entwicklungen entsprechend am derzeitigen Entwicklungsstand des Mitarbeiters auszurichten und mit dem Mitarbeiter entsprechende Lernanregungen zu beraten.
Bei Ihren Vorbereitungen sowie in der Prozessgestaltung sollte Ihnen bewusst sein, dass Mitarbeiter-Coaching trotz einem gelebten partnerschaftlichen Führungsstil, auf einer asymmetrischen (ungleichgewichtigen) Coach-Coachee-Beziehung basiert, die von vornherein das Lernklima beeinflusst und die zu bearbeitenden Themenstellungen begrenzen kann bzw. begrenzt. Entscheidend ist vor und zu Anfang eines Coachings von Mitarbeitenden:

- in wieweit sich die Beteiligten über ihre Rollenverteilungen und damit über die Übernahme von Funktionen in dieser Coach-Coachee-Beziehung bewusst sind.
- eine tragfähige, vertrauensvolle Beziehung aufzubauen, um dann gemeinsam mit dem Mitarbeiter, vor allem auf dessen Anliegen eingehend, Entwicklungsschritte und –ziele zu beschreiben und ggf.

zu vereinbaren.

Ein Einzel-Coaching eines Mitarbeitenden bezieht sich im Bildungs- und Erziehungsfeld zum einen auf die Lerngruppe und dabei erforderliche Führungsaufgaben, zum anderen auf den fachlichen Aufgabenbereich des betreffenden Mitarbeitenden sowie auf eine Steigerung von dessen beruflicher Selbst- und Handlungskompetenz (z.B. durch Verbesserung der Selbstreflexion und Eigenverantwortung). Ziel ist eine Hilfe zur Selbsthilfe auch durch ein transparentes Vorgehen.

7.5 Merkmale von Coaching im pädagogischen Kontext

1. Pädagogisches Coaching als Ermöglichen von Lernprozessen:
- Lernen ist zu sehen als autonomer und eigendynamischer Strukturbildungsprozess;
- Eigendynamik und -aktivität des Coachee ermöglichen die eigenverantwortliche Gestaltung des eigenen Lebens und der eigenen Lebensumwelt. Der Coachee ist daher in der Lage, Veränderungen in seinem Leben selbst herbeizuführen.

2. Im Mittelpunkt pädagogischen Coachings steht die Ressourcen-Aktivierung:
- Pädagogisches Coaching zielt darauf ab, Ressourcen zu erhalten und zu stärken;
- Pädagogisches Coaching ist hinsichtlich seiner grundsätzlichen Ausrichtung individuumszentriert;
- Pädagogisches Coachen geht von der Bildsamkeit des Menschen aus;
- Pädagogisches Coachen basiert auf anderen theoretischen Prämissen als Ansätze, die auf der nomothetischen Verifikation von Defiziten und Störungen beruhen.

3. Pädagogisches Coaching berücksichtigt die Vernetztheit mit dem Umfeld:

- Hinsichtlich des Umfeldes ist beim pädagogischen Coaching vor allem die Eruierung belastender und unterstützender Funktionen von zentraler Bedeutung (vgl. Hartmann, 2004).

Zusammenfassend: Ziel eines pädagogischen Coaching ist die Hilfe zum eigenständigen Gewinnen neuer Sichtweisen und Handlungsmöglichkeiten.

Die coachende Führungskraft muss über entsprechende methodische wie fachliche Kenntnisse und Fähigkeiten verfügen. Grundlegende Gesichtspunkte für die Arbeit eines Coach sind:

„Der Coach
- kann und darf nicht „allwissend" sein;
- steuert Prozesse zur optimalen Entwicklung der Ressourcen mit dem Ziel der Eröffnung und Nutzung neuer Wahlmöglichkeiten;
- nimmt dem Klienten keine Probleme ab;
- berät den Coachee wie dessen Probleme effektiv(er) bewältigt werden können;
- drängt dem Coachee nicht seine Meinungen und Ideen auf.

Der Coachee
- kann seine Probleme nur selbst bewältigen
- kann dem Coach nicht die Verantwortung für seine Probleme übertragen" (Hartmann, 2004).

7.6 Funktionen des Gesprächs im Coaching

- „Das Feststellen des persönlichen Coaching-Anliegens
- Das Feststellen der subjektiven Involviertheit: Das heißt der Fortentwicklung des Coachee steht immer eine Form persönlichen Verwoben-Seins im Wege. Erarbeitung der spezifischen Deutungs- und Handlungsmuster. Empfohlen wird die konkrete Situationsbeschreibung durch den Coachee mit dessen Worten.
- Herausarbeiten der Optionen im Hinblick auf Veränderungs-

möglichkeiten, um die Ist-Situation zielgerichtet zu verändern: Ermittlung, welche Verhaltensalternative der Coachee präferiert und sich aktuell zu realisieren traut. Wichtig: Der Coach sollte dem Coachee die freie Entscheidung über die einmal erarbeitete Option belassen. „Reale Situationen enthalten unendlich viele Parameter, die in Gesprächen immer nur ausschnitthaft erfasst werden können. Die Realität erzwingt dann doch oft Verhaltensmuster, die im Coaching nicht vorhersehbar waren.“ (Schreyögg, 1998, S. 220).

- Modelllernen bzw. Vorbildfunktion für den Coachee: Nebeneffekt von Coaching ist, dass die eigene Kommunikationsweise um neue Argumentationsmuster, Denkfiguren oder sprachliche Expressionsformen erweitert wird“ (Vespermann,2009).

7.7 Ablauf eines Coaching-Gesprächs

Das folgende Raster gibt einen Einblick in die ´Stationen´ eines Gesprächs im Coachingsprozess:

- „Gemeinsame Ebene herstellen;
- Zeitbudget klären;
- Sammlung der Punkte: Was steht heute an?;
- Entscheidung über den zunächst wichtigsten Punkt;
- Punkt wird besprochen;
- Punkt abschließen: Was ist jetzt anders? Was fehlt noch? Was brauchen Sie jetzt noch?;
- Weitere Punkte werden besprochen und abgeschlossen:
  Welche Empfehlung geben Sie sich bzw. gibt Ihnen der Coach?
- Reflexion des Coaching-Gesprächs: Was nehmen Sie mit? - Würdigung der Ergebnisse und Vereinbarung nächster Termin“ (Vespermann).

7.8 Gesprächsformate – Interventionen

Jedes Gespräch, so auch ein Gespräch beim Coaching bedarf einer Steuerung, hier der bewussten und zielbezogenen Steuerung durch Interventionen des Coach. Solche Interventionen können sein:

- *Zuhören und Zusehen:* Zuhören meint, der Coach wird „aktiv versuchen zu erfassen, was genau der andere ihm sagen will, ohne das Gehörte mit eigenem Material anzureichern, ohne zu verändern, umzuinterpretieren oder gleich einzusortieren in sein vielleicht schon vorhandenes Konzept über den Klienten" (Looss, 1997, S. 120). Der Coach hört aufmerksam und konzentriert zu, signalisiert verbal und nonverbal Aufmerksamkeit und vermeidet Störungen und Ablenkungen.
- *Spiegeln:* Der Coach formuliert (wiederholt) mit eigenen Worten, was der Gegenüber gesagt hat. Er kontrolliert für sich selbst, ob er den Gegenüber richtig verstanden hat und demonstriert gleichzeitig Verständnis.
- *Verstehen:* Durch Zuhören ohne Wertungen, Nachfragen und ggf. Bestätigungen versucht der Coach, die derzeitige persönliche und berufliche Situation des Ratsuchenden zu verstehen (Looss, 1997, S. 103).
- *Verstärken:* Der Coachee fühlt sich akzeptiert durch verbale Äußerungen des Coaches, wie „Ja!", „Richtig!", „Natürlich!", „Gut!" etc. und nonverbale Signale wie Blickkontakt, Kopfnicken, Lächeln etc.
- *Verbalisierung von Gefühlen bzw. emotionalen Erlebnisinhalten:* Als auch für sich empathische Führungskraft verbalisiert der Coach seine Gefühle, d.h. drückt diese sprachlich aus.
- *Ausformulierten Problemen einen Titel geben:* Zu einem Problem z.B. aus einer Bildsammlung ein Bild aussuchen lassen und diesem einen Titel geben. So wird die visuellen Vorstellung des Problems unterstützt.
- *Nachfragen - gezielte Fragestellung:* Einsatz von Fragetechniken

wie offene und geschlossene Fragen, zirkuläres Fragen etc.: Der Coach stellt immer nur eine Frage. Er fasst sich bei der Formulierung der Fragen kurz und stellt konkrete, eindeutige Fragen.

- *Unterstützung geben:* Dies geschieht in Form von ermuntern, bestätigen, zustimmen, bekräftigen, Informationen anbieten oder praktische Anregungen bzw. Hinweise geben. Unterstützung erhält der Coachee in Situationen, in denen er nicht in der Lage ist, sich diese selbst zu geben.
- *Selbstausdruck fördern:* Gelegenheit, Anleitung und Ermutigung bieten, das auszudrücken, was gedacht, gefühlt und gewollt ist.
- *Bedeutungen klären:* Gleiche Begrifflichkeiten haben bei unterschiedlichen Personen oft unterschiedliche Bedeutungen, deshalb (Neu-)Klären der Bedeutung von Worten und Verhalten und schärfere Abgrenzung.
- *Pausen machen:* Der Coach gibt sich und seinem Gegenüber durch Pausen die Möglichkeit, über das Gesagte oder die momentane Situation nachzudenken. Der Coachee erhält die Möglichkeit, selbst wieder etwas zu sagen, um damit wieder das Gespräch auf für ihn bedeutsame Punkte hin zu steuern. Pausen erhöhen in jedem Fall die Wirkung des bisher Besprochenen.
- *Konfrontation:* Dies geschieht durch deutliche und klare Aussagen, die sich durch Unterschiedlichkeit zur Wahrnehmung, zum Denken und zum Wollen des Coachee auszeichnet (Looss, 1997, S. 125). Konfrontationen setzen eine tragfähige Beziehung zwischen Coach und Coachee voraus.
- *Arbeitsvorschläge:* Lernen durch Arbeitsaufträge, die im beruflichen oder privaten Umfeld des Coachee umgesetzt werden.
- Erklären und Informationen geben
- Konstruktive Rückmeldung bzw. Feedback geben“ (nach Vespermann).

Rauen nennt Voraussetzungen für den Einsatz von Interventionen:

- Erklärbarkeit (Sinn und Funktion der Methode) und Transparenz der Intervention,
- Orientierung der Intervention am Coaching-Konzept,
- Determination der Intervention durch Ziele und Dauer,
- Verhaltenserweiterung des Coachee,
- Abstimmung der Intervention auf das Individuum.

(Sogenannte Coaching Tools finden sich bei Rauen (2004), bei Vogelauer (2005) und Loos (1997).)

7.9 Struktur eines Coachingprozesses

Die Struktur eines Coachingprozesses hat Brinkmann (1997) vorgestellt, z.B.:

- Gespräch zur / nach Kontaktaufnahme,
- Führen eines Erstgesprächs,
- „Einstieg in das Mitarbeiter-Coaching,
- Festlegung der Basis der Coaching-Beziehung,
- Problemdefinition / Definition des / der Anliegen(s),
- Zielsetzung und Vorgehenspläne,
- praktische Umsetzung und Erfolgskontrolle,
- Kontinuität und Festlegung neuer Problem- bzw. Veränderungsfelder."

Erstgespräch:

– Gemeinsames Klären des Kontextes: Der Coachee formuliert welche Themen, Fragen und Probleme er in welcher Form bearbeiten möchte und wo er Unterstützung sucht. Der Coach benennt, welche Auswirkungen das Coaching und die damit verbundenen Veränderungen im Verhalten und Handeln des Mitarbeiters für dessen Umfeld haben können. Er frägt nach den Merkmalen, an denen der Coachee das Erreichen seines Zieles erkennen könne: Woran würden Sie es merken? Was wäre dann anders? Der Coach klärt auch die Erwartungen des Coachee: Was will er verändern? Was will er erreichen? Ebenso werden die Formen des Umgangs (Verhaltensweisen) miteinander geklärt: Was wollen, was können sie tun? Was sind sie bereit einzubringen? Welche Tabus sind im Coachingprozess gesetzt! Auch die rein formalen Dinge werden geklärt: Ort, Zeit, Dauer, Sitzungsabstand, Sitzungsdauer, usw.. Der Coach benennt ebenso die ´Geschäftsgrundlage´ während des Coachingprozesses in den jeweiligen Sitzungen z.B.:

- Vertraulichkeit der Sitzungsthemen;
- Klare und überprüfbare Zielvereinbarungen;
- lösungsorientierte Fragestellungen;
- Art der Gesprächsführung;
- offene und konstruktive Mitarbeit;
- Erprobungs- und Rückmeldevereinbarung;
- Art der Ergebnissicherung.

Coachingkontrakt:

In diesem werden schriftlich formal die Bedingungen festgehalten, die im Arbeitsbündnis gelten, z.B.:

- Gesamtdauer des Coaching;
- Geheimhaltungs- und Vertraulichkeitspflicht;
- Haftungsfragen;
- ggf. Honorar bzw. Aufwandsentschädigung;

usw. (Beispiele lassen sich sowohl in einschlägigen Büchern wie im Internet einsehen.)

Erste Coachingsitzung

- Klärung der Themenstellung(en);
- Benennen des für den Coachee aktuell wichtigsten Themas;
- Klären der Ist-Situation;
- Nennen der angestrebten Zielsetzung;

– Coachee gestimmt, mit was er beginnen will;
– Gemeinsames Besprechen und Vereinbaren des Vorgehens; usw.
– Gemeinsames Überprüfen der Stimmigkeit des Vereinbarten.
– Thema für nächste Sitzung festlegen (Coachee).

Nachfolgende Coachingsitzungen

– Nachfragen, ob es etwas Brandaktuelle gibt, das zuerst bearbeitet werden soll;
– Bearbeiten des vereinbarten Themas;
…
– Rückblick (Coachee / Coach) auf den Inhalt und den Verlauf der Coachingsitzung;
– Vereinbaren des nachfolgenden Themas.
....

Abschlussgespräch

Wurde die vereinbarte Zahl der Sitzungen oder das angestrebte Ziel (Coachee) erreicht, findet ein Abschlussgespräch statt. In diesem wird nochmals vom Coachee auf den von ihm / für ihn gestalteten Prozess und seine Ergebnisse zurückgeblickt.

Vorbereitung eines Coaching - einer Coaching-Sitzung

Diese bezieht Ihre bisherigen Kenntnisse über den jeweiligen Mitarbeiter und dessen Aufgabenfelder, seine bisher gesehenen Arbeitsweisen im Kerngeschäft und im dienstlichen Verhalten sowie Kenntnisse seines beruflichen (ggf. auch privaten) Umfeldes mit ein. So könnten sich folgende Fragen ergeben:

- Was für ein Mensch ist der Coachee (Mitarbeiter)?
- In welchem Umfeld lebt er derzeit und wie stellt er sich sein gewünschtes berufliches Umfeld vor?
- Welche Aufgaben hat / hatte er und wie gestaltet er seine Arbeitstage?

- Welche Aufgaben haben wir uns gemeinsam für das Coaching gestellt?
- Welche Durchführungsmodalitäten haben wir für unsere Gespräche festgelegt?
- Welche Schritte zur Veränderung wurden bereits angesprochen und welche Realisierungsmöglichkeiten sind erkennbar?
- Welche Widerstände spüre ich beim Coachee und bei mir?
- Welches sind die vereinbarten Erfolgskriterien?

Verhalten des Coach im Coaching

- Der Coach nimmt eine offene, interessierte und zugewandte Körperhaltung ein.
- Der Coach hält während des Gespräches Blickkontakt.
- Der Coach signalisiert z.B. durch Kopfnicken oder eine Handbewegung Zustimmung.
- Der Coach achtet außerdem auf nonverbale Signale bei sich selbst und dem Coachee.
- Der Coach spricht Abweichungen von verbalen zu nonverbalen Signalen beim Coachee an. (vgl. Vespermann)

Literatur

Brinkmann, R.D.; Mitarbeitercoaching. Der Vorgesetzte als Coach seiner Mitarbeiter, Arbeitsheft Führungspsychologie, Bd. 22. 2. Aufl. Heidelberg 1997.

Fischer-Epe, M., Coaching, Reinbek 2008.

Handow, O.; Coaching in Leistungssport und Wirtschaft, München 2003.

Hartmann, M.; Coaching als Grundform pädagogischer Beratung, München 2004.

Klingen, P.; Coaching - ein Ausbildungsinstrument in der Referendarausbildung, Wirtschaft und Erziehung 2/2005.

Looss, W.; Machen Sie eine Intervention oder sind Sie eine? Systemische und gestaltorientierte Annäherungen an das beraterische Handwerk. Profile 5/2003, S. 47-52.

Miller, R., Selbstcoaching für Schulleitungen, Weinheim 2003.

Rauen, C.; Handbuch Coaching. Göttingen 2002.

Ryba, G.; u.a., Professionell coachen – konkret, Weinheim 2014.

Schmitz, R.; Neue Coaching-Methoden I: Das Modell des inneren Teams, Duisburg o.J..

Schreyögg, A.; Konfliktcoaching. Anleitung für den Coach. Frankfurt (2002).

Tolhurst, J., Coaching und Mentoring für Lehrkräfte.

Vespermann, S., Tandem-Coaching, Tübingen 2009.

Vogelauer, W.; Wie wird Coaching von den Kunden gesehen? In: Vogelauer, W. (Hrsg.): Coaching-Praxis. Führungskräfte professionell begleiten, beraten und unterstützen. Neuwied 1998

Anlagen

Aktivitäten des Coach – Handlungskriterien

Handlungskriterien	Coachaktivität
Direktes persönliches Ansprechen	• Die direkte Rede wird verwendet, z.B. „Wie geht es Ihnen/Dir?“ „Was fällt Ihnen dazu ein?“ Und nicht: „Wie geht´s?“ • Personen, Situationen und Sichtweisen des Coachee werden ausdrücklich angesprochen, z.B. „Wie sehen Sie das für Ihre Situation?“ • Verallgemeinerung werden vermieden, wie: „Wir machen das schon.“ “Man wird sehen.“
Zeit geben	• Der Coach bremst den Coachee, wenn er ohne zu verweilen von einem Punkt zum nächsten springt, z.B. bei schnell sprechenden Personen. • Gesprächspausen werden zulassen solange der Coachee sie zum Überlegen, Nachvollziehen und Reflektieren braucht und nutzt. • Der Coach gibt dem Coachee ausreichend Zeit für die Vorbereitung und Formulierung seiner Äußerungen.
Anteilnehmendes Interesse zeigen	• Der Coach hört aktiv zu, in dem er Bestätigungslaute wie „hm“, „aha“, „oho“ etc. benutzt. • Bei Nicht-verstehen oder Unklarheiten fragt der Coach nach. • Der Coach setzt die richtige Fragestellung zum richtigen Zeitpunkt (Fragenqualität) zur Strukturierung der

	Äußerungen ein. • Der Coach setzt Selbstdarstellungen, wie z.B. „Das macht bei mir in der Abteilung auch …“ ein, um dem Coachee Verständnis auszudrücken. • Der Coach lässt den Coachee ausreden.
Ansprechen von Gedanken	• Der Coach fragt den Ratsuchenden, welche Gedanken er in der geschilderten Situation hatte. • Der Coach veranlasst den Coachee dazu, seine Gedanken, Vorstellungen und ggf. auch Phantasien zu verbalisieren. • Durch Bezug zur realen Situation, z.B. „Als Sie die Mitarbeiter dort stehen sahen, was haben Sie dann gedacht?“ gibt der Coach Hilfestellung bei der Rekonstruktion von Gedanken.
Verbalisieren von Gefühlen	• Der Coach nimmt die angesprochenen Gefühle des Coachee auf und gibt ihm das Wahrgenommene verständlich wieder. • Der Coach greift die Gefühle des Coachee auf, und teilt ihm mit, dass er die Gefühle spüren und haben darf. • Der Coach geht nicht nur auf die explizit mitgeteilten Gefühlslagen ein. Er verbalisiert auch die vage und nonverbal angedeuteten Gefühle, sofern sie nichts Bedrohliches für den Coachee darstellen.
Struktur des Gesprächs	• Der Coach schließt einzelne Themen mit einer Zusammenfassung oder einer Vereinbarung über die weitere Vorgehensweise ab. • Der Coach beendet das Gespräch mit einem gegenseitigen Feedback. • Der Coach führt das Coaching-

	Gespräch außerdem zeiteffizient durch, d.h. er plant ausreichend Gesprächszeit ein, er schließt einzelne Gesprächspunkte in einem zeitlich vertretbaren Rahmen ab, verzettelt sich nicht und lässt den Coachee nicht unstrukturiert weiter reden.
Zur Genauigkeitsprüfung der Problembeschreibung anregen	• Der Coach spiegelt, d.h. er wiederholt ein Wort, einen Satz oder Satzteile des Coachee, um ihm das Gesagte noch einmal vorzulegen • Der Coach paraphrasiert, d.h. er gibt dem Coachee das Verstandene in eigenen Worten wieder. • Der Coach unterstützt den Coachee dabei, sein Bild der Situation herzustellen. • Der Coach geht erst dann zur Phase der Suche nach Handlungsalternativen über, wenn er die vom Coachee als problematisch geschilderte Situation nachvollziehbar verstanden hat.
Entwicklung von Handlungsalternativen	• Der Coach unterstützt den Coachee dabei, eine für ihn gültige und mit seiner Person harmonierende Handlungsmöglichkeiten zu erarbeiten. • Der Coach geht mit strukturierten Fragen vor, die dem Coachee die Erarbeitung konkret vorstellbarer Handlungsalternativen erleichtert.
Auswahl und Umsetzung der Handlungsalternative in die berufliche Praxis (Transfer)	• Der Coach legt die zur Auswahl stehenden entwickelten Handlungsalternativen dar und befragt dem Coachee hinsichtlich seinem Bewertungs- bzw. Entscheidungsverfahren oder bietet ihm eines an. • Die vom Coachee angestrebte

	Handlungsalternative wird konkret geplant und vorbereitet. • Der Coach bietet dem Coachee Unterstützung bei der Erprobung und Umsetzung der Problemlösung in die Praxis an.
Konzeptionelles Vorgehen	• Die Reihenfolge der vom Coach ausgeführten Beratungsschritte ist transparent und nachvollziehbar und für den Coachee ist deutlich, was mit der gewählten Coachaktivitäten erreicht werden soll. • Der Coach wendet das Beratungskonzept flexibel und individuell abgestimmt auf den Coachee an.

(Quelle: Vespermann, 2009)

8 Delegieren – stimmig und passend

"Lions cannot afford to hunt mice because they literally will starve to death, even if they catch them. Lions and all large carnivores have to hunt game large enough to justify the investment, so they have to hunt antelope and zebra. Why is this important? Because most senior executives are really big on chipmunks." Newt Gingrich

„Wer seiner Führungsrolle gerecht werden will, muss genug Vernunft besitzen, um die Aufgaben den richtigen Leuten zu übertragen, und genügend Selbstdisziplin, um ihnen nicht ins Handwerk zu pfuschen." (US-Präsident Theodore Roosevelt (1858-1919))

Mit den Überlegungen zum Delegieren von Arbeitsbereichen bzw. Aufgabenfeldern an entsprechend qualifizierte Mitarbeiter und der späteren Durchführung trainieren bzw. stärken Sie ihre Sozial- und Führungskompetenz und setzen zugleich persönliche Schwerpunkte für Ihre Arbeit, z.B. die Konzentration auf das führungsspezifisch Wesentliche. Sie können so Ihre Kräfte konzentrieren; denn die jeweilige Aufgabe wird ja im vereinbarten Rahmen vom besten Spezialisten bearbeitet.

Die wichtigste Vorarbeit vor dem Planen von Aufgabendelegation ist das Erkennen zulässiger und geeigneter Aufgabenbereiche. Grundlegend finden Sie diese in den für Ihr Aufgabenfeld bzw. Ihre Funktion gültigen Bestimmungen, z.B. in Gesetzen oder Verordnungen sowie Satzungen. Was wird Ihrer Funktion dort direkt und allein verantwortlich zugeordnet? Dies sind meist alle organisatorischen, personal- und trägerbezogenen (z.B. vorgesetzte Behörde) und mit Außenwirkung (z.B. Aufnahme und Abgabe von Schülern) versehenen Bereiche. Je nach der Struktur Ihrer Organisation können selbst Teile davon auf eine vorhandene mittlere Führungsebene delegiert werden, z.B. auf Fach- oder Abteilungsleitungen. Die Gesamtverantwortung bleibt immer bei Ihnen als der Führungsperson Ihrer Organisation.

8.1 Delegation und Führungskonzept

Eine partizipative Führungskonzeption in einer Organisation, bei der klar abgegrenzte Aufgabenbereiche kombiniert mit entsprechender Verantwortung und Kompetenz auf nachgeordnete Mitarbeitende übertragen werden, ermöglicht innerorganisatorisch sachgerechte Entscheidungen, bei den Mitarbeitenden erhöhte Selbstwirksamkeitserfahrungen (Verantwortungsbereitschaft, Leistungsmotivation) und eine passende erhöhte Flexibilität im konkreten Alltag der Organisation.

Das Delegieren von Aufgabenfeldern an Mitarbeitende ist ein wesentliches Element des partizipativ-situativen Führungsstils. Aufgabenbereiche zur Delegation finden sich z.B. im Bereich von Routinearbeiten, Vorarbeiten oder Spezialistentätigkeiten. Dabei verbleibt die Führungsverantwortung beim Delegierenden. Die das Aufgabenfeld bearbeitende Person erhält im Rahmen des erteilten Delegationsauftrags die Handlungsverantwortung. Somit sind beide Personen im Delegationszeitraum weiterhin aufeinander bezogen: Die Führungsperson hat dafür zu sorgen, dass die Bearbeitungsperson in der Lage ist, die ihr übertragenen Aufgaben zu bewältigen und lässt sich z.B. immer wieder darüber berichten. Die das Aufgabenfeld bearbeitende Person kennt den Delegationsrahmen, weiß um ihre Kenntnisse und Fähigkeiten, um die ihr gestellte Aufgabe zu bearbeiten und kann ihre Arbeiten selbständig planen und ausführen. Beide Personen verbindet ein professionelles, gegenseitiges Vertrauensverhältnis, was bei der Führungsperson eine Fürsorge und bei der bearbeitenden Person ihre Rechenschaftspflicht einschließt.

Mitarbeitende haben in dieser eher aufgabenbezogenen Führungskonzeption die Möglichkeit, auch z.B. bei Entscheidungen maßgeblich mitzuwirken. Grundlegend ist ein Delegieren bei folgenden Merkmalen von Aufgaben sinnvoll:

- Ein Aufgabenfeld ist unstrukturiert, d.h. der Weg der Bearbeitung hin

zu einer Lösung ist weitgehend offen;
- die das Aufgabenfeld bearbeitende Person verfügt über umfassende, gute Kenntnisse und Fähigkeiten;
- die jeweilige Person bzw. Personengruppe hat Zugang zu Informationen und ist konstruktiv kommunikativ;
- für das Bearbeiten / Bewältigen der Aufgabe(n) steht genügend Zeit zur Verfügung;
- es gibt ggf. mehrere Personen, die an der Bearbeitung mitwirken wollen (Team).

Die entsprechend qualifizierten Mitarbeiter erhalten einen eindeutig definierten Aufgabenbereich, in dem sie verantwortlich, selbständig handeln und entscheiden können; d.h. es wird angestrebt, Entscheidungen auf der Ebene zu treffen, auf der am sachgerechtesten entschieden werden kann.

Der hohe Aufgabenbezug muss von der Führungsperson durch das Element des Mitarbeiterbezugs ergänzt werden, um eine beidseitige „Win-Win-Situation“ zu erreichen.

Ein Delegieren von Aufgabenfeldern intendiert von Seiten der Führungsperson unter Einbezug von mitarbeiterorientierten Elementen u.a.

- eigenen Zeitgewinn für eigene, wichtige Leitungsaufgaben;
- Förderung und Qualifizierung von Mitarbeitenden für zukünftige Aufgaben;
- Entwicklung eines Leitungsteams;
- Auflösen bzw. Überwinden von institutioneller Isolation, da entscheidend einbezogen;
- Ermöglichen und Stärken der aktiven Teilhabe an organisationsinternen Entwicklungen;
- Erhöhen der Identifikation der Mitarbeitenden mit ´ihrer´ Organisation.

Will eine Führungsperson Aufgabenfelder delegieren, so sollte sie beim Planen insbesondere die Rahmensetzungen und die Art und Weise der institutionalierten Kontrolle klar durchdenken, festlegen und transparent vereinbaren.

8.2 Rahmensetzungen

Grundlage eines stimmigen Delegierens ist: „Akzeptieren Sie das Anderssein und Andershandeln Ihres Kollegen / Ihrer Kollegin. Treffen Sie am Anfang klare Vereinbarungen, lassen Sie sich zu Beginn über sein/ihr beabsichtigtes Vorgehen informieren, und versichern Sie sich zu bereits anfangs festgelegten Terminen, dass er / sie auf dem richtigen Weg ist.“ (Quelle: Schulleitung intern; https://schulleiter.de/teamfuehrung/motivation/motivieren-durch-delegieren/)

1. Beim Planen eines Delegationsvorhabens müssen Sie sich zunächst einen Überblick über den zu delegierenden Aufgabenbereich verschaffen, seine Breite bzw. Struktur, die Art der benötigten Kenntnisse und Fähigkeiten, erforderliche Ressourcen, mögliche Fehlerquellen, anzusetzender Zeitbedarf sowie die voraussichtliche Arbeitsbelastung usw..
2. Nachdem der zu delegierende Aufgabenbereich von Ihnen analysiert ist, nehmen Sie Ihre Mitarbeiterinnen / Mitarbeiter in den Blick. Die passende Mitarbeiterauswahl ist der schwierigste Teil des Delegierens: Wer von diesen ist in der Lage und bereit besonderen Einsatz zu leisten? Wer hat die passenden Kenntnisse und Fähigkeiten, um den Aufgabenbereich bzw. die Aufgabe am besten bearbeiten zu können? Wen wollen Sie an solche Aufgaben heranführen? Wie müssten Sie welche Person ansprechen? Welche Erwartungen hat voraussichtlich die angedachte Person und könnten Sie diese erfüllen? usw.
3. Erfüllten für Sie eine oder besser mehrere Personen die nötigen Kriterien, gilt es Gespräche zu führen: Sorgen Sie für Transparenz

und erläutern Sie Ihrem Mitarbeiter, warum er die Aufgabe erfüllen soll. Jede(r) Mitarbeitende muss genau verstehen, was erwartet wird, was zu tun ist und warum. Ebenso müssen klar die Ziele im zu bearbeitenden Arbeitsbereich erkennbar sein: Woran und wie ´wird ´ die Qualität der Arbeit gemessen?

4. Verdeutlichen Sie, wie viel Zeit die Aufgabe ca. erfordern wird und bis wann was erledigt sein soll. Wollen Sie informiert werden oder treten wiederkehrende Fristen auf, so sollten diese Termine bzw. Zeiträume realistisch und angemessen sein. Haben Sie die Möglichkeit Freistellungen, z.B. Anrechnungsstunden, zu geben, so bringen Sie das ein.
5. Besprechen Sie mit dem Mitarbeiter, welche Ressourcen (z.B. Materialien, Raumkapazität, finanzielle Mittel) Sie zur Verfügung stellen können und welche erwartet werden.
6. Führen Sie den Mitarbeiter in die Aufgabe ein; dann übergeben Sie den Aufgabenbereich bzw. die Aufgabe in ihrer Gesamtheit. Über das „Wie“ der Erledigung entscheidet nun der / die Mitarbeitende.
7. Seien Sie anfänglich für Rückfragen ansprechbar und offen. Geben Sie bei Fragen auch später noch Hinweise oder Anregungen. Das konkrete Erledigen bzw. Bearbeiten bleibt dem Mitarbeiter überlassen. So kann eine persönliche, berufliche Entwicklung befördert werden.
8. Besprechen Sie mit dem Mitarbeiter die Art und Weise der vorgesehenen Kontrollen (Selbst- und Fremdkontrolle). Halten Sie vereinbarte Rückmeldetermine oder Rückmeldeweisen ein (Zwischenbericht, Information usw.).
9. Erweisen Sie Ihrem Mitarbeiter Respekt, indem Sie die erledigten Arbeiten durch entsprechend passende Rückmeldungen würdigen.

Exkurs: *Der Umgang mit Kontrolle*

Schwierige und zeitraubende Aufgaben erfordern eine institutionalisierte Kontrolle:
Zwischenberichte oder Zwischenbesprechungen (Marksteine) sind eine Möglichkeit.
Die Häufigkeit und der Umfang der Kontrolle sind unterschiedlich intensiv person- und aufgabenbezogen zu gestalten: Je nach Können, Erfahrung und Zuverlässigkeit des Einzelnen sowie je nach Struktur und Anforderung des zu bearbeitenden Aufgabenfeldes.
Nur Wesentliches kontrollieren und so ansetzen, dass noch unterstützend eingegriffen werden könnte.
Ein stichprobenhaftes, genaues Beobachten der erledigten Arbeit ersetzt eine umfassende Kontrolle
Selbstkontrolle ermöglichen und für Rückfragen ansprechbar / offen sein.

8.3 Faustregel fürs Delegieren

„Als Faustregel für erfolgreiches Delegieren können Sie sich auch an der sogenannten SMART-Methode orientieren. Dabei handelt es sich um ein Akronym, die Buchstaben stehen für:

· **Spezifisch** (so konkret wie möglich)

· **Messbar** (qualitativ und quantitativ)

· **Attraktiv** (lohnend oder herausfordernd für den Mitarbeiter)

· **Realistisch** (machbar - innerhalb der Zeit und mit den Mitteln)

· **Terminiert** (zeitlich begrenzt bzw. klar eingegrenzt)

Merke: Keiner kann (ein guter) Chef sein, der nicht auch delegieren kann. Und es ist besser, wenn der Chef / die Chefin eben *nicht* alles selber macht“ (Quelle: http://karrierebibel.de/delegieren-aber-richtig/).

-

8.4 Umgang mit Fehlern im Delegationsbereich

Zu Beginn einer Aufgabendelegation wird bei der Arbeit des Mitarbeiters i.d.R. der eine oder andere Fehler auftreten. Dies muss ich als verantwortlich Delegierender von vorn herein mit einbeziehen. Entscheidend ist, dass ich dann auftretende Fehler mit dem Mitarbeiter bespreche, ihn zum klaren Analysieren seines Fehlers ermuntere und ihm ermögliche, fehlerminimierende Strategien zu entwickeln, ggf. gemeinsam. Damit habe ich einen Lernprozess beim Mitarbeiter angestoßen, der diesen stärkt. Haben ich Aufgaben an einen neuen Mitarbeiter übertragen, die dieser noch nicht in Umfang und Tragweite überschauen kann, so ist es meine Aufgabe, den Mitarbeiter zu Anfang intensiver zu begleiten oder fachkundig begleiten zu lassen (Mentoring), von ihm häufiger Rückmeldung einzufordern, damit Fehler frühzeitig erkannt, geklärt und ggf. abgefangen werden können..

„Seinem Mitarbeiter nicht voll zu vertrauen, ist vollkommen in Ordnung – aber: Die Entscheidung, wie weit ich ihm vertraue, muss ich in dem Moment treffen, in dem ich delegiere. Dann darf ich davon nicht abrücken. Auch die Art und Weise der Kontrolle muss wie vereinbart durchgeführt werden.“ (Quelle: https://www.impulse.de/management/personalfuehrung/aufgaben-verteilen/3297555.html)

8.5 Vor- und Nachteile eines Delegierens im Überblick

Vorteile	Nachteile
Das Interesse der Mitarbeiter an ihrer Organisation wird durch die eigenen, zusätzlichen Entscheidungsfelder erhöht.	Der Vorgesetzte muss weiterhin Kontrollaufgaben ausführen.
Die Führungskraft wird zeitlich entlastet.	Zu strikte, kleinschrittige Kontrolle kann zu Unzufriedenheit bei den Mitarbeitern führen.
Die Aufgaben werden vom fachlich am besten passenden Mitarbeiter bearbeitet.	Delegation beinhaltet immer das Risiko, dass Aufgaben in anderer als der erwarteten Weise bearbeitet werden.

Exkurs: Delegation und Followership

„Eine konstruktive Folgschaftsrolle zu übernehmen ist in Kollegien oft eine Herausforderung. Deshalb stellt sich an Führungskräfte die Frage, was sie tun können, damit andere ihnen gut, vertrauensvoll und selbstbewusst folgen können. … Eine gute Führungskultur zeichnet sich dadurch aus, dass sie ein positives Bild vom Folgen beinhaltet. Gut zu folgen und die Sinnhaftigkeit guter Folgschaft zu erkennen, sollte genauso erlernt werden, wie gut zu führen“ (Erlinghagen).

Es gibt unterschiedliche Konzepte für gutes Folgen. Für Kelley (1992) bedeutet gute Folgschaft:

- *Die Mitarbeiterinnen und Mitarbeiter sind bereit, die Teamaufgaben stets über persönliche Ziele zu stellen. Sie erkennen die größere Bedeutung des Ganzen gegenüber dem Einzelnen an.*
- *Sie übernehmen freiwillig neue Aufgaben und zeigen dadurch ihr Bestreben zu wachsen – auch ein entscheidender Faktor auf dem Weg zur Führungsverantwortung.*
- *Sie teilen Informationen auch über Abteilungs- und Teamgrenzen hinweg.*

- *Sie sind bereit, ihre Ansichten zu ändern, um einen Konsens im Team herbeizuführen und dem Team positive Impulse zu geben.*
- *Sie kennen ihre Stärken und Kompetenzen und wissen, wann sie eine Führungsaufgabe übernehmen und wann sie im Hintergrund bleiben und folgen sollten.*
- *Sie unterstützen ihre Führungskraft jederzeit, auch wenn sie nicht mit ihr übereinstimmen.*

Darin stecken, wenn wir erzieherisch-pädagogische Organisationen schauen, einige Herausforderungen. Sehr kontrovers wird in aller Regel der letzte Punkt diskutiert. Gemeint ist hier nicht blinder Gehorsam, sondern eine mit konstruktiver Kritik gekoppelte Loyalität. Chaleff (2008) ergänzt dieses Konzept von Kelley um den Aspekt Mut: Sein „courageous follower", also die mutige Gefolgsfrau, der mutige Gefolgsmann braucht Mut, um

- *die Führungskraft zu unterstützen und alles zu tun, um zu deren Erfolg beizutragen.*
- *Verantwortung für die gemeinsame Aufgabe zu übernehmen – mit oder ohne direkte Anweisung durch die Führungskraft.*
- *Konstruktiv das Verhalten der Führungskraft und der Gruppe zu kritisieren, wenn dieses Verhalten die gemeinsame Aufgabe gefährdet.*
- *Sich an jeder Veränderung zu beteiligen, die die Leader-Follower-Beziehung und die Führung der Organisation insgesamt verbessert.*
- *Einen ethischen Standpunkt einzunehmen und gegebenenfalls Fehlverhalten oder Machtmissbrauch abzulehnen.*

Wenn Sie genau hinschauen, dann „verschwimmen bei diesen Konzepten die Unterschiede zwischen Führen und Folgen: die genannten Anforderungen lassen sich mit leichten Modifikationen so auch auf Führende übertragen. Kein Wunder, denn Ausgangspunkt ist ja die Erfüllung einer gemeinsamen Primäraufgabe, an der eben nur aus unterschiedlicher Perspektive gearbeitet wird." (Erlinghagen)

Literatur

Goldszmidt, German S; Distributed Management by Delegation, Columbia 1996

Oestmann-Geib, B., u.a., in: Schulleitung in der lernenden Schule Heft 53 / 2011

Erlinghagen, R.; Followership – geteilte Verantwortung von Führenden und Folgenden, 10.26, Praxiswissen Schulleitung o.J.

Anlagen

Planungscheckliste für ein Delegationsgespräch

Delegations-Gespräch	Datum
WAS? Beschreiben Sie hier die zu delegierende Aufgabe!	
WER? Welcher Kollege/Welche Kollegin kommt dafür in Frage?	
MIT WEM? Wer kann unterstützen?	
Welche **ZIELE** sollen erreicht werden?	
BIS **WANN?**	
WIE? Welche Ressourcen (Zeitbudget, Mittel) werden bereitgestellt?	
FEEDBACK? Wie (oft) soll die Leitung über den Stand des Projekts informiert werden?	
INFO? Wer muss (noch) wie informiert werden?	
AUSWERTUNG? Wie wird das Projekt ausgewertet?	

(Quelle: Schulleitung in der lernenden Schule Heft 53 / 2011)

Geeignete Aufgaben zum Delegieren

Nicht alle Aufgaben eignen sich zum Delegieren. Delegierbare Aufgaben sollten in angemessener Zeit und mit vertretbarem Aufwand bearbeitet werden können.

A. Routinetätigkeiten

1.

____

2.

____

3.

____

B. Aufgaben mit wenig Erklärungsbedarf

1.

____

2.

____

3.

____

C. Aufgaben mit wenig Koordinierungsbedarf

1.

____

2.

3.

D. Gut vorbereitete bzw. gut strukturierte Aufgaben

1.

2.

3.

E. Aufgaben für Spezialisten (fachspezifisch, oder individuelle Kompetenzen erfordernd)

1.

2.

3.

Raster für die einzelnen Aufgabenbereiche

Nr. der Aufgabe	Voraussetzungen / Kompetenzen	Person	sofort Einarbeitung
1			
2			
3			

(Quelle: Wolf I.O. Group GmbH, Unternehmensberatung, Wuppertal o.J.; www.wiog.de)

9 Konferenzen steuern mit Struktur und Methode

Alle Arten der Zusammenkunft von Mitgliedern einer Organisation mit dem Ziel von Beraten und ggf. Beschließen bedürfen einer Struktur und sollten neben Vorträgen inhaltlich und situativ passend aktivierende Methoden aufweisen.

9.1 Grundsätzliche Gesichtspunkte und Gedanken

Dienstbesprechungen und insbesondere Konferenzen gehören neben persönlichen Personalgesprächen zu den Führungsinstrumenten der Leitung. Diese Instrumente wollen zielgerichtet, passend und effizient eingesetzt sein, um Wirkung entfalten zu können. Insbesondere die Organisation von Dienstbesprechungen und Konferenzen muss eine stimmige Balance von Aufwand und Nutzen aufweisen. In Dienstbesprechung oder Konferenz finden sich unter den teilnehmenden Personen meist dieselben Verhaltenstypen bzw. Mischformen wie in fast allen menschlichen Zusammenkünften wieder:

- Den Streiter, der konfrontativ sich profilieren will.
- Den Positiven, der sich bei Dissenssituationen bewusst einschaltet.
- Den Alleswisser, der auf seine Kompetenzen und langjährigen Erfahrungen in/mit der Sache hinweist.
- Den Ablehnenden, der versucht mit Killerphrasen zu punkten und z.B. ein Ergebnis zu torpedieren.
- Den Redseligen, der bildreich mit vielen Beispielen und Situationen aufwartet.
- Den Schüchternen, der sich ruhig alles anhört und eine eigene Stellungnahme vermeidet.
- Das „große Tier“, das oft mit plakativen, selbstdarstellenden Äußerungen die Aufmerksam auf sich ziehen will.
- Der Uninteressierte, der demonstrativ sein Desinteresse signalisiert.

Da Sie ihre Kolleginnen und Kollegen genauer kennen, sollten sie sich bei der Vorbereitung insbesondere von Konferenzen Handlungsweisen überlegen, falls … in Aktion tritt.

Da in kommunikativen Prozessen, so auch bei Dienstbesprechungen oder Konferenzen möglichst alle Teilnehmenden mit einbezogen bzw. allen Chancen dazu eröffnen werden sollten, gilt es, die verschiedenen Kommunikations- oder Wahrnehmungstypen bei der Planung und Durchführung im Blick zu haben und einzubeziehen; denn jeder Mensch weist einen bevorzugten Sinneskanal bei seiner Informationsaufnahme und -speicherung auf (Präsentations- und Methodenwahl):

- „*Der visuelle Kommunikationstyp:* Seine Aufmerksamkeit ist dann am höchsten bzw. er versteht dann am leichtesten, wenn er Informationen bildlich präsentiert bekommt. Optische Reize sind für Ihn ganz wichtig. Seine bevorzugten Ausdrücke kommen aus der visuellen Welt. Sie erkennen eine solche Person z.B. an häufig bei ihr auftretenden Äußerungen z.B.: Das sehe ich ein. Das ist ganz klar. Das leuchtet ein. Das ist einsichtig. Das kann ich mir vorstellen. Verschaffen wir uns einen Überblick. Lassen Sie uns das illustrieren. Ein interessanter Ausblick. Ich halte die Augen offen. Oder Wörter wie ansehnlich, finster, glasklar, strahlen, Vorsicht, zwielichtig, ausmalen, usw..
- *Der auditive Kommunikationstyp:* Er weist insbesondere im sprachlichen Bereich eine eloquente Form auf, z.B. bespricht er vieles ausführlich, diskutiert gern und kann Erklärungen gut folgen. Meist kann er das Gehörte schnell übertragen. Seine bevorzugten Ausdrücke kommen aus der auditiven Welt. Sie erkennen ihn an seiner Sprache, seiner Wortwahl z.B.: Das klingt gut. Das hört sich gut an. Was Sie da sagen. Ich verstehe Wort für Wort. Nie davon gehört. Keine Frage. Das höre ich gern. Das ist Musik in meinen Ohren. Ich schenke Ihnen gleich Gehör. Da kann ich Ihnen zustimmen. Häufig verwendete Wörter sind ausplaudern,

abstimmen, lauschen, seufzen, vielsagend, hellhörig, usw.

- *Der kinästhetische Kommunikationstyp*: Er liebt Aktivitäten (z.B. Bewegung, Sport, Experimente) und muss Sachen für ein Verstehen von Dingen und Zusammenhängen z.B. ausprobieren. Auch drückt er oft Empfindungen aus. Sie erkennen seine bevorzugte Wahrnehmungsart durch Ausdrücke wie z.B.: Das begreife ich. Das geht unter die Haut. Das ist weltbewegend. Ich bin hin- und hergerissen. Ich lege die Karten auf den Tisch. Das werden wir in Gang bringen. Das habe ich im Griff. Dem steht nichts entgegen. Das sollten wir anpacken. Häufig verwendete Wörter sind u.a. anknüpfen, einsteigen, fest, frisch, packend. anfassen, bitter, sauer, usw." (Quelle: nach Rosner, S., 2002).

Das Einbeziehen dieser bevorzugten Wahrnehmungsweisen schon bei der Planung und dann auch bei der Aufbereitung und Präsentation von Sachinhalten intendiert eine bessere inhaltsbezogene Aufmerksamkeit und Informationsaufnahme durch die jeweiligen Mitarbeitenden.
In kommunikativen Prozessen sind „Sender" und „Empfänger" und ihre Wechselwirkungen bzw. die Qualitäten einer Information oder Äußerung mit Blick auf die beteiligten Personen zu reflektieren.

9.2 Organisatorische Formate der Kommunikation

1. Besprechungen

Zu Besprechungen kann sowohl ein Fachbereich, eine Jahrgangsgruppe oder Sie als Leitung Ihrer Organisation einladen. Besprechungen sind meist eng mit einer aktuell anstehenden Frage oder einem Thema verbunden. Dies soll z.B. vorbereitend auf die Beratung in einer Konferenz er- oder bearbeitet werden. Die eingeladenen Personen stammen aus dem jeweiligen Bereich und haben sich z.B. interessengeleitet aus freien Stücken zu dieser Beratung eingefunden. Trotzdem muss auch bei einer Besprechung z.B. aus den Reihen der Teilnehmenden eine Moderations- oder

Koordinationsperson und ein Protokollant gefunden / benannt oder gewählt werden. Auch Besprechungen müssen zielbewusst angelegt sein, was Elemente wie Tagesordnung, geordneten (vereinbarten) Ablauf, Beratungsergebnisse bzw. Ausblicke, ggf. eine Reflexion des Besprechungsverlaufs und bei einer erforderlichen Besprechungsserie auch Zwischenbilanzen und Rückblicke beinhaltet. Dabei dienen Protokolle, die zeitnah nach einer Besprechung allen Teilnehmenden zugehen, als wichtige Dokumente z.B. für spätere Tagesordnungspunkte einer z.B. über das beratene Thema bzw. die gefundenen Ergebnisse beschließenden Konferenz.

2. Dienstbesprechungen

Dieses Besprechungsformat dient in erster Linie der Informationsweitergabe durch Sie als Führungsperson Ihrer Organisation, ggf. kann ein kurzer, blitzlichtartiger Meinungsaustausch (Stimmungsbild) innerhalb der Mitarbeitenden stattfinden. Inhaltliche Diskussionen sind bei Dienstbesprechungen unangebracht. Zu einer Dienstbesprechung laden Sie als Führungsperson ein. Dies kann schriftlich unter Nennung der anstehenden Themen z.B. mit dienstinternem Mailversand oder auch z.B. durch Aushang erfolgen. Teilnahmeberechtigt und teilnahmepflichtig sind alle im Kerngeschäft Ihrer Institution Beschäftigten, z.B. alle Lehr- und Erziehungspersonen.

Eine Dienstbesprechung sollte terminiert (mindestens drei Tage Vorlauf) oder z.B. wöchentlich / monatlich feststehend sowie zeitlich begrenzt sein (z.B. maximal 20 – 30 Minuten). Sind wichtige Themen anzusprechen ist es hilfreich, wenn Sie schriftlich einladen und kurze Stichworte zu diesen Themen in die Einladung aufnehmen.

3. Konferenzarten und -ordnungsaspekte

Die Art der Konferenzen läßt sich nach Gesamtkonferenzen (z.B. Gesamtlehrerkonferenz), an denen alle Beschäftigte in der jeweiligen

Organisation berechtigt sind teilzunehmen und auch teilnehmen müssen sowie Teilkonferenzen, die z.B. nur einen Jahrgang, ein Fach (Mathematik, Sachkunde, Deutsch, usw.) oder eine Teileinheit einer Organisation (z.B. Grundschule, Sek I, Wirtschaftsschule, Oberstufe, usw.) unterscheiden. An den Teilkonferenzen sind nur in diesem Bereichen unterrichtende Fachkräfte berechtigt und verpflichtet teilzunehmen.

In den meisten Schulgesetzen der Länder oder auch Satzungen freier Träger finden sich Ausführungen in sogenannten Konferenzordnungen oder Zuständigkeitsbeschreibungen jeweiliger Konferenzen. Dort werden die Anzahl der z.B. in einem Schuljahr abzuhaltenden Gesamtlehrerkonferenzen festgelegt. Viele Organisationen im Bildungs- und Erziehungsbereich haben mit der Leitung und dem Kollegium zusammen einen anderen Modus beschlossen, z.B. einen wöchentlichen Rhythmus von Dienstbesprechung und Teamzeit, in den ggf. unter Einhaltung von Form und entsprechenden Fristen Gesamtkonferenzen zeitlich eingebaut werden können. Dies hat sich insbesondere bei der Teamstruktur einer Organisation bewährt.

Auch die Aufgaben und Zuständigkeiten der jeweiligen Konferenz werden z.B. im Schulgesetz (BW) abschließend benannt. Allen Konferenzordnungen ist gemeinsam,

- dass die Einladung zu einer Konferenz mindestens sechs Werktage zuvor mit Nennung der Tagesordnung durch die Leitung erfolgen muss.
- dass in der Konferenz ein Protokoll (Ergebnisprotokoll) anzufertigen ist.
- dass über erst in der Konferenz eingebrachte Tagesordnungspunkte, meist unter „Verschiedenes“, nicht abgestimmt werden darf.
- dass bei Abstimmungen die einfache Mehrheit der abgegebenen gültigen Stimmen zählt.
- dass ein oder mehrere Beschäftigte drei Tage vor dem Konferenz-

termin aufzunehmende Tagesordnungspunkte einbringen können.

- dass die Konferenz von der Führungsperson, bei Abwesenheit durch deren Stellvertretung, geleitet wird.
- dass eine bestimmte Anzahl der Beschäftigten (meist 25%) unter Nennung einer Tagesordnung eine Konferenz beantragen kann, die dann von der Leitung einzuberufen ist.
- dass Konferenzbeschlüsse (z.B. Gesamtlehrerkonferenz) die im Rahmen deren Zuständigkeit getroffen wurden für alle, auch für die Leitung, bindend sind.

In der Konferenzordnung finden sich meist noch weitere, ins Detail gehende Bestimmungen. Wichtig ist, dass Sie die Regelungen in der für Sie gültigen Konferenzordnung genau kennen und umsetzen, damit Sie Formfehler vermeiden und somit im formalen Bereich in der Konferenz souverän agieren können.

9.3 Aspekte der Leitung einer Konferenz

In jeder Konferenz stehen Sie ob gewollt oder nicht im Mittelpunkt. Sie werden von Ihren Kolleginnen / Kollegen genau wahrgenommen und beobachtet wie sie die Konferenz führen. Um so wichtiger ist daher eine genaue, durchdachte und stimmige mentale, sachliche und methodische Vorbereitung der jeweiligen Konferenz. Verwenden Sie darauf zu Beginn Ihrer Führungsfunktion eine angemessene Zeit. Mit wachsender, reflektierter Erfahrung gehen Ihnen bestimmte Arbeiten und Anforderungen leichter „von der Hand“, jedoch bleibt immer die Herausforderung: „Nach der Konferenz ist vor der Konferenz!“

Bei Planung und Konzipierung von Konferenzen gilt es zu bedenken, dass diese immer auf drei Gesprächsebenen stattfinden: Der persönlich emotionalen Gesprächsebene, der sachlich aufgaben- oder problembezogenen Gesprächsebene und der Ebene der Gruppenprozesse. Eine Konferenz zu leiten bedeutet somit z.B. Gruppenprozesse in lösungsorientierter Weise einzubeziehen

(Gruppenmethoden), Indizien der emotionalen Situation von Teilnehmenden zu erkennen, um die Konferenz sach- und aufgabenbezogen gestalten zu können. Bei Letzterem ist es eine Hilfe, wenn die Konferenz einen klaren Aufbau bzw. in den Kernbereichen des Ablaufs weitgehend konstant ist (Konferenzstruktur).
Hilfreich ist auch, wenn Sie bei umfangreicheren Themen, den Beschäftigten mit der Einladung sogenannte Tischvorlagen (sachliche, die Thematik darstellende Texte) zu deren Vorbereitung zukommen lassen. Dies ermöglicht u.a. eine effizientere Beratung des jeweiligen Tagesordnungspunktes und damit eine zügige Durchführung der Konferenz, was den meisten Konferenzteilnehmern entgegenkommen dürfte.
Hilfreich ist, wenn Sie schon zu Anfang Ihrer Führungsfunktion hinsichtlich von Konferenzen ein zu Ihnen und Ihrer Arbeitsweise passendes Führungskonzept vorstellen. Dieses fußt auf den in der Konferenzordnung benannten Bestimmungen. Darüber hinaus sollten Sie eine Art Geschäftsordnung für Konferenzen mit Ihrem Kollegium beraten und beschließen lassen. In eine solche Geschäftsordnung könnten z.B. die für die Gruppenleitung in TZI grundlegenden Gesprächsregeln aufgenommen werden, die den meisten einsichtig sein dürften. Die Regeln können die Interaktion in einer Gruppe günstig beeinflussen. Oft ist es hilfreich, wenn die Redezeit zu einem Thema je Teilnehmer begrenzt wird, in vielen Geschäftsordnungen findet sich eine Maximalzeit für einen Beitrag von zwei bis drei Minuten. In der Konferenz gibt es dann einen „Zeitwächter", der aus den Reihen der Teilnehmer kommt. Besonders bei gesprächsintensiven Themen, bei denen auch die Leitung stärker ins Gespräch eingebunden ist, sind Rednerlisten, die durch einen Moderator geführt werden, der auch die Redner aufruft, einem geregelten Gesprächsablauf dienlich. Ein Moderator könnte z.B. aus dem Team der erweiterten Leitung kommen.

Wichtig ist, dass sowohl eine Moderation als auch die Regeln taktvoll und passend angewandt werden; denn sowohl eine Moderation oder eine Regel kann ad absurdum geführt werden. Über die Einhaltung von beidem würden Sie und ggf. die erweiterte Schulleitung achten. Diese Geschäftsordnung für Konferenzen sollte gut sichtbar im Kollegenzimmer ausgehängt sein.

Grundsätzlich sollte eine Konferenz maximal 90 Minuten dauern. Hierauf sollten Sie Ihre Planung ausrichten, dies schon auf der Einladung benennen, und den Zeitrahmen auch konsequent einhalten. Bei einer wie auch immer absehbaren / gegebenen Überschreitung, lassen Sie darüber abstimmen (geheim!), ob eine Verlängerung der Tagungszeit gewollt ist. Wenn „nein" berufen Sie noch in dieser Konferenz binnen der Einladungsfrist eine weitere Konferenz mit den dann noch zu behandelnden Themen ein. So setzen Sie klare Signale.

9.4 Elemente des Vorhabens: Konferenz

Ein oft übersehenes „Element" weit im Voraus einer Konferenz ist die Frage oder Überlegung, ob eine Konferenz als „Arbeitsform" zu den jeweiligen Themen überhaupt sinnvoll ist, oder ob andere Informationswege für alle Beteiligten zielführender wären. Ist eine Konferenz erforderlich, so gilt es sowohl bei der vorbereitenden Planung als auch bei der Durchführung ebenso wie bei der Nachbereitung auf ein grundlegend durchdacht strukturiertes Vorgehen bzw. Handeln zu achten. Gut vorbereitete und effizient und passend geleitete Konferenzen befördern erforderliche individuelle und kollektive Auseinandersetzungen mit anstehenden Themen, die Meinungsbildungen, handlungsleitende Absprachen und intendieren Entscheidungen, die sachlich und im kollegialen Kontext stimmig und sinnvoll bearbeitet bzw. umgesetzt werden können

9.4.1 Planung

Erstellen Sie zur Planung einer Konferenz einen Fragenkatalog z.B.:

- Was sind die anstehenden Themen / Aufgaben? Welche Bedeutung haben diese für „meine“ Organisation und für jeweilige Mitarbeitende?
- Bei welchen Themen, ist mit einem erhöhten Diskussionsbedarf oder z.B. einer erhöhten Emotionalität bzw. Betroffenheit zu rechnen?
- Welches sind die zentralen, wichtigsten Inhalte? Wie hoch ist deren Verbindlichkeitsgrad?
- Bestehen Zeitvorgaben bzw. -zwänge für eine Umsetzung? Besteht Zeit für Experimentierphasen?
- Welche Ziele / welcher Zielkorridor sind angestrebt / zu erreichen?
- Bestehen schon inhaltliche / methodische Erfahrungen im jeweiligen Thema? Wer hat Erfahrungen mit was in welchem Umfang?
- Lässt sich ein jeweiliges Thema in sinnvolle Teilthemen untergliedern, die nacheinander bearbeitet / angepackt werden können?
- Welche Kompetenzfelder (Wissen, Fähigkeiten, Fertigkeiten) beinhaltet das Thema / das Aufgabenfeld? Benötigt meine Organisation darin Unterstützung z.B. durch Beratung (von außen), durch Fortbildungen (intern oder extern)?
- Was ist / sind (max. zwei) der (die) Haupttagesordnungspunkt(e)?

usw.

9.4.2 Und denken Sie daran

- Welche Materialien / Medien usw. müssen bereit stehen (wichtig: Notizzettel z.B. vom „Notizwürfel“)?
- Welcher Raum mit welcher (Sitz-)Ausstattung bzw. Sitzanordnung ist erforderlich?
- Auch hinsichtlich der methodischen Herangehensweise sollten Sie Überlegungen anstellen bzw. Ideen entwickeln und diese dann genau

u.a.. in der Einladung den Teilnehmenden bekannt geben, z.B. Kurzvortrag, … bearbeiten im Setting „World Café“ oder im Plenum mit Fishbowl-Diskussionen, usw.

Schließlich ist es ein wesentliches Anliegen in einer Konferenz, alle Teilnehmer zu aktivieren, zu konstruktiven und auch kreativen sachbezogenen Beiträgen zu ermuntern. Eine thematische Konferenz lebt von der Lebendigkeit, dem Mitdenken und Sicheinbringen möglichst aller Beteiligten, vor allem der eher Zurückhaltenden, meist Schweigenden!

9.4.3 Hinweise zur Konkretisierung

- Sehen Sie für jeden Tagesordnungspunkt einen wahrscheinlichen Zeitkorridor bzw. Zeitbedarf im Rahmen der maximalen Konferenzzeit (90 Minuten) vor.
- Wollen Sie belebende / aktivierende Konferenzmethoden einsetzen, so machen Sie sich z.B. auf Karteikarten dazu Notizen, um ggf. in der Konferenz situativ passend flexibel sein zu können.

Eine Tagesordnung wird immer unter strategischen Gesichtspunkten aufgebaut: Kurze, einfache und wenig dissenslastige Themen kommen ins erste Drittel der Konferenz. „Verschiedenes“ wird gleich zu Beginn der Konferenz erfragt, um u.a. ein „Nachkarren“, ein „Oh, da fällt mir noch was ein!“ o.Ä. zu vermeiden.

Hinsichtlich der Gesprächsführung in einer Konferenz, gerade bei deren Moderation durch ein Kollegiumsmitglied, muss allen Beteiligten klar sein, dass die Leitung auch außerhalb der Rednerliste ihre Beiträge einbringen kann. Sie folgt dann auf den gerade Sprechenden.

Feste Punkte in der Tagesordnung sind z.B.:

1. Eröffnung / Begrüßung (mit Verweis auf die bereits rechtzeitig ausgehändigten Unterlagen);

2. Frage nach Punkten für „Verschiedenes";
3. Stichwortartiges Vorstellen der wichtigsten Tagesordnungspunkte;
4. Beraten der (zwei / drei) rasch erledigbaren Tagesordnungspunkte:
- Beraten des (der zwei) Tagesordnungspunkte mit erhöhtem Diskussionsbedarf;

...

- Verschiedenes;
- Rückblick (kurz): Das haben wir heute beschlossen!
- Dank und Abschluss.

Wichtig sind auch Vorüberlegungen hinsichtlich: Wer führt das Protokoll (z.B. Wechsel nach Alphabet oder Geburtstag). Wer moderiert in der Konferenz (Zeitwächter, Rednerliste, Aufrufender)? Nun erstellen Sie die Tagesordnung und lassen diese fristgerecht allen Teilnahmepflichtigen zukommen.

9.4.4 Durchführung einer Konferenz

Für das Gelingen jedes Gesprächs sowie einer Konferenz ist eine positive / angenehme Gesprächsatmosphäre sehr bedeutsam:
Nur wenn Ihre Mitarbeitenden wissen, dass Sie in entsprechender Form vorgebrachte Meinungen in konstruktiver Weise aufgreifen, den Mitarbeitenden also daraus keine Nachteile entstehen, werden Sie sich auch offen äußern (Klima des beiderseitigen Vertrauens). Schaffen Sie ein Klima, dass positiv und ermutigend ist. Achten Sie darauf, dass es keine persönlichen Verbalattacken gibt und dass neue Ideen im Sinne: „Wir denken nun mal bewusst quer!", erwünscht sind.

Folgende Verhaltensweisen und deren Einhaltung sind bei allen Zusammenkünften besonders wichtig:

1. Seien Sie pünktlich: Von Ihnen wird unausgesprochen der pünktliche Beginn z.B. der Konferenz erwartet.
2. Beim Betreten des Konferenzraumes bleiben Sie kurz stehen und

überblicken das Szenario. Dann gehen Sie im für Sie passenden normalen Tempo zu Ihrem Platz und legen Sie Ihre Unterlagen griffbereit ab.

3. Setzen Sie sich zunächst hin, stellen Sie beide Füße auf den Boden, atmen Sie für andere unbemerkbar zwei / drei Mal tiefer durch und halten Sie dabei Ihren Oberkörper aufrecht. Ihre Arme / Hände liegen ruhig / entspannt auf dem Tisch vor Ihnen.
4. Sie erheben sich nun, schauen nochmals kurz in die Runde und begrüßen die Anwesenden.
5. Sie benennen die Formalien: Anwesenheitsliste, Moderations- und Protokollführung; angedachtes Ende der Konferenz.

- Sie sprechen immer *zum* Kollegium und wechseln dabei in einer für Sie stimmigen Weise die Blickrichtung!
- Sie sprechen, so weit als möglich frei!

6. Sie fragen nach Punkten für „Verschiedenes“, die Protokollführung notiert diese auf Kärtchen und heftet sie an die Moderationstafel an.

- Sie setzen sich wieder auf Ihren Stuhl (insbesondere bei längeren Konferenzen): Wirkendes Signal: Ich bin mit ihnen auf Augenhöhe.

7. Sie rufen die nächsten Tagesordnungspunkte auf. (Bei offenerer Konferenzgestaltung wäre dies der Platz zur Beratung und Abstimmung über die TOP-Reihenfolge.)

Die Tagesordnungspunkte werden unter Ihrer Leitung und bei Mitwirkung der Moderationsperson nacheinander beraten.

Ihr Verhalten während der Beratungen sollte sich an folgenden Aspekten orientieren:

- Achten Sie darauf, dass jede(r) zu Wort kommen kann.
- Achten Sie auf das Einhalten vereinbarter Gesprächsregeln.
- Achten Sie auf nonverbale Signale, um die Stimmung zu erkennen: Setzen Sie Steuerimpulse.
- Stellen Sie Fragen, die Ihr Interesse zeigen, auch an Diskussionen

und Interaktionen.

- Bringen Sie Ihr Wissen, Ihre Ideen in offener Haltung, kurz und inhaltlich prägnant ein.
- Ermuntern Sie zu ernsthaftem Gedankenaustausch / würdigen Sie konstruktiv eingebrachte Beiträge.
- Geben Sie Gegenargumente wieder ins Kollegium zurück, bevor Sie ihre Sichtweise erklären.
- Beziehen Sie Ideen / Anregungen / Sichtweisen / Argumente aus dem Kollegium in Ihre Gedanken mit ein.
- Bei jedem Beschlussantrag lesen Sie oder Ihre Stellvertretung nochmals den Beschlusstext vor, dann erfolgt die Abstimmung.

usw.

8. Vor dem Tagesordnungspunkt „Verschiedenes“ könnten Sie alle Beschlüsse nochmals im Wortlaut benennen und die Beratung darüber kurz würdigen.
9. Sie führen die Tagesordnung mit Aufrufen von „Verschiedenes“ weiter.
10. Sie bedanken sich für die Beiträge / das Engagement usw. in der Konferenz und schließen die Sitzung.

Exkurs: *Je nach personaler Struktur Ihres Kollegiums / Ihres Teams können / sollten Sie die Tagesordnung in der Bearbeitung der Themen offener oder stringenter handhaben.*

Eine offenere Verfahrensweise nimmt die Teilnehmenden ab z.B. Tagesordnungspunkt drei in die Verantwortung für den Verlauf der Beratung. Ein offeneres Verfahren könnte z.B. so von Ihnen gestaltet werden:

- ► *Mit welcher Frage wollen wir beginnen?*
- ► *Bei welchen Themen besteht der größte Beratungsbedarf?*
- ► *Welche Dinge/Themen lassen sich am leichtesten bearbeiten/lösen?*
- ► *Welche Themen müssen vorrangig bearbeitet werden?*

► *Was ist für Sie jetzt am wichtigsten?*

► *Für welche Probleme gibt es schon Lösungsansätze?*

Die Bewertungsfrage wird z.B. auf eine Karte geschrieben und für alle sichtbar an der Moderationswand angeheftet. Die Kolleginnen / Kollegen bepunkten die jeweiligen Karten. Die Tagesordnungspunkte werden dann vom meistbepunkteten zum wenigstbepunkteten Thema bearbeitet.

Bei einer geschlossenen Verfahrensweise werden die Tagesordnungspunkte in der Reihenfolge bearbeitet, wie Sie sie bei der Planung vorgesehen haben.

Je selbstbewusster bzw. konstruktiver ein Kollegium ist, desto öfter sollten Sie ihm „eine Spielwiese", eine Mitwirkungsmöglichkeit auch beim Gestalten der Beratungsreihenfolge geben.

9.4.5 Geschäftsordnungsanträge aufnehmen

In diskussionsfreudigen Kollegien bzw. bei einigen diskursliebenden Personen innerhalb des Kollegiums kommt es häufiger vor, dass diese „Anträge zur Geschäftsordnung" stellen. Solche Anträge beziehen sich immer auf verfahrenstechnische Fragen. Sie sollten damit gelassen und ggf. humorvoll, jedoch immer verfahrenstechnisch korrekt vorgehen:

- Die den Geschäftsordnungsantrag stellende Person stellt kurz ihr Anliegen vor (maximal zwei Minuten).
- Danach kann eine Person für den Antrag und eine Person gegen den Antrag sprechen.
- Jetzt wird abgestimmt; am besten geheim (Blätter vom Notizwürfel), weil nur so ein einigermaßen realistisches Meinungsbild entsteht und z.B. der Gruppendruck im Kollegium auf die eher Ruhigen und Bedachten ferngehalten bzw. deutlich abgemildert wird. Die Moderationsperson sammelt die Stimmzettel ein und zählt aus.

9.4.6 Nacharbeit

Hat die Konferenz stattgefunden, so steht unbedingt eine Nacharbeit an. Diese umfasst folgende Arbeiten:

Inhaltsbezug:

- Festhalten der Beschlüsse im Wortlaut mit Überlegungen und Entscheidungen. WAS ist zu tun? WER ist IN WELCHER WEISE betroffen? WER muss beteiligt werden? Festlegen WER macht WAS bis zu welchem TERMIN? → Ggf. Gespräche mit jeweiligen Personen führen. Sind Sie selbst Ausführender, so nehmen Sie entsprechende Planungen und Terminierungen vor.

Ablaufbezug:

Beispielhaft seien genannt:

- War die Zeitplanung realistisch?
- Was ist gut „gelaufen".
- Wo muss zukünftig nachgesteuert werden?
- Welche Tagesordnungspunkte müssen erneut in die nächste Konferenz aufgenommen werden?
  Aufnahme in die Wiedervorlage: Z.B. Konferenzen.
- Wie gelang die Aktivierung der Teilnehmenden?
- Wie war die Moderation?
- Welchen Eindruck / welches Gefühl hatten Sie?
- Welche Folgerungen schließen Sie daraus?
- Was konkret nehmen Sie sich sofort, was zukünftig vor (Priorisieren und nur ein Vorhaben auf einmal!)?

Literatur

Langmaack, B.; Themenzentrierte Interaktion. Einführende Texte rund ums Dreieck, Weinheim 2000.

Ewert, F.; Themenzentrierte Interaktion (TZI) und pädagogische Professionalität von Lehrerinnen und Lehrern, Erfahrungen und Reflexionen, Wiesbaden 2008.

NRW-Ministerium für Schule und Bildung, Methodensammlung, Düsseldorf o.J.

Rosner, S.; Gelingende Kommunikation, München 2002.

Anlagen

Führungsperson – Verhaltenspräferenz

- Anregungen -

Je nach Persönlichkeitstyp werden sich bei Ihnen eher ganz bestimmte Planungsfragen herauskristallisieren. Beobachten Sie sich ehrlich. Ordnen Sie sich dann einem „Typ" zu und beachten Sie die Tipps.

Typ 1: „Der Dominante – Verringern Sie die Hektik

Der Dominante liebt Herausforderungen. Besondere Kennzeichen sind, dass er durchsetzungsfähig und dynamisch ist und gerne das Kommando übernimmt. So ist eine Führungsposition für ihn ideal.
So plant er: Das Ergebnis steht im Vordergrund. Es muss schnell erreicht sein. Deshalb analysiert er rasch und handelt zielorientiert. Planung hält er nicht für notwendig, da ja alles schnell erledigt sein soll. So entsteht nicht nur Hektik, sondern oftmals auch ein Durcheinander.

Tipp für Ihre Planung:
Erkennen Sie sich in dieser Beschreibung wieder? Dann hilft nur eines: Planen Sie gründlich. Durchdenken Sie jedes Projekt in allen Einzelheiten. Auch wenn es „nur" die Vertretungsplanung oder die Vorbereitung der Lehrerkonferenz ist, sollten Sie am Ende noch einmal alles durchgehen. Schreiben Sie bei Ihren Vorhaben das Ziel auf und schätzen Sie den Zeitbedarf ein. Halten Sie sich an diese Planung. Beginnen Sie das nächste Vorhaben erst, wenn das Vorausgehende erledigt ist.

Typ 2: Der Initiative – Reduzieren Sie das Chaos

Dieser Typ ist sehr gesellig. Er pflegt Kontakte. Aktivitäten sind ihm am liebsten in der Gruppe. Allein arbeitet er nicht so gerne. Es gelingt ihm, die anderen mit seiner Begeisterung mitzureißen. Spontan sein ist sein Markenzeichen.

So plant er: Zu vieles interessiert ihn, so dass er sich oft verzettelt. Über den vielen Gesprächen und Plaudereien mit Kollegen bleibt die Arbeit oft liegen. Zeitnot ist die Folge. Er packt gern neue Arbeiten an. Doch berücksichtigt er Einzelheiten zu wenig. Oftmals entsteht ein regelrechtes Chaos.

Tipp für Ihre Planung:
Haben Sie sich mit Ihrem Arbeitsstil hier wiedergefunden? Dann ist für Sie ein systematisches Planungsmanagement genau das Richtige. Strukturieren Sie Ihren Arbeitstag mit Hilfe eines Tagesplans und einer Prioritätenliste. Vor allem: Halten Sie sich daran. Wenn Sie ein Kollege oder der Hausmeister auf dem Gang in ein Gespräch über das Wetter oder die Politik verwickeln will, gehen Sie kurz darauf ein und kehren Sie dann in Ihr Büro zurück. So schaffen Sie Ihre Arbeit und verlassen am Nachmittag einen aufgeräumten Schreibtisch.

Typ 3: Der Stetige – Steigern Sie Ihre Flexibilität

In einer entspannten Atmosphäre fühlt er sich wohl. Er sucht Harmonie und eine beständige Umgebung. Er ist kollegial. Doch Veränderungen mag er nicht.
So plant er: Er arbeitet sorgfältig, eher langsam. Da er Termindruck nicht mag, plant er gründlich und erledigt alles zuverlässig. Deshalb fühlt er sich überfordert, wenn mehrere Aufgaben zur gleichen Zeit anstehen.

Tipp für Ihre Planung:
Ähnelt Ihr Arbeitsstil dieser Beschreibung? Dann bedenken Sie: So wertvoll eine systematische Planung ist, so sollten Sie bei Bedarf davon abweichen und flexible Lösungen suchen. Überprüfen Sie Altbewährtes, ob es noch zeitgemäß ist. Denken Sie im neuen Schuljahr über eine Aktualisierung der Planung nach.

Typ 4: Der Gewissenhafte – Haben Sie Mut zur Lücke

Auf Ordnung und eine sachliche Atmosphäre hält er viel. Am liebsten sind ihm klare Anweisungen. Vor Fehlern hat er Angst.

So plant er: Fast schon perfektionistisch erledigt er seine Arbeit. Planung ist ihm sehr wichtig. Er führt sie deshalb auch akribisch durch. Doch nur allzu oft verliert er sich in Details. Zu große Vorsicht hindert ihn am zügigen Arbeiten.

Tipp für Ihre Planung:
Entdecken Sie Ähnlichkeiten? Dann setzen Sie sich eine Zeitgrenze, bis wann eine Aufgabe erledigt sein muss. Schauen Sie auf das Ergebnis, nicht darauf, wie perfekt die Ausführung ist.

> **Fazit: Stehen Sie zu Ihrem Typ. Finden Sie heraus, was Ihnen noch fehlt, und achten Sie bei Ihrer nächsten Planung darauf.“**

(Quelle: schulleitung-intern; http://www.schulleitung-intern.de/zeitmanagement-und-selbstmanagement/)

Führungsperson – Entscheidungsfindung

- Anregungen –

Jede gefällte Entscheidung schaltet eine Alternative aus. Ihnen wird bewusst, dass die Entscheidung auch Verlust bedeutet. Versuchen Sie im pädagogischen Arbeitsfeld soweit als möglich „Sowohl-als-auch"-Entscheidungen zu treffen.

Dies ist einer der Gründe, weshalb wir uns vor Entscheidungen manchmal drücken. Doch in Ihrer Führungsposition wird von Ihnen erwartet, dass Sie Entscheidungen rasch und sicher treffen. Mit den folgenden 8 Anregungen schaffen Sie es.

Regel 1: „Klären Sie Ihre Ziele

- Welche Alternativen bestehen? Wie genau sehen sie aus? Welche Konsequenzen folgen, wenn Sie Lösung A und wenn Sie Lösung B wählen? Wie können Sie beide Ziele, z.B. zeitweise unterschiedlich gewichtet, angehen.
- Betrachten Sie genau die Rahmenbedingungen und wie weit sie den jeweiligen Lösungen angepasst werden können.

  Beispielsweise stehen Sie vor der Entscheidung, eine Ganztagsbetreuung einzurichten oder nicht. Klären Sie, wozu der Ganztag für Ihre Organisation passend oder wichtig ist. Welche Veränderungen und Verbesserungen bringt es mit sich?

Vielleicht müssen Sie die Idee nach dieser ausführlichen Zielanalyse verändern oder anpassen.

Regel 2: Strukturieren Sie das Problem

Geht es um ein komplexes Projekt wie z.B. die Ganztagsbetreuung, zerlegen Sie es in überschaubare Einzelpakete. So erhalten Sie rasch einen Überblick über den anstehenden Aufwand bzw. die damit verbundenen Herausforderungen. Sie stellen fest, was wie voneinander abhängt und was Priorität erhalten muss.

Auf der Basis dieser soliden Grundlage können Sie leichter entscheiden.

Regel 3: Betrachten Sie das Thema aus Außensicht

Wer selbst in ein Problem involviert ist, sieht oftmals den Wald vor lauter Bäumen nicht mehr. Versuchen Sie deshalb, es mit den Augen eines anderen zu betrachten, z. B. denen der Eltern, der Kinder, des Bürgermeisters oder eines Fremden, der zufällig in Ihre Organisation kommt.

Möglicherweise fällt Ihnen dabei ein weiterer Lösungsansatz ein, der die Entscheidung erleichtert.

Regel 4: Holen Sie sich eine Außensicht

Keinesfalls sollten Sie bei jeder anstehenden Entscheidung einen Beratermarathon starten. Doch einen Fachmann oder erfahrenen Kollegen um seine Meinung zu fragen ist nicht nur legitim, sondern professionell.

Auch eine kollegiale Fallbesprechungs- oder Supervisionsgruppe kann die oben beschriebene Außensicht beisteuern und zur Entscheidungsfindung beitragen.

Denken Sie dabei daran: Rat können Sie sich von anderen holen. Die Entscheidung treffen Sie.“

(Quelle nach: schulleitung-intern; http://www.schulleitung-intern.de/zeitmanagement-und-selbstmanagement/)

Gesprächsregeln für Konferenzen und Besprechungen

- „Vertritt dich selbst in deinen Aussagen; sprich per „Ich" und nicht per „Wir" oder per „Man". Diese Formen lassen auf ein „Verstecken" hinter der Gruppe oder einer öffentlichen Meinung schließen. Hinzu kommt, dass es durch eine derartige Kommunikation leicht fällt, Hypothesen entgegen ihrer Natur als Tatsache darzustellen.
- Wenn du eine Frage stellst, sage, warum du fragst und was deine Frage für dich bedeutet. Sage dich selbst aus und vermeide das Interview. „Echte Fragen verlangen Informationen, die nötig sind, um etwas zu verstehen oder Prozesse weiterzuführen. Authentische Informationsfragen werden durch die Gründe für die Informationswünsche persönlicher und klarer."
- Sei authentisch und selektiv in deinen Kommunikationen. Mache dir bewusst, was du denkst und fühlst und wähle, was du sagst und tust.
- Halte dich mit Interpretationen von anderen so lange wie möglich zurück. Sprich stattdessen deine persönlichen Reaktionen aus.
- Sei zurückhaltend mit Verallgemeinerungen. Verallgemeinerungen unterbrechen den Gruppenprozess. Sie dienen dem Gesprächsverlauf nur, wenn sie einen Themenbereich zusammenfassend abschließen und zu einem neuen Thema überleiten.
- Wenn du etwas über das Benehmen oder die Charakteristik eines anderen Teilnehmers aussagst, sage auch, was es dir bedeutet, dass er so ist, wie er ist (d. h. wie du ihn siehst.)
- Seitengespräche haben Vorrang. Sie stören und sind meist wichtig. Sie würden nicht geschehen, wenn sie nicht wichtig wären. Auch wenn Seitengespräche vordergründig stören, sind sie meist wichtig für die tieferen Ebenen der Kommunikation. Sie können neue Anregungen bringen, Unklarheiten herausstellen, Missverständnisse

verdeutlichen oder auf eine gestörte Interaktion (Beziehung) hinweisen.

- Nur einer spricht zur gleichen Zeit. Niemand kann mehr als einer Äußerung zur gleichen Zeit zuhören. Und einander Zuhören signalisiert das konzentrierte Interesse füreinander, das Gruppen zusammenhalten lässt.
- Wenn mehr als einer gleichzeitig sprechen will, verständigt euch in Stichworten, worüber ihr zu sprechen beabsichtigt. So werden alle Anliegen kurz beleuchtet, bevor die Gruppenaktion weitergeht.
- Beachte die Körpersignale! Beobachte eigene und fremde Körpersignale“ (nach Langmark, B., 2000; Ewert, F., 2008).

Aktivierungsmethoden für Konferenzen

Murmelgruppen

Prägnantes Merkmal:

- Kurze Diskussion von Fragestellungen in 2-er oder 3-er Gruppen.

Ablauf:

- Impulsfragen werden in 2-er oder 3-er Gruppen diskutiert.
- Arbeitsanweisung: „Suchen Sie sich Teilnehmer, mit denen Sie heute noch nicht oder kaum gesprochen haben und diskutieren Sie 4 Minuten die folgende Fragestellung: „…“
- Anschließend Rückmeldungen ins Plenum.

Ergebnis/Wirkungen:

- Teilnehmer bilden sich eine Meinung und formulieren ihren Standpunkt.
- Erkenntnis von Paul Watzlawick: „Woher soll ich wissen, was ich denke, wenn ich noch nicht darüber gesprochen habe.“
- Belebt Plenumsdiskussionen, da sich alle Teilnehmer in den Diskussionen einen Standpunkt erarbeitet haben und ihre Ressourcen aktiviert wurden.

Eignet sich für:

- Zur gedanklichen Vorbereitung auf Vorträge, die anschließend gehalten werden.
- Zur Reflexion von Fragestellungen, die in einer ausführlichen Plenumsdiskussion vertieft werden.

Think-pair-share

Prägnantes Merkmal:

Diese Methode bereitet die Lernenden über zwei kurze Arbeitsschritte darauf vor, ihre (Vor)Erfahrung, ihr Wissen oder ihren Standpunkt im Plenum einzubringen. Allen liegt eine Frage- oder Aufgabenstellung vor.

Ablauf:

Think: Jede Person überlegt sich Lösungen in einem individuellen, schriftlichen, etwa zweiminütigen Brainstorming.

Pair: Danach tauschen sie ihre Ideen mit dem Nachbarn oder der Nachbarin aus und gleichen sie ab.

Share: Die Paare werden aufgefordert, ihre Ergebnisse mit dem Plenum zu teilen.

Alternative: Die Paare suchen sich ein weiteres Paar, mit dem sie ihre Ergebnisse austauschen und abgleichen.

Die jeweiligen Gruppen bringen ihr Ergebnis ins Plenum ein.

Wirkungen/Ergebnis:

- Bei den Teilnehmenden wird ihr themabezogenes Vorwissen aktiviert und durch die anschließenden Gespräche mit ergänzenden Sichtweisen konfrontiert. Das Finden eines je gemeinsamen Fazits bewirkt nochmals ein genaues Durchdenken des Themas.
- Fachliche Fragestellungen werden durch die Experten effizienter kommuniziert und abgestimmt.

Eignet sich für:

- Situationen, in denen Diskursive Prozesse zu erwarten sind, vor allem in größeren Gruppen, um alle zu aktivieren und einzubeziehen.
- Settings, in denen das Wissen jeder einzelnen Person aktiviert und fürs Plenum bereit gestellt werden soll.
- Bearbeitung von Themen, die emotionsstärker besetzt sind.

Kleingruppenarbeit

Prägnantes Merkmal:

- Fragestellungen werden in separaten Kleingruppen bearbeitet.

Methode:

- Teilnehmer bearbeiten Themengebiete in Kleingruppen.
- Rückmeldung und Diskussion der Ergebnisse im Plenum.

Wirkungen/Ergebnis:

- Bei den Teilnehmern vorhandenes individuelles Wissen wird für Einladende der Konferenz und die gesamte Gruppe nutzbar.
- Fachlich sehr spezifische Fragestellungen müssen nicht im Plenum, sondern können von den anwesenden Fachspezialisten geklärt werden. Das Ergebnis der gruppeninternen Abstimmungsprozesse wird dann für die gesamte Gruppe im Plenum sicht- nutz- und bearbeitbar. Somit können auch nicht-Spezialisten vom vorhandenen Spezialwissen in der Gruppe profitieren.

Eignet sich für:

- Fachlich sehr spezifische Fragestellungen
- Wenn Teilziele erreicht werden sollen, die vor allem von Spezialisten bearbeitet werden können.
- Situationen, in denen nur begrenzte Zeit zur Verfügung steht: Diskursive und fachliche Abstimmungsprozesse verlaufen in Kleingruppen regelmäßig effizienter.

Walt-Disney-Methode

Prägnantes Merkmal:

Frage- oder Aufgabenstellungen werden aus drei Blickwinkeln betrachtet und diskutiert.

Ablauf:

Es werden je Gruppe drei Personen benötigt, die jeweils eine spezifische Rolle besetzen und spielen:

- Der Träumer: Er ist subjektiv orientiert und begeistert, enthält sich jedoch eines praktischen Urteils zu der Idee oder Analyse.
- Der Realist: Er nimmt einen pragmatisch-praktischen Standpunkt ein, entwickelt Aktivitätsideen und -pläne, untersucht die erforderlichen Arbeitsschritte und Ressourcen.
- Der Kritiker: Er fordert heraus und prüft die Ideen der anderen. Er bringt konstruktive und positive Kritik ein und hilft mögliche Fehlerquellen zu identifizieren.

Alternative: Es kann noch eine dritte Rolle belegt werden: Der Neutrale. Er hat die Aufgabe als Berater, als Rückfrager oder als Beobachter.

Wirkung:

- Besonders bei stark diskursiven Themen beiden Teilnehmenden einen Perspektivenwechsel zu ermöglichen.
- Die Breite der individuellen Reflexion wird erhöht und Kompromisse lassen sich leichter finden.

Eignet sich für:

- Die Methode kann sowohl von Klein- als auch Großgruppen angewendet werden.
- Sie ist besonders hilfreich, wenn es darum geht, Ideen und Visionen zu konkretisieren und praxistauglich zu gestalten.

Fishbowl-Diskussionen

Prägnantes Merkmal:

- Teil einer größeren Gruppe diskutiert Fragestellung stellvertretend für Gesamtgruppe, andere Teilnehmer können Diskussion kommentieren.

Ablauf:

- Große Gruppe bildet einen Innen– und Außenkreis.
- im Innenkreis wird eine zu diskutierende Fragestellung besprochen.
- Außenkreis beobachtet Diskussion und wird von Zeit zu Zeit eingeladen, die Diskussion im Innenkreis zu kommentieren.
- Variation: ein Stuhl im Innenkreis bleibt leer und kann von Teilnehmern des Außenkreises für kurze Zeit besetzt werden, um der Diskussion weitere Impulse zu geben oder eigene Perspektiven beizutragen.

Wirkung:

- Ermöglicht Meinungsbildungs- und Klärungsprozesse auch in größeren Gruppen.
- Ermöglicht Differenzierung von Sichtweisen und Diskussion unterschiedlicher Standpunkte.

Eignet sich für:

- Situationen, in denen Diskursive Prozesse in größeren Gruppen geführt werden müssen, aber die Gruppe zu groß ist, um alle mit einzubeziehen.
- Settings, in denen Wissen einer Gruppe von Spezialisten dem Plenum zur Verfügung gestellt werden soll
- Bearbeitung von Themen, die emotional stark besetzt sind.

World Café

Prägnantes Merkmal:

- Bearbeitung von Fragestellungen in wechselnden Kleingruppen an Stehtischen;
- Produziert innerhalb kürzester Zeit verwertbare Ergebnisse.

Ablauf:

- Arbeit in wechselnden Kleingruppen;
- Teilnehmer diskutieren 2 Fragestellungen in 3 Diskussionsrunden von jeweils 20-25 Minuten.
- Nach jeder Runde wechseln Teilnehmer die Tische und arbeiten in neuen Konstellationen an neuen Tischen.
- „Gastgeber“ verbleibt am Tisch und führt die neue Gruppe kurz in das Ergebnis der vorherigen Gruppe ein (Ziel: Verknüpfung und Weiterentwicklung der Ergebnisse über alle Kleingruppen hinweg).
- Teilnehmer notieren alle Ergebnisse, Ideen und Erkenntnisse auf „Tischdecken“ (z.B. Flipchart-Papier).
- Sichtung aller Ergebnisse in „Ergebnisgalerie“ und Priorisierung der wichtigsten Aussagen durch die Teilnehmer mit Hilfe von Klebepunkten.

Optional: „Wandelnde Podiumsdiskussion“ zur Würdigung und Weiterbearbeitung der Ergebnisse.

Ergebnis/Wirkungen:

- Sofort verwertbare, hochwertige Arbeitsergebnisse in kürzester Zeit;
- Durch Arbeit in kleinen Gruppen hoher Interaktionsgrad, Einbindung aller Teilnehmer als wertvolle Wissens- und Erfahrungsressourcen.
- Qualität der Ergebnisse hängt von der Qualität der Fragen ab, die vorab präzise formuliert und entwickelt werden sollten.

Eignet sich für:

- Zur Auswertung, Weiterentwicklung, tiefgreifende Bearbeitung von zentralen Fragestellungen in Gruppen ab 12 Personen.

Stationengespräche

Prägnantes Merkmal:

- Kleingruppen diskutieren unterschiedliche Impulsfragen an „Stationen“ im Raum und halten ihre Ergebnisse schriftlich fest.

Ablauf:

- Impulsfragen werden auf Flipchart-Papier an Wänden/Pinnwänden im Rauf aufgehängt.
- Kleingruppen rotieren im Uhrzeigersinn im 5-Minuten Takt an den Wänden vorbei, bearbeiteten die Fragestellungen, notieren ihre Erkenntnisse stichpunktartig auf den Flipcharts.
- Die nächsten Gruppen, die an den Stand kommen, ergänzen die Diskussionsergebnisse der vorigen Gruppen und kommentieren diese mit Symbolen: „!“ für „ausgesprochene Zustimmung“, „?“ für „klärungsbedürftig“, ein „Blitz-Symbol“ für „Widerspruch“.
- Anschließendes „Sharing“ im Plenum.

Wirkung:

- Aktiviert Ressourcen aller Teilnehmer.
- Klärt eine Vielzahl von Fragestellungen in kurzer Zeit.

Eignet sich für:

- Auswertung von Vorträgen;
- Vorbereitung von nächsten „Themenblöcken“;
- als Interaktives Element zwischen zwei größeren Themenblöcken im Rahmen einer Konferenz oder eines längeren Vortages;
- Wenn ein Referent auf den Ergebnissen dieser interaktiven Sequenz inhaltlich aufbauen möchte;
- zur Aktivierung der Teilnehmer im „Mittagstief“.

(Quelle: nach NRW-Ministerium für Schule und Bildung, Methodensammlung, Düsseldorf o.J.)

10 Führungsaufgabe - Beurteilen in Expertenorganisationen

„Der Inhalt unserer Wahrnehmung ist immer interpretierte Wirklichkeit!“

10.1 Einleitende Gedanken

Auch in sozialen Organisationen, in denen die Mitarbeitenden einen breiten Handlungsrahmen haben, sind durch die Führungsperson vorgenommene und zu verantwortende Beurteilungen zum einen zur Feststellung von Leistungen und zum anderen zur Personalentwicklung und -steuerung in regelmäßigen Abständen erforderlich bzw. vom auftraggebenden System (Gesetzgeber, Regionalverwaltung, Träger, usw.) gesetzt. Meist ist der Führungskraft auch die Beratung ihrer Mitarbeitenden übertragen.

Aufgrund des breiten Handlungsrahmens und der großen Entscheidungsspielräume der Mitarbeitenden (Experten), die diese wegen der Heterogenität und Individualität der Zielpersonen benötigen, stellt eine Beurteilung erbrachter Leistungen durch die Führungsperson für diese eine sehr hohe Herausforderung dar: Wie oft und in welcher Qualität wurden die Leistungen erbracht? Die Beratungsaufgabe ist zwar ähnlich, jedoch kann sie freier gestaltet werden.

Meist sieht die Führungsperson die konkrete Arbeits- und Wirkungsweise von Mitarbeitenden im konkreten Arbeitsfeld nur blitzlichtartig oder punktuell, ohne genaue Kenntnisse der situativen Einbettung. Die Führungsperson hat oft gar keinen Überblick über die Leistungen einer zu beurteilenden Fachkraft: Aufgrund der Distanz der Führungsperson zum konkreten Engagement der Fachkraft in ihrem Arbeitsfeld bzw. bei einzelnen ihr anvertrauten Kindern / Jugendlichen z.B. in der Erziehungsarbeit, wird der geleistete Einsatz oft unterschätzt. Auch kommt im vorwiegend pädagogischen Arbeitsfeld hinzu, dass für die jeweilige Zielperson bzw. Zielgruppe

essentielle, qualitativ wichtige Leistungen einer Fachkraft von der Führungsperson oft an den eigenen Vorstellungen gemessen werden: Einige Führungspersonen setzen z.B. einen in ihren Vorstellungen bestehenden Leistungslevel / ein Einsatzniveau voraus, unabhängig von den konkreten Gegebenheiten und Möglichkeiten im jeweiligen Arbeitsfeld des / der Mitarbeitenden.
In einem von der Bezirksregierung Düsseldorf in NRW veröffentlichten Statement ist zu lesen: „Zunächst einmal sind die Beurteiler oft nicht die Profis, die sie sein wollen. Vorgesetzte oder Dezernenten haben ganz schnell Abstand zu der Rolle einer Fachkraft, die sie noch einige Jahre vorher selbst ´gespielt´ haben und verhalten sich als Aufsichtspersonen anders. Während ein Unternehmer bei einem Leistungsbericht daran interessiert ist, dass sich die Leistungen des Arbeitnehmer verbessern, stehen bei Vorgesetzten in pädagogischen Berufsfeldern oft Kontrollen im Vordergrund." (vgl. Bezirksregierung Düsseldorf NRW, o.J.). Hinzu kommt, dass sich der Beurteilungszeitraum über mehrere Jahre (i.d.R. zwischen drei und fünf Jahre) erstreckt.
Einsichtig ist, auch die Mitarbeitenden benötigen und wollen kompetente, qualifizierte sowie transparente Rückmeldungen über die von ihnen erbrachten Leistungen bzw. ihr Engagement, um sich selbst und ihr Wirken zum einen klarer einschätzen zu können, ihre Leistungen gewürdigt zu sehen und zum anderen eigene Entwicklungsperspektiven im Berufsfeld zu erhalten. Grundsätzlich gilt für jede Führungskraft, dass die Mitarbeitenden ein Gefühl der Präsenz erfahren sollten, diese zeigt sich im Alltag u.a. im Interesse an der momentanen Arbeit der Mitarbeitenden: Jeder Mensch will in seinem Engagement gesehen werden.
Eine Beurteilung umfasst das gesamte fachliche und erzieherische Arbeitsgebiet sowie das sonstige Engagement einer Fachkraft in der Einrichtung.

10.2 Beurteilungsfelder - Gewichtungen

Bei öffentlichen Arbeitgebern hat sich die Einteilung in eine Eignungs-, Befähigungs- und Leistungsbeurteilung bewährt bzw. ist im Beamtenbereich gesetzt:

- Unter "Eignung" versteht man die Summe der persönlichen Eigenschaften, die jemand in seinen Beruf mitbringt. Dazu gehören z.B. Humor, Urteilsvermögen, Belastbarkeit, Auffassungsgabe, Kreativität, Führungsqualitäten, Verantwortungsgefühl, Einfühlungsvermögen u. a.
- Unter "Befähigung" versteht man die Fähigkeiten, Fertigkeiten und Kenntnisse, die jemand in seinem Beruf als Fachkraft auszeichnen. Das sind z.B. Fachkenntnisse, Hobbys, Vorerfahrungen, Konfliktfähigkeit, Organisationsvermögen, Konzeptentwicklung, Teamfähigkeit u. a.
- Unter "Leistung" versteht man die Qualität der Arbeitsergebnisse, die jemand als Fachkraft erzielt. Dazu gehören z.B. Initiative, Arbeitstempo, Sorgfalt, Fleiß, Leistungsbereitschaft, Pflichtbewusstsein, Zuverlässigkeit, Selbstständigkeit, Engagement u. a.

Auch Führungskräfte bei freien Trägern könnten sich an diesen Kriterien als Grobraster für Beurteilungen orientieren.

Zunächst gilt es zu überlegen, welche Gewichtung die einzelnen Kriterien haben sollen. Hierbei muss einbezogen werden, ob es sich bei der zu beurteilenden Person um eine Fachkraft oder eine solche mit Führungsaufgaben handelt. Es ergeben sich zum Beispiel zwei mögliche Gewichtungen:

1. Fachkraft

50%	50%
Lernen ermöglichen: Lernen für heterogene Lerngruppen gestalten und Lernprozesse nachhaltig anlegen;	Leistungen messen und Beurteilen: Leisten herausfordern und beurteilen
Erziehen: Den Erziehungsauftrag im Arbeitsfeld konsequent wahrnehmen; Vielfalt als Herausforderung annehmen und Chancen nutzen;	Beraten: Kinder / Jugendliche und Erziehungsberechtigte beraten;
Fördern, Diagnostizieren: Lernen und Leisten herausfordern, dokumentieren (Stärken / Schwächen) und rückmelden; Entwicklungspläne erarbeiten, kommunizieren und durchführen; usw.	Innovieren und Evaluieren: In der Einrichtung mit allen Beteiligten entwicklungsorientiert (u.a. passend, erprobungsfreudig) zusammenarbeiten; Ergebnisse reflektieren und konsequent weiterentwickeln - einzuleitende sowie getroffene Entscheidungen bzw. Maßnahmen klar kommunizieren.

2. Fachkraft mit Führungsaufgaben (z.B. Stellvertretung; Abteilungsleitung)

20%	40%	40%
Lernen ermöglichen	Beraten: Erziehungsberechtigte, Mitarbeitende, usw.	Organisieren und Verwalten: Gestalten von Arbeitsabläufen; Ressourcenplanung -beschaffung und -verwaltung; usw.
Erziehen	Innovieren und Evaluieren: Maßnahmen in der Einrichtung; Qualitätsentwicklung; usw.	Kooperieren: Mitarbeitende; Partner außerhalb der eigenen Einrichtung; usw.
Fördern, Diagnostizieren	Leistungen messen und Beurteilen: Mitarbeitende der Einrichtung z.B. in der Abteilung / Arbeitsgruppe usw.	Personalentwicklung: Fortbildungsplanung; Aufgaben- und Einsatzfelder der Mitarbeitenden; usw.

Im Folgenden soll vor allem auf das Beurteilen von Mitarbeitenden eingegangen werden. Aspekte daraus können in Abwandlung auch auf das Beraten übertragen werden. Wichtig für die Führungskraft ist das Wissen, dass auch bei einer Beratung im ´Kopffilm´ der/des zu Beratenden selbst bei klar angesagter Rollentrennung durch die Führungskraft Elemente des ´Beurteilens´ mehr oder weniger stark mitschwingen und ggf. das Verhalten der/des Mitarbeitenden bewußt oder unbewußt beeinflussen.

10.3 Allgemeine Kriterien für Beurteilungen

„Von Beurteilen spricht man dann, wenn erfahrene Menschen unter der Bedingung, dass sie sich an vereinbarte Regeln halten, zu annähernd demselben Ergebnis gelangen." (Nowak, C)

In besonderem Maße ist es geboten, dass die Mitarbeiterbeurteilung wie die -beratung geprägt ist von gegenseitiger Achtung, Wertschätzung und gegenseitigem Vertrauen. Ebenso zeichnet sie sich durch Offenheit, Ehrlichkeit und Fairness aus.

Damit rücken zwei Fragen in den Blick:

- Wie läßt unter den oben genannten Gesichtspunkten und Gegebenheiten die Beurteilung erbrachten Leistungen in umfassender, fairer und möglichst objektiver Weise durchführen, ohne dass Wesentliches ungenannt bleibt?

- Wie können Beurteilungsverfahren bei einer größeren Mitarbeitendenzahl in zeitlich realistischer und angemessener Weise umgesetzt werden?

Zur ersten Frage: Entscheidend für die Aussagekraft und Akzeptanz einer Beurteilung ist die Transparenz und Stimmigkeit ihres Zustandekommens. Dabei bedeutet Transparenz, dass die zu beurteilende Person zum einen genau informiert ist über den Ablauf des Verfahrens und zum anderen die der Beurteilung zugrundeliegenden Kriterien kennt. Die Stimmigkeit des Zustandekommens einer Beurteilung umfaßt darüber hinaus alle in die Beurteilung einfließenden auf Tatsachen / Fakten beruhenden Informationen.

Das Schaffen von Transparenz liegt im Aufgabenfeld der jeweiligen Führungsperson: Sie sollte dies in grundsätzlicher Weise für die Organisation, in der sie die Leitung hat, regeln, d.h. offen legen sowie verlässlich und vertrauensvoll in der Umsetzung verfahren. Ebenso sollte sie frühzeitig vor einer Beurteilung die geltenden Regelungen nochmals der zu beurteilenden Person möglichst schriftlich (Papier- oder Digitalform) mitteilen: So könnten z.B. zu Beginn eines Arbeitsjahres die zu beurteilenden Personen diese Informationen erhalten.

Um die Stimmigkeit des Zustandekommens einer Beurteilung sollten beide Seiten, Führungsperson wie zu beurteilende Person besorgt sein: Die Führungsperson sollte sich regelmäßig Notizen zu beurteilungsrelevanten Kriterien über alle an ihrer Organsiation Tätigen machen; darüber müssen die Beschäftigten informiert sein! Die Beschäftigten ihrerseits dokumentieren durch Führen einer Art persönlichen Portfolios ihre Aktivitäten (Einsätze, Fortbildungen, usw.) im Beurteilungszeitraum. Beides wird dann im Vorbereitungsgespräch für die zeitnah durchzuführende Beurteilung durch die Führungsperson abgeglichen und ggf. nach Klärungen bzw. Rückfragen zusammengeführt.

Grundsätzlich hat es sich bewährt, besonders auf die Stärken von Mitarbeitenden zu achten, diese zu würdigen und insbesondere auf die Entwicklung und Ausprägung dieser Stärken im Beurteilungszeitraum zu blicken. Auch sollte die Entwicklung und die Arbeit der/ des Mitarbeitenden an z.B. fachlichen oder didaktisch-methodischen Schwächen festgehalten werden. Besonders sensibel, weil meist auf hochgradig subjektiven, wenig bis nicht verifizierbaren Wahrnehmungen bzw. Eindrücken des/der Beurteilenden beruhend, sind alle Bereiche, die mit der Person des/der zu Beurteilenden zusammenhängen. Hier fehlt einer Führungskraft im Allgemeinen schlichtweg die fundierte fachliche Ausbildung und damit die Kompetenz. Der/die Beurteilende sollte den psychologisch gut begründeten Spruch vor Augen haben: Eine Aussage über eine andere Person (als Mensch) sagt mehr über den Aussagenden selbst aus als über die andere (zu beurteilende bzw. beurteilte) Person!

Bei aller gebotenen Fehlertoleranz einer Führungsperson gerade in pädagogischen Arbeitsfeldern gilt es, grobe Fehlleistungen bzw. Fehlverhalten von Mitarbeitenden, die gesetzten Regeln (z.B. Vorschriften, Gesetzen) zuwiderlaufen, zeitnah zu klären und nach einem Kritikgespräch in die Notizen aufzunehmen sowie immer wieder genauer auf die Art und Weise sowie Konsequenz ihrer Einhaltung zu achten (Notizen der Entwicklung).

Im Kontext von Beurteilung ist es für eine Führungskraft wichtig und unabdingbar, sich über ihre jeweilige Gefühlslage hinsichtlich von Mitarbeitenden klar zu sein: Menschen sind verschieden und mit der/dem einen oder anderen besteht eine mehr oder weniger große gefühlte oder tatsächliche Übereinstimmung. Es gilt ein für beide Seiten professionell stimmiges Verhältnis von vertrauens- und respektvoller Distanz und Nähe zu finden und sich dessen auch bewußt zu sein.

Exkurs: *Beobachtungsfehler im Kontext von Beurteilungen*
Auf einige psychologische Beobachtungsfehler sei aufmerksam gemacht:

1. *Erst-Eindruck: Der erste Eindruck führt zu einem spontanen Urteil, das dann die folgenden Beobachtungen und deren Bewertung beeinflusst (Primacy-Effekt);*
2. *Voreinstellungen-Vorurteile: Spontane Zuneigung oder Ablehnung, Vorinformationen über Personen und Sachverhalte beeinflussen die Beobachtung, hin bis zum Erwarten ganz bestimmten Verhaltens (Rosenthal-Effekt);*
3. *Global-Eindruck: Eine Eigenschaft, ein Merkmal wird als so markant wahrgenommen, dass es die anderen Beobachtungen beeinflusst (Halo-Effekt);*
4. *Fehlattributionen: Beobachter neigen dazu, eigene Persönlichkeitsmerkmale bzw. deren Gegenteil den beobachteten Personen zuzuschreiben (Ähnlichkeits-Effekt, KontrastEffekt). Oft wird auch aus in der Situation beobachteten Verhaltensweisen auf Charaktereigenschaften geschlossen (Inferenz-Effekt);*
5. *Logischer Fehler: Ein beobachtetes Merkmal wird aufgrund von Alltagstheorien mit weiteren Eigenschaften verknüpft (Logical-Error-Effekt) (siehe http://www.psychologie-ausbildung.com/beurteilungsfehler..*

Ein Glücksfall ist, im Kollegium einen „kritischen Freund" zu haben, der im Vieraugengespräch klar und achtsam aus der Position des Erwachsenen-Ich (siehe Transaktionsanalyse) Rückmeldungen gibt und geben kann. Dies anzuhören, sich damit auseinanderzusetzen und ins eigene Denken einzubeziehen stellt zwar eine beachtliche Herausforderung für jede Führungskraft dar, verhilft jedoch enorm im Wachsen der je eigenen Führungskompetenzen.

Zur zweiten Frage: Eingedenk der zahlreichen und häufig unmittelbar zu bearbeitenden Handlungsfelder einer Führungskraft sollte für das Gewinnen beurteilungsrelevanter Fakten eine passende Handlungsstruktur umgesetzt werden, zu der sich die Führungskraft konsequent selbst verpflichtet: Beispielhaft könnte eine Führungskraft ihre Notizen je Mitarbeitenden fortlaufend entweder in digitaler (auf Verschlüsselung achten!) oder papierner Form in einer Datei oder auf einem Blatt zeitnah festhalten. Beides sollte für Dritte unzugänglich bzw. gut gesichert sein.

Auch die Qualität des Auftretens und Handelns in Teamsitzungen, Besprechungen oder Konferenzen sollte in die Notizen einbezogen werden. Wichtig ist, dass bei allen Notizen das jeweilige Datum vermerkt wird.

Zum Gewinnen begründeter und belastbarer Aussagen hat es sich bewährt z.B. über die Arbeitwochen verteilt, jede Woche zwei Mitarbeitende näher in ihrem (all-)täglichen Handeln zu beobachten und mit ihnen über ihre aktuellen, angedachten oder anstehenden Aktivitäten im Berufsfeld mehr oder weniger tief ins Gespräch zu kommen. Beides fließt auch in die Notizen ein.

Das zeitnahe Verschriftlichen von bewertungsfreien Beobachtungen ist deshalb so wichtig, weil die Notizen auf konkreten Fakten, reinen Beschreibungen, beruhen. Bei der alltäglichen Vielfalt an Eindrücken besteht sonst die Gefahr des vereinfachenden Beurteilens, eines Übersehens und Vergessens von positiven oder wichtigen Details usw.: Als Folge ist im Gedächtnis eher nur inselhaft Kritisches sowie ein diffuser, gefühlsgeprägter Gesamteindruck vorhanden.

Für den festgelegten Besuchszeitraum sollte der/die Mitarbeitende der Führungskraft kurze Informationen in schriftlicher Form über die geplanten Arbeitsthemen geben. Dies dient auch der Führungskraft zur gezielten Vorbereitung des Besuchs. Hilfreich ist, wenn sowohl die Führungskraft als auch die zu beurteilende Person vor dem Besuch Punkte vereinbaren, über die nach dem Besuch u.a. gesprochen werden soll.
Über den konkreten Besuch im Arbeitsfeld fertigt die Führungskraft eine protokollartige, strukturierte Mitschrift an, die Grundlage für die nachfolgende Besprechung ist. Die Besprechung sollte an einem der Folgetrage vereinbart werden, sodass beide Beteiligte ausreichend Reflexions- und Vorbereitungszeit haben.

Dieses Beobachten zum Gewinnen von verläßlichen Fakten bzw. Informationen muss von der Führungskraft z.B. in der Auswahl der Beobachtungskategorien bzw. -kriterien gut vorbereitet werden: So sind z.B. maximal drei Kriterien sinnvoll, wobei eines davon die Leitfunktion haben kann. Zum Gewinnen einer möglichst breiten Informationsbasis für eine begründete und aussagekräftige Beurteilung durch die Langzeitbeobachtung wechseln die von der Führungskraft vorgesehenen Beobachtungskriterien.

10.4 Erstellen und Verschriftlichen einer Beurteilung

Zur Erstellung einer konkreten Beurteilung einer Fachkraft sichtet die Führungsperson zunächst alle vorliegenden Informationen bzw. Sachaussagen aus den Notizen der Langzeitbeobachtung, den Mitschriften der Besuche im Arbeitsfeld sowie den nachfolgenden Reflexionsgesprächen. Sie ordnet diese sodann den Rubriken in den Gewichtungen zu und wertet die Informationen in jeder Rubrik nach Quantität und Qualität z.B. komprimiert in einer Ratingskala aus. Die Ratingskale sollte differenzierte Aussagen zu Teilbereichen haben. Manche Träger geben detailierte Regelungen, z.B. in Form von

Bewertungsdefinitionen und zugeordneten Ratingskalen vor bzw. empfehlen solche.
Beispiel des Teils einer Ratingskala zur Unterrichtsbewertung nach Loritz, M. D. 2011:

Teil Schülerorientierung

Beobachtungsfelder / Bewertung	1	2	3	4	5
Geht der Unterricht von den Interessen, Kompetenzen und Fragen der Schüler aus?					
Achtet der Lehrer auf Wünsche und Bedürfnisse der Schüler?					
Achtet der Lehrer auf die Befindlichkeit der Schüler?					
...					
Werden auf die Schüler abgestimmte methodische Entscheidungen getroffen?					

In dieser Ratingsskala wären auch Halbschritte möglich, indem auf der jeweiligen Linie markiert wird.
Nach der Einordnung bildet der/die Beurteilende für jede Rubrik eine Gesamtbewertung und drückt diese in einer Note gemäß den für die jeweilige Einrichtung geltenden Beurteilungsrichtlinien aus. Im Internet finden sich von Landesinstituten, Hochschulen und Staatlichen Seminaren erstellte unterschiedliche Ratingskalen.
Aus den Teilbereichen einer Ratingskale lassen sich dann durch Einfügen von passenden Adjektiven jeweils die eine Beurteilung ausmachenden Sätze generieren. Beispielhaft seien hier die Anregungen der Bezirksregierung Düsseldorf (NRW) genannt, die sich auch im Internet unter: http://www.tresselt.de/schluessel.htm finden:

In nachfolgenden Tabellen, u.a. in den Anlagen sind Bedeutungen für abschließende Formulierungen in einem Beurteilungsdokument benannt, die Anhaltspunkte für eigene Formulierungen sein können. In jedem Fall muss eine Führungskraft ihre bewertenden Formulierungen belegen und begründen können. Auch muss sie davon ausgehen, dass sich Mitarbeitende mit jeweiligen Formulierungen und deren bewertenden Abstufungen bzw. Aussagen befasst haben. Gerade in sozialen, mit Bildungs- und Erziehungsaufgaben betrauten Organisationen fußt die Autorität einer Führungskraft auf gegenseitigem Respekt und Vertrauen: Besonders kritische Aussagen bzw. Bewertungen müssen daher unbedingt sowohl qualitativ wie quantitativ genau belegbar sein und dies trotz bzw. gerade wegen eines breiten Ermessens- bzw. Beurteilungsspielraums.

Beurteilung

Formulierung	Schulnote
Stets / jederzeit / immer zur vollsten Zufriedenheit	sehr gut
Stets zur vollen Zufriedenheit	gut
Zur vollen Zufriedenheit	befriedigend
Zur Zufriedenheit	ausreichend
im Großen und Ganzen zur Zufriedenheit	mangelhaft
Stets bemüht	ungenügend

Beispiele für einzufügende Adjektive zum Ausdrücken einer Leistung finden sich bei Tresselt, o.J. (siehe Anhang): Wichtig zu wissen ist, dass eine exakte Trennschärfe bei dem einen oder anderen Adjektiv eher fehlt und z.B. zur Klarheit bei seiner Verwendung eines ergänzenden Adjektivs aus der höheren oder niedereren Einschätzungsstufe bedürfte. Auch will die Liste keine Vollständigkeit suggerieren, sondern erfordert ggf. Ergänzungen oder Präzisierungen. Sie kann

eine Anregung sein und sollte kritisch und genau reflektiert verwendet werden. Der Sprachstil muss eh demjenigen des / der Beurteilenden entsprechen.
Zur Unterstützung im Erstellen einer Beurteilung gibt es auch von Verlagen herausgegebene Programme, z.B. beim Forum-Verlag, die jeweils auch rechtlich relevante Hinweise enthalten.

Ist die Rohform der Beurteilung erstellt, so kann diese in das jeweilig vom Träger Ihrer Einrichtung vorgeschriebene Beurteilungsformular übertragen werden. - Grundsätzlich gilt, dass eine Beurteilung wie auch immer in digitaler Form erstellt (eingescanntes, amtliches Formular, editierbares PDF-Formular, Textprogramm, Ratingskala im Tabellenprogramm, usw.) wesentlich zeitökonomischer zu handhaben ist.
Der aktuelle Beurteilungsprozess schließt mit der Besprechung mit dem/der zur Beurteilenden, der beiderseitigen Unterschrift auf dem Formular (Beurteilte(r) bekundet damit den Erhalt der Beurteilung), ggf. einer schriftlichen Stellungnahme, die zum Formular hinzugefügt wird und dem Übermitteln des Formsatzes an die vorgesetzte, personalverwaltende Stelle bzw. Behörde.

Literatur

Dubs, R.: Qualitätsmanagement für Schulen. Schweizerische Zeitschrift für kaufmännisches Bildungswesen, 92, 1998, S. 98-191 und Dubs, R.: Personalmanagement für Schulen, Studienbrief für die Universität Kaiserslautern. Kaiserslautern 2001.

Astleitner, H.: Prinzipien guten Unterrichts. Forschungsergebnisse für eine kognitiv, motivational und emotional wirksame Unterrichtspraxis. Wien 2002.

Ditton, H.: Qualitätskontrolle und Qualitätssicherung in Schule und Unterricht. Zeitschrift für Pädagogik, 41, 2000, Beiheft, S. 73-92.

Dubs R.: Die Suche nach einer neuen Lehr-Lern-Kultur. Ein weiteres Schlagwort oder ein sinnvolles Bemühen? Schweizerische Zeitschrift für kaufmännisches Bildungswesen, 97, 1995 a, S. 174-180.

Dubs R.: Lehrerverhalten. Ein Beitrag zur Interaktion von Lehrenden und Lernenden im Unterricht. Zürich 1995 b.

Haenisch H.: Merkmale erfolgreichen Unterrichts. Forschungsbefunde als Grundlage für die Weiterentwicklung von Unterrichtsqualität. Soest 1999.

Haider, G.: Die 5 Qualitätsbereiche. Wien 1999.

Helmke, A./Weinert, F.E.: Bedingungsfaktoren schulischer Leistungen. In: Weinert, F.E. (Hrsg.): Enzyklopädie der Psychologie. Serie Pädagogische Psychologie, Band 3: Psychologie des Unterrichts und der Schule, S. 71-176, Göttingen 1997.

Helmke, A.; Unterrichtsqualität und Lehrerprofessionalität. Diagnose, Evaluation und Verbesserung des Unterrichts, Seelze 2009.

Horster, L.; Unterricht analysieren, beurteilen, planen, in: H. Buchen, G.H. Rolff (Hrsg), Professionswissen Schulleitung, Weinheim 2006, S. 810 ff.

Kreiselmeyer, H.; Die Dienstliche Beurteilung und ihre Wirksamkeit, in: magazin-auswege.de – 12.1.2014.

Kretschmer, H. und Stary, J.; Schulpraktikum. Eine Orientierungshilfe zum Lernen und Lehren. Berlin: Cornelsen Scriptor 1998 (2).

Mayer, D.P./Mullens, J.E./Moore, M.T./Ralph, J.: Monitoring School Quality: An Indicators Report. Washington, D.C. 2000.

Schlömerkemper, J.; Beraten - Beurteilen - Prüfen in neuen Horizonten, Seminar 3/2009.

Slavin, R.E.: Education for all. Lisse 1996.

Spänle, L., Eisenreich, G.; Kompetenzorientierung in der Lehrerbildung, Mpnchen 2016.

Steffens, U./Bargel, T.: Erkundungen zur Qualität von Schulen. Neuwied 1993.

Strietholt, R., Terhart, E.; Referendare beurteilen. Eine explorative Analyse von Beurteilungsinstrumenten in der Zweiten Phase der Lehrerbildung. Zeitschrift für Pädagogik 55 (2009) 4, S. 622-645.

Treselt, Dienstliche Beurteilungen und Leistungsberichte, http://www.tresselt.de/dienstliche_beurteilung.htm.

Wang, M.C./Haertel, G.D./Walberg, H.J.: Toward a Knowledge Base for School Learning. Review of Educational Research, 63, 1993, S. 249-294.

Anlagen

Beispielhafte Adjektive zur Präzisierung und Abstufung von Bewertungen

		Einschätzung	
Verstärkungen	**sehr positiv (1)**	**positiv (2)**	**neutral (3 - 3,5)**
(Höchststufe)	(Beststufe)	(bessere Stufe)	(Grundstufe)
absolut	ausgezeichnet	aktiv	adäquat
auffallend	beeindruckend	anerkannt	akzeptabel
aufs Höchste	beispielhaft	anerkennenswert	akzeptiert
äußerst	bemerkenswert	ansprechend	angemessen
ausgesprochen	enorm	aufwändig	angenehm
außergewöhnlich	exzellent	ausdauernd	aufgabengerecht
außerordentlich	faszinierend	beachtlich	beständig
beispielhaft	genial	beliebt	distanziert
besonders	großartig	belastbar	durchschnittlich
durch und durch	herausragend	beweglich	erforderlich
einfach	hervorragend	detailliert	fachgerecht
erstaunlich	hervorstechend	effektiv	gedeihlich
extrem	ideal	effizient	gelassen
höchst	maßgeblich	einfallsreich	grundlegend
in höchstem Maße	optimal	einwandfrei	in erforderlichem Maße
in jeder Beziehung	perfekt	engagiert	klar
in jeder Hinsicht	professionell	erfolgreich	knapp
in jeder Richtung	richtungweisend	fehlerfrei	kollegial
mehr als	sehr gut	fehlerlos	konzeptionell
rundum	souverän	flexibel	kriteriengestützt
rundweg	tadellos	freundlich	kurz
sehr	toll	fruchtbar	maßvoll
total	überlegen	fundiert	neutral
überaus	überragend	genau	normal
unbedingt	überzeugend	geschätzt	notwendig
unbeschreiblich	unübertroffen	geschickt	ökonomisch
uneingeschränkt	vollkommen	gewissenhaft	ordnungsgemäß

ungemein	vortrefflich	gut	passend
ungewöhnlich	vorzüglich	ideenreich	pragmatisch
unwahrscheinlich	zukunftsweisend	impulsgebend	praktikabel
voll		impulssetzend	praktisch
völlig		innovativ	praxisorientiert
wirklich		intensiv	rational
		kollegial	rationell
		konsequent	realistisch
		konstruktiv	sachgerecht
		konzentriert	sachlich
Einschränkungen (= 4 < ...)	**Zeitangaben**	kreativ	sachorientiert
allenfalls	ab und zu	methodisch	sparsam
durchweg	allzeit	motivierend	unauffällig
entsprechend	gelegentlich	motiviert	vertretbar
deutlich weniger	häufig	planvoll	vorgabengemäß
durchaus	häufiger	positiv	vorsichtig
eher	immer	routiniert	zurückhaltend
einigermaßen	jederzeit	selbstständig	zweckentsprechend
etwas	manchmal	sicher	zweckdienlich
fast	meist	sinnvoll	zweckmäßig
gerade noch	mitunter	solide	
im Allgemeinen	nicht immer	sorgfältig	
im Großen und Ganzen	oft	sozial	
im Normalfall	öfter	systematisch	
im Wesentlichen	sehr oft	teamfähig	
mehr	selten	teamorientiert	
mehr oder weniger	sofort	treffend	
nicht übermäßig	stets	treffsicher	
noch	von Zeit zu Zeit	überdurchschnittlich	
normalerweise	zeitweise	umfassend	
relativ	zeitweilig	umsichtig	
schwach	zu jeder Zeit	variabel	
teilweise		variantenreich	

vielfach		versiert	
vorzugsweise		vielfältig	
wenig		wesentlich	
weniger		wirksam	
zum Teil		wirkungsvoll	
		zielstrebig	
		zuverlässig	

(http://www.tresselt.de/schluessel.htm)

vgl. Beurteilungsdimensionen (siehe Riedl, A.: Didaktik der beruflichen Bildung, 2004, S.26)

Beurteilungsdimensionen 1

Verhalten im Arbeitsfeld

- Arbeits- und Maßnahmengestaltung im konkreten Arbeitsfeld (Zielstrebigkeit, Klarheit/Verbindlichkeit, Verständlichkeit, Moderation, Zeitmanagement)
- Persönliche Haltung (Auftreten/Selbstbewusstsein, Wertschätzung: Augenkontakt, Zuwendung, Energie/Engagement, Konsequenz)
- Erzieherisches Bemühen (Umgang mit Störungen, Verstärkungsverhalten, erziehliches Wirken)
- Sprechverhalten (Verbales Verhalten, vokales Verhalten)
- Denkförderndes Verhalten
- Betreuung der Zielpersonen

Gesprächsführung

- Impuls- und Fragetechnik
- Nonverbale Kommunikation (Mimik, Gestik)
- Lehrgespräch
- Vortrags- und Erzählweise
- Kommunikationsverhalten (Breite, Individualität, Effizienz, Flexibilität, Situationsgespür, Einbringen von Persönlichem, Spontaneität, Offenheit)

Aktivierung der Lernenden bzw. betreuten Personen

- Umfang an Selbsttätigkeit
- Anspruchsniveau
- Methodische Einzelmaßnahmen
- Selbstständigkeit des Lernens

Motivierung

- Beginn einer Lehr- bzw. Betreuungseinheit, Eröffnung des Themas

- Aufrechterhaltung der Motivation (Steuerung der Aufmerksamkeit, Arbeits- und Lernatmosphäre)

Didaktische Strukturierung
- Logik der Lernschritte und ihre Abfolge
- Situationsgerechter Einsatz von Lernmethoden
- Leistungsdifferenzierung

Lerndokumentation
- Qualität der Veranschaulichung
- Einsatz weiterer Dokumentationsmedien

Medieneinsatz und -handhabung
- Auswahl
- Situationsgerechte Verwendung
- Professioneller Umgang
- Qualität der Medien

Ergebnissicherung, -kontrolle, -bestätigung
- Vorgehen (Ergebnissicherung, -kontrolle, -bestätigung; Präsentation, Selbstreflexion (Zielperson(en), Zusammenführung)
- Erfolg (Feedback)

Berufsbezug / klientenspezifischer Kontext
- Inhaltliche Abstimmung
- Didaktisch-methodische Abstimmung (Berufsbezug, Lebenskontext)

Fachliche Kompetenz
- Fachwissen / fachliche Richtigkeit (Umfang, Tiefe, Einbettung in Zusammenhänge)
- Didaktische Reduktion (Exemplarisches Prinzip)

Ggf. Besonderheiten

(nach: Hiener, G. u.a.; ISB, BeurteilungsBausteine, München 2004)

Beurteilungsdimensionen 2

Eine ergänzende Aufstellung umfasst beispielhaft folgende zu beurteilenden Kriterien:

- **Dienstliches Verhalten:** Pünktlichkeit, Zuverlässigkeit, Flexibilität, Übernahme von Vertretungen und Aufsichten; Tagebuchbuchführung, Zensurenlisten, Beobachtungsbögen, Klientenberichte, ...

- **Beteiligung am Einrichtungsleben:** Engagement bei Aktivitäten, Konferenzen, Arbeitsgruppen, Gruppenfahrten, Feste, Sportfeste, Projekt- wochen/ - tage, Ausstellungen, Aufführungen, Konferenzarbeit, Teilnahme an und anderen Veranstaltungen für Erziehungsberechtigte wie Klassenpflegschafts- / Elternabende, Elternsprechtage...

- **Mitwirkung im Rahmen der Eigenverantwortlichkeit der Einrichtung:** Mitarbeit am Programm der Einrichtung, Mitwirkung bei der Qualitätssicherung, Einhaltung rechtlicher Bestimmungen, Übernahme von Aufgaben im Rahmen der Selbstverwaltung der Einrichtung, , ...

- **Zusammenarbeit:** Integration im Kollegium, Akzeptanz, Zusammenarbeit mit Kollegen (Absprache mit Fachlehrkräften und Gruppenleitungen, Weitergabe von Anregungen oder Materialien an die Fachgruppe) und Leitung (rechtzeitige Information über Arbeitsbesuche, Rücksichtnahme auf Organisation),
  - Zusammenarbeit mit Erziehungsberechtigten (Information über Unterrichtsinhalte und geplante vorhaben, Akzeptanz bei Erziehungsberechtigten).

- Zusammenarbeit mit außerschulischen Einrichtungen (Kindergarten / Schule, Jugendamt, Psychologischen Beratungsstellen, Sportvereine, Kirchen, …

- **Personale Kompetenzen:** Selbständigkeit, Eigeninitiative, Kommunikative Kompetenz, Wirkung auf Einzelklienten u. Gruppendynamik, erzieherische Wirkung, Kollegialität, Teamfähigkeit, Kompetenz zur Konfliktbewältigung, respektvoller und wertschätzender Umgang mit allen an der Einrichtung Beteiligten, Übernahme von Verantwortung, Belastbarkeit, ökonomische Arbeitsorganisation, Bereitschaft zur Fortbildung …

- **Arbeit im Aufgabenfeld:** Akzeptanz bei Kindern / Jugendlichen, tägliche Vorbereitung, Langzeitplanung, Kontinuität der Bildungs- und Erziehungsarbeit, Lernstände bzw. Lernzuwachs der anvertrauten Kindern / Jugendlichen, reflektierter Umgang mit Formen der Leistungsfeststellung und –beurteilung, Beratung und Unterstützung der Klienten und Erziehungsberechtigten bei der Lernentwicklung, Teilnahme an Diagnose- und Fördermaßnahmen, Entwicklung von Förderplänen, Teilnahme an präventiven und integrativen Maßnahmen, Gestaltung des Arbeitsklimas, innovative Ansätze, …

- **Sonstiges**

Empfehlungen zur Vorbereitung eines Beurteilungsgesprächs

1. Schaffen Sie für das Gespräch passende Rahmenbedingungen!

2. Planen Sie für das Gespräch genügend Zeit ein!

3. Wählen Sie einige wenige wesentliche Aspekte des Unterrichts aus (max. 3-4), über die Sie sprechen wollen!

4. Stellen Sie konkrete Beziehungen zur gesehenen Aktions- und Interaktionsweise her!

5. Überlegen Sie sich zu den Kritikpunkten Empfehlungen, Ideen oder Alternativen!

6. Überlegen Sie sich den möglichen Verlauf des Gesprächs!

7. Versuchen Sie, sich vorzustellen, wie die Kollegin/ der Kollege auf Ihre Aussagen reagieren wird!

Empfehlungen zur Durchführung eines Beurteilungsgesprächs

1. Schaffen Sie zu Beginn eine positive Atmosphäre!
2. Lassen Sie zunächst die Kollegin / den Kollegen Stellung beziehen bzw. ihre Sicht äußern!
3. Hören Sie gut zu! Stellen Sie nur Verständnisfragen!
4. Zeigen Sie, dass Sie die Absichten Ihres Gesprächspartners verstanden haben! Fragen Sie notfalls nach!
5. Gehen Sie besonders auch auf Positives ein!
6. Bringen Sie notwendige Kritik z.B. in Fragen eingekleidet sachlich und konstruktiv vor!
7. Geben Sie der Kollegin/dem Kollegen die Möglichkeit zur Auseinandersetzung mit Ihren Aussagen!
8. Vermeiden Sie Monologe!
9. Lassen Sie sich nicht provozieren!
10. Lassen Sie den Gesprächspartner aussprechen!
11. Schreiben Sie nicht mit!
12. Arbeiten Sie am Schluss des Gesprächs eine überschaubare Zahl weiterführender Vereinbarungen heraus!
13. Beenden Sie das Gespräch möglichst in gutem Einvernehmen!
14. Senden Sie statt Du Ich-Botschaften!
15. Seien Sie sich bewusst, dass eine Botschaft 4 Seiten hat!

Struktur eines Beurteilungsgesprächs

Dem/Der zu Beratenden Gelegenheit zur Stellungnahme geben	- Wenn Sie möchten, könnten Sie jetzt...
Rekonstruktion des Lehr-Lern-Prozesses	- Als Einstieg wählten Sie ... - Zur Veranschaulichung setzten Sie... - Für mich waren die Arbeitsanweisungen...
Gelungene Aspekte hervorheben	- Ich hatte den Eindruck, dass ...
Bestimmte Ereignisse analysieren	- Sie gestalteten ... - Wie hat .... aus Ihrer Sicht .... auf … gewirkt
Alternativen aufzeigen und diskutieren	- Sehen Sie die Möglichkeit... - Könnten Sie sich vorstellen...
Differenziertes Feedback geben	- Ich fasse zusammen.... - Ich möchte Sie ermutigen... - Sie sollten künftig... - Für die Bereiche … haben wir die Alternativen ... herausgearbeitet.

Was tun, wenn der Gesprächpartner....

• Dampf ablassen will sachbezogen nachfragen	→ abwarten, gewähren lassen,
• Ich wenig verstehe	→ um Konkretisierung bitten
• Mein Gegenüber sprunghaft ist	→ zum Thema zurückführen
• Ich nach Lösungen gefragt werde	→ gemeinsam überlegen, wie eine sinnvolle Lösung aussehen kann
• Mein Gegenüber eine Lösung hat	→ diese aufgreifen, ggf. weiterentwickeln
• Das Gespräch beenden will	→ kurz den Gesprächsverlauf zusammenfassen

Grundsätze für ein persönliches Feedback

(nach Doppler/Lauterburg, Change Management, Campus 1995)

1. Objektive Rückmeldungen gibt es nicht:
   Aussagen von einer Person über das Verhalten einer anderen Person sind keine objektiven Wahrheiten. Sie sind immer persönlich eingefärbt, weil es Aussagen durch eine persönliche „Brille“ sind. Der Beobachter unterliegt dabei dem Phänomen der „blinden Flecken“.
2. Rückmeldungen über das situative Verhalten:
   Feststellungen einer Person über eine andere dürfen nur das situative Verhalten des Beobachteten beschreiben. Sie enthalten keine Aussagen über den „Kern“ oder „Charakter“ einer Person, sondern über deren Erscheinungsbild. Es müssen Aussagen zu einem Verhalten sein, das veränderbar ist.
3. Beschreiben - nicht bewerten:
   Wer Rückmeldungen gibt, beschreibt seine *subjektiven Wahrnehmungen und Beobachtungen* - also das, was ihm am anderen aufgefallen ist. Und er beschreibt, was das in ihm selbst auslöst: seine persönlichen Gefühle, Empfindungen, Fragen, Überlegungen. Er fällt *keine Werturteile,* er macht *keine Vorwürfe,* er *moralisiert nicht,* er *vergleicht nicht.*
4. Immer zuerst positive Rückmeldungen:
   Entweder positive *und* kritische Rückmeldungen oder gar keine - und die positiven immer zuerst!
   Es ist wichtig, dass sowohl der Sender als auch der Empfänger beide Dimensionen beachten. Einseitigkeit führt immer zu Verzerrungen. Außerdem helfen positive Aspekte dem Empfänger, Kritisches zu akzeptieren und zu "verdauen".
5. Möglichst kritisch-konstruktive und konkrete Rückmeldungen geben:

Mit Allgemeinplätzen und abstrakten Betrachtungen kann der Empfänger nichts anfangen. Rückmeldungen sollten konkret und nachvollziehbar sein. Am besten ist es, wenn sie durch praktische Beispiele aus der beobachteten Arbeit untermauert werden können.

6. Keine negativen oder positiven Verallgemeinerungen:
   Jede einzelne Verhaltensvariable gilt für sich. Von einem beobachteten Verhalten auf das Gesamtverhalten zu schließen ist ein Kurz-Schluss. Weder darf ein einzelnes Verhaltensbeispiel zum „Drama“ noch zum „Glücksschlüssel“ hochgespielt werden.
7. Jeder spricht nur für sich selbst:
   Jeder spricht per "ich" und nicht per "man". Der Feedback-Geber spricht den Empfänger direkt und persönlich an. Jeder bezieht sich auf seine eigenen Erfahrungen und Empfindungen.
8. Bei Störungen "Signal" geben:
   Wer sich verletzt oder durch die aktuelle Situation verunsichert fühlt, teilt dies dem anderen sofort mit, so dass darüber gesprochen werden kann.
9. Jeder ist für sich selbst verantwortlich:
   Rückmeldungen sind keine Verdikte und keine Verpflichtungen, sondern Angebote zur Selbstprüfung. Der Empfänger entscheidet selbst, was er aufnehmen, annehmen und gegebenenfalls bei sich verändern will - und was nicht.
10. Strikte Vertraulichkeit und Datenhoheit:
    Alles, was im Rahmen von persönlichem Feedback gesprochen wird, bleibt ausschließlich im Kreis der Anwesenden und wird nicht nach außen weitergetragen.

Exkurs: Deutungsmuster und Modellbildung
- Auswirkungen in Beurteilungs- und Beratungsprozessen -

Jede Beobachtung im Arbeitsfeld (Erziehungs- oder Lern- bzw- Lehreinheit) bietet jedem Beobachter / jeder Beobachterin eine nahezu unbegrenzte Anzahl von Einzelwahrnehmungen, so könnten nie alle Wahrnehmungen notiert werden.
Faktisch selektieren wir daher, wählen also eine überschaubare Teilmenge aus.
Die zentrale Frage ist, nach welchen Gesichtspunkten geschieht diese Auswahl!
Jede(r) von uns folgt dabei einer Anzahl, zumeist unbewusster Kriterien. Wahrnehmung ist faktisch immer an eine implizite Bewertung gekoppelt.
Beim Austausch zweier Beobachter über ihre Wahrnehmungen ergeben sich prinzipiell unterschiedliche Eindrücke. Entscheidend ist, welche Wichtigkeit einzelnen, wahrgenommenen Details zugemessen wird. So wird dann die Urteilsbildung auf der Grundlage der als wichtig erachteten Einzelheiten vollzogen.
Beim Gespräch über Erziehungs- bzw. Lehr- oder Lernprozesse werden Wahrnehmung und Kommunikation wesentlich von den Dimensionen Deutung und Beurteilung beeinflusst.
Beobachten z.B. zwei Personen eine Erziehungs- oder Lehr- bzw. Lerneinheit , ereignet sich Wahrnehmung zwar biologisch-physikalisch, jedoch werden die vollzogenen Beobachtungen vor dem Hintergrund individueller, unterschiedlicher Deutungsmuster selektiert.
Daher müssen bei einer Verständigung sich die beobachtenden Personen, über ihre individuellen Deutungsmuster als Bezugsrahmen austauschen: Nur so lässt sich entscheiden, welche Wahrnehmung belangvoll und welche eher vernachlässigt werden kann.

Der Inhalt unserer Wahrnehmung ist immer interpretierte Wirklichkeit!

Es ist evident, dass mit unseren Deutungen Beurteilungsaspekte auf das Engste verknüpft sind. Bleibt daher beim Sprechen über das Gesehene unaufgeklärt, innerhalb welchen Deutungsmusters ein bestimmter Aspekt der beobachteten Einheit als problematisch einzuschätzen ist – weil nämlich die Ebene unterschiedlicher Deutungsmuster gar nicht zur Sprache kommt und hierüber keine Verständigung stattfindet – gibt es auch keinen Bezugspunkt, von dem hier eine verbindliche Beurteilung möglich wäre. Dann ist eben nahezu alles möglich und man kann die Sache so, aber eben auch anders sehen.

Zentral ist, dass beim Sprechen über eine beobachtete Einheit das Deutungsmuster der Person die Gesprächsgrundlage darstellt, die die Einheit gestaltet bzw. durchgeführt hat.

Merkmale pädagogischer Zusammenhänge und Handlungen ist, dass sie

- *überkomplex* sind, d.h. Es wirken mehr Faktoren zusammen, als wir mit unserer Wahrnehmung aufnehmen können → selektive Wahrnehmung. Zudem ändern sich die Zusammenhänge ständig.
- *interpretationsbedüftige Ziele* aufweisen, d.h. Es lässt sich kaum ein erzieherisches oder sachbezogenes Ziel aus sich heraus definieren. Welche Anstrengungen auf dieses Ziel zu richten sind, wird man unterschiedlich beantworten.
- *uneindeutige Technologie* haben, d.h. Die Methoden sind den situativen Gegebenheiten anzupassen (Methodenfreiheit), was den Kern des professionellen Selbstverständnisses der Fachpersonen ausmacht.

Handeln in pädagogischen Situationen ist immer und im Hinblick auf alle seine Strukturelemente in hohem Maße auf Deutung angewiesen; da zugleich jede Person über berufsspezifisch erworbene und individuell unterschiedliche Deutungsmuster verfügt, gibt es kein gleichsam naturwüchsig richtiges Verständnis einer Situation. Die Deutungsmuster sind in Bezug auf die Person, deren Denken sie bestimmen, einerseits sehr mächtig und andererseits dem denkenden Subjekt in ihrer spezifischen individuellen Ausformung nicht bewusst. Dies macht Verständigungsprozesse über die Grenzen des jeweiligen Deutungsmusters hinaus sehr mühevoll und verlangt große Anstrengung.

Erwachsenenlernen ist immer auch ein Deutungslernen. Der Begriff Deutungsmuster umfasst zehn Elemente (Tietgens 1981):

- *Perspektivität:* Individuen deuten ihre Wirklichkeit aus ihrer spezifischen Sicht mit ihrem erkenntnisleitenden Interesse.
- *Plausibilität:* Deutungen müssen einsichtig sein und routiniertes Handeln ermöglichen.
- *Latenz:* Deutungen sind nicht ständig bewusst, die Muster bilden eine Tiefenstruktur des Bewusstseins.
- *Reduktion von Komplexität:* Um Handlungen im Alltag zu ermöglichen, muss die Unübersichtlichkeit und Kompliziertheit der Wirklichkeit reduziert werden.
- *Kontinuität:* Deutungen sind lebensgeschichtlich entstanden und weisen eine gewisse Stabilität und Beharrungstendenz auf.
- *Persistenz früherer Erfahrungen:* Die in der Kindheit erworbenen normativen Orientierungen haben eine starke Prägewirkung.
- *Konsistenz:* Deutungsmuster stehen in einem inneren Zusammenhang, zumindest sind wir um ein stimmiges Weltbild bemüht.

- *Gesellschaftliche Vermitteltheit:* Deutungsmuster haben eine soziale, kollektive Grundlage, sie sind in ein gesellschaftliches Bewusstsein eingebettet.
- *Relative Flexibilität:* Persistenz und Flexibilität stehen in einem Spannungsverhältnis; flexibel sind Deutungsmuster meist nur innerhalb einer bestimmten „Driftzone".
- *Systematisch-hierarchische Ordnung:* Deutungsmuster lassen sich nach ihrer tiefenpsychologischen Verankerung hierarchisieren. Hans Thomae (1991) spricht von „Grundüberzeugungen", die die Basis z.B. für politische Einstellungen bilden.

Subjektive Anlässe für Deutungslernen sind (Sieber 1996):

- Es besteht der Wunsch, die eignen Deutungen durch mehr Wissen anzureichern oder „abzusichern".
- Man empfindet die eigenen Wirklichkeitsinterpretationen als widersprüchlich, unbefriedigend oder einschränkend.
- Zu einem neuen Thema hat man noch keine begründete Meinung und möchte sich ein Urteil bilden, um handeln zu können.
- Die gewonnenen Deutungsmuster erweisen sich nicht mehr als brauchbar („variabel") oder werden durch Bezugspersonen infrage gestellt, sodass die Bereitschaft für eine „Um-Deutung", ein „Reframing" besteht.
- Man wechselt eine Bezugsgruppe oder das Milieu und will oder muss sich mit neuen Deutungen auseinander setzen.
- Die Reflexion und Rekonstruktion einer Erziehungs- oder Lehr- bzw. Lerneinheit orientiert sich an zwei Leitfragen:

  → *Welches Konzept liegt der gestalteten Einheit zugrunde?*
- Was sind die zentralen didaktischen und/oder methodischen Entscheidungen, die getroffen wurden?

- Welche Funktion hat die Stunde im Lern- und Arbeitszusammenhang der Reihe (Eröffnung, Problemstellung, Planung, Problemlösung, Übung, Übertragung, Abschluss...)?

  → *In welchen erziehungs- oder lernbezogenen Dimensionen hat dieses Konzept seinen Niederschlag gefunden?*
- In welchem Verhältnis stehen die verschiedenen Dimensionen zur zentralen didaktischen und/oder methodischen Entscheidung?
- Ist es eher durch Passung oder Friktion bestimmt?

Daraus ergeben sich weitere Fragen:
- Welche positiven Eindrücke konnten gewonnen werden?
- Welche Schwierigkeiten konnten beobachtet werden? (Bearbeitung des Inhalts, Verhalten der Lernenden, Verhalten der Fachkraft, Interaktionsprozesse)
- Gibt es einen plausiblen Zusammenhang zwischen der zentralen didaktischen und/oder methodischen Entscheidung zu den positiven Eindrücken oder Schwierigkeiten?
- Lassen sich arbeitsfeld- oder inhaltsbezogene Dimensionen identifizieren, die Entscheidungen relativieren?
- Ist der Verlauf plausibel bestätigend zu den getroffenen Entscheidungen?
- Wirken zusätzlich noch andere Faktoren positiv oder negativ auf die Umsetzung ein?

(vgl. Horster, L.; Unterricht analysieren, beurteilen, planen, in: H. Buchen, G.H. Rolff (Hrsg), Professionswissen Schulleitung, Weinheim 2006, S. 810 ff.)

11 Kollegiale Beratungsformen
- Förderung eines lösungsorientierten Handlungsrepertoires -

11.1 Kollegiale Beratung

Von Kollegialer Beratung wird gesprochen, wenn sich eine Gruppe, i.d.R. ohne externe Moderation, zu einem berufsbezogenen, strukturierten Reflexionsgespräch trifft. Die Teilnehmenden verfügen über einen ähnlichen Berufs- oder Erfahrungshintergrund. Kollegial beschreibt das Beziehungsverhältnis zwischen den Gruppenmitgliedern und bedeutet, dass eine qualifizierte gegenseitige Unterstützungsbereitschaft besteht und zwischen ihnen kein hierarchisches Gefälle existiert. Die Beziehungen sind symmetrisch, es geht nicht um eine Expertenberatung.

Kollegiale Beratung ist ein freiwilliger, sozialer Interaktionsprozess zwischen den Beteiligten. Dieser Prozess ist gekennzeichnet durch ein durchdachtes Setting mit problembezogen zielgerichtetem Erfahrungsaustausch mit dem Ziel Ideen für Lösungen zu generieren.

Für eine ratsuchende Person kann sich durch eine Kollegiale Beratung Sicherheit in drei Dimensionen einstellen:

- emotionale Sicherheit,
- Orientierungssicherheit,
- Handlungssicherheit.

Exkurs: *Supervision und Intervision sind ähnliche Formen der Beratung für den beruflichen Bereich, die jedoch meist eine klare Leitungsstruktur aufweisen. Allen Beratungsformen ist gemeinsam: Durch die Reflexion der beruflichen Arbeit können ratsuchende Personen neue Perspektiven gewinnen und die Professionalität ihrer Arbeit erweitern. In der Literatur werden Begriffe, wie Intervision, Kollegialer Austausch oder Qualitätszirkel synonym für diese Beratungsform verwendet, in der alle Teilnehmenden gleichwertig* *sind. Primäres Ziel dabei ist, die eigene Sichtweise durch das Nutzen der in der Gruppe vorhandenen Ressourcen zu erweitern.*

Kollegiale Beratung findet in einem gegenseitig vereinbarten geschützten Raum statt. Informationen nach außen erfolgen nur mit Einverständnis der Beteiligten. Kollegiale Beratung ist gekennzeichnet durch:
– Kommunikation auf gleicher Augenhöhe,
– gegenseitiges Vertrauen,
– gemeinsam vereinbarte Regeln,
– selbst gesteckte Ziele,
– Problemlösung im Dialog,
– Rückmeldung statt Wertungen.

In Ihrer Organisation tragen Sie die alleinige Führungsverantwortung. Diese wird oft auch als „Gesamtverantwortung" bezeichnet. Sie kennen in Ihrer Organisation genau die anstehenden Herausforderungen, die örtlichen Gegebenheiten und Bedingungen unter denen Sie und Ihre Mitarbeitenden ihre Arbeit verrichten und die anstehenden Aufgaben erledigen. Möglicherweise haben Sie in Ihrer Organisation eine zweite „Leitungsebene" oder eine „Steuergruppe" bzw. ein „Leitungsteam", an die Sie etliche innerorganisatorische Arbeitsbereiche delegiert haben. Sie sind auch in regelmäßigem Kontakt und regem Informationsaustausch mit Ihren dort arbeitenden Kolleginnen / Kollegen. Alleine, viele für Ihre Organisation konkrete, wesentliche Arbeitsbereiche oder Aufgabenfelder müssen Sie selbst zum Teil innerhalb eines vorgegebenen Zeitrahmens bearbeiten. - An manchen kritischen, arbeitsreichen Tagen in meinen frühen Dienstjahren als Leiter einer großen Grund- und Werkrealschule wünschte ich mir oft, jetzt einen fachkundigen Ansprechpartner mit langjähriger Erfahrung in den jeweiligen Arbeitsfeldern zu haben, mit dem ich ein anstehendes Problem erörtern könnte. Vorgesetzte Stellen wollte ich aus vorstellbarem, gutem Grunde nicht damit befasst haben.

Hier setzt der Gedanke der kollegialen Beratung an: In der Praxis auftretende Fragen und Probleme werden gemeinsam mit Kolleginnen / Kollegen besprochen und reflektiert. Die kollegiale Beratung ist eine strukturierte Form des Gruppengesprächs. Dieses wird durch eine Person moderiert. Die Beteiligten tragen nach einem festen Ablaufritual ihre jeweiligen Informationen und Sichtweisen vor. Auf diese Weise lassen sich die zur vorgetragenen Situation passenden unterschiedlichsten Erfahrungen und Lösungsansätze einbringen, darlegen und austauschen.
Kollegiale Beratung ist eine Form des von einander und miteinander gemeinsamen Lernens. Zugleich erwächst daraus eine grundlegende Wertschätzung untereinander, die für alle Beteiligten stärkend wirkt: Die „Einsamkeit in der Leitungsfunktion“, das Gefühl der Vereinzelung wird dadurch mental durchbrochen und erträglicher. Die eine Frage oder ein Problem einbringende Person erhält während der kollegialen Beratung, in der die Gruppe die Fragestellung zu ihrem Problem macht, durch das mehrperspektivische Beleuchten und Durchdenken einen „Strauß“ von begründeten Ideen, aus dem sie dann die für ihre Situation passende Handlungsweise gewinnen oder ableiten kann. Zugleich profitieren alle anderen Beteiligten ebenfalls von diesem Austausch: Sie gewinnen eine tiefergehende Sichtweise und verbreitern ihr Handlungsrepertoire für ähnlich gelagerte Situationen, werden also sicherer in ihrem Leitungshandeln.

11.2 Kollegiale Beratung - Ablaufstruktur

Für die Moderation ist es hilfreich, die einzelnen Schritte einer Kollegialen Beratung auf nummerierten Karteikarten vorliegen zu haben, zumindest in den ersten Sitzungen.

Nach Spangler kann der Ablauf einer kollegialen Beratung sich z.B. in folgender Weise gestalten:

- Einstieg: Eröffnung durch den Moderator bzw. Bestimmen des Moderators;
- Teilnehmende tragen ihre „Fälle“ kurz vor (je maximal zwei Minuten);
- Benennen je der „Schlüsselfrage“ vom Vortragenden;
- Auswahl des Falles / der Fälle (maximal drei);
- Falldarstellung / Vortrag der Problemsituation (kurzer Vortrag: ca. 3 - 5 Minuten);
- Nachfragerunde (nur Sachfragen / Verständnisfragen) (max. 5 Minuten);
- Sammeln von Assoziationen, Empfindungen, Hypothesen (ähnlich einem Brainstorming; je maximal drei Minuten) (max 10 Minuten);
- Stellungnahme des Ratsuchenden / Fallgebers (max. 5 Minuten);
- Sammeln von Lösungsvorschlägen bzw. Handlungsansätzen, -strategien (je maximal zwei Minuten);
- Rückmeldung des Ratsuchenden zu den Ideen und Ausblick auf die Entscheidung (max. 5 Minuten);
- Austausch / Reflexion über die abgelaufenen Prozesse in der Gruppe (max. 5 Minuten);
- Absprachen für die nächste Sitzung und Abschluss (max. 5 Minuten).

11.3 Vorzüge kollegialer Beratung

Durch die Kollegiale Beratung eröffnet sich den Teilnehmenden (i.d.R. 5 bis 10 Personen) ein Beratungsformat, das es ermöglicht konkrete, aus erfahrener Praxis stammende Fragen und Probleme in der Gruppe zu reflektieren. Jedes Mitglied der Gruppe bringt seine auf individuellen Erfahrungen und Kenntnissen beruhende Sicht zum Problem ein, um daraus konkrete Anregungen, Lösungs- und oder

Handlungsstrategien zu entwickeln. Die an der Kollegialen Beratung Teilnehmenden beraten sich wechselseitig. Schon im Voraus, spätestens zu Beginn ist jedem in der Gruppe die Ablaufstruktur bekannt. Die Gruppe steuert mit der Moderation in einer klaren, verbindlichen Struktur jeweils eigenständig den Prozess. Alle Personen in der Gruppe beteiligen sich aktiv im Prozess der Beratung.

„Kollegiale Beratung entwickelt ihre Qualität zunehmend im Prozess. Vorzüge können sein:

– Nutzen des im Kollegium / in der Gruppe vorhanden Wissens,
– Wissenstransfer,
– Zugang zu implizitem Wissen,
– konkrete, praxisnahe Problemlösungen,
– positive Arbeitsatmosphäre,
– konstruktiver Umgang mit Schwierigkeiten,
– Lernen aus Fehlern,
– Lernen aus der Fremd- und Selbstreflexion,
– vertrauensvolle Beziehungen („Netzwerke“).“

(Quelle: LISA Sachsen-Anhalt, Kollegiale Beratung, Magdeburg 2012)

Eine besondere Form der kollegialen Beratung ist die kollegiale Hospitation. Hier arbeiten zwei Fachkräfte abwechselnd unter einer z.B. selbst gewählten Thematik zusammen. Sie besuchen sich wechselseitig im Arbeitsfeld und besprechen dies miteinander.

Anregung: Im regionalen Bereich sollten Leitungen ähnlicher Organisationen in der Lage sein, eine Art Arbeitskreis zu bilden, in welchem alle tangierende Fragen oder Anliegen angesprochen und beraten werden könnten. Dabei könnte die jeweilige Leitung innerhalb der Beteiligten wechseln. Tagungsräume wären auch leicht gefunden: Das Gebäude der Organisation der die Zusammenkunft leitenden Person. Kernthemen sollten im Voraus vereinbart und spätestens in der vorausgehenden Tagung festgelegt werden. Auch die Vertraulichkeit der Gespräche und Beratungen sollte von allen Beteiligten gewollt und anerkannt sein. Die Zeiträume zwischen den einzelnen Treffen sollten durch die anstehenden Fragen bestimmt werden: Erfahrungsgemäß bieten sich mindestens vierteljährliche Treffen an. Dazwischen sollten telefonische Kontakte untereinander je nach Bedarf möglich und erwünscht sein. Hin und wieder und/oder je nach anstehemden Thema ließe sich sicher auch eine Moderation durch eine externe Beratungsfachkraft, z.B. eine Schulpsychologin, organisieren.

Nicht nur an Organisationen in sozialen Brennpunkten ist es für die Mitarbeitenden sehr hilfreich, wenn die Leitung in Absprache mit ihnen eine Gruppe „Kollegiale Beratung" einrichtet. Die Teilnehmenden hätten so die Möglichkeit, sich zu einer professionellen Lerngemeinschaft weiter zu entwickeln. Die Moderation könnte dort z.B. die an der Organisation befindliche Beratungsfachkraft oder eine Person mit entsprechender Aus- oder Fortbildung übernehmen.

11.4 Kollegiale Hospitation

Die kollegiale Hospitation, soll sie Akzeptanz finden und sinnvoll durchgeführt werden, benötigt mindestens die organisationale Unterstützung, besser die volle Akzeptanz und das „Wollen" der Leitungsebene einer Organisation, also von Ihnen. Zum einen sollten Sie in einer Gesamtkonferenz mögliche / gewünschte Themen, z.B. einen Themenspeicher beraten, zum anderen wird je nach Zahl der gegenseitigen Besuche im Arbeitsfeld auch ein passendes Bereitstellen von zeitlichen Resourcen erforderlich sein: Auch deshalb müssen die Beteiligten zumindest das jeweilige Thema, den Beobachtungsschwerpunkt und stichwortartig Ergebnisse / Angesprochenes dokumentieren.
Intentionen einer kollegialen Hospitation sind zum einen der

Erfahrungs- und Informationsaustausch, zum anderen die themenbezogene Kommunikation und Reflexion, was die Kompetenzen im Arbeitsfeld i.d.R. verbreitert bzw. ausbaut sowie allgemein die qualitative Weiterentwicklung des je persönlichen Denk- und Handlungsrepertoires im Arbeitsfeld fördert.
Unterstützend, weil dort bereits implementiert, ist es, wenn Ihre Organisation im berufsspezifischen Ausbildungssektor tätig ist. Sprich Ihre Organisation nimmt Funktionen in der Ausbildung von Nachwuchskräften wahr, z.B. als Ausbildungsschule für Studierende (Praktikum) oder Anwärter bzw. Referendare. Gewinnen Sie mehrere Ihrer Fachkräfte, dass diese regelmäßig z.B. im auch fachbezogenen Wechsel diese Funktion wahrnehmen. Jede Organisation, die dadurch auch einen Außenblick durch weitere die auszubildende Person besuchende Ausbilder erhält, gewinnt in hohem Maße weitere fachliche Expertise.

Grundelemente einer Kollegialen Hospitation (z.B. Schule, Unterricht) sind:

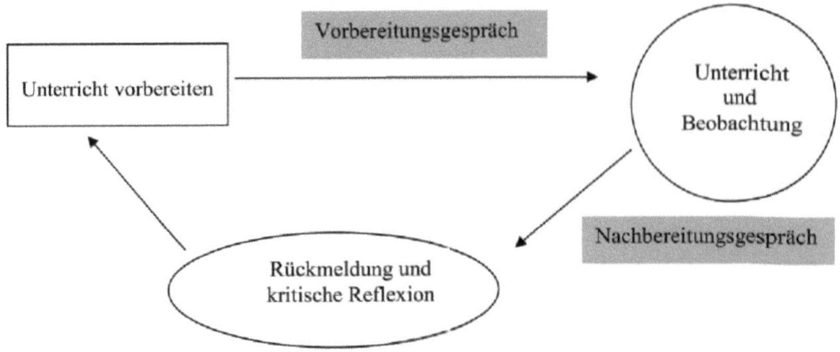

(Quelle: http://www.afh.uzh.ch/index/DU_Koll_Hosp_27.11.pdf)

Nach Inhelder weist die Kollegiale Hospitation vier Aspekte auf:
- „Berufliche Weiterbildung;
- Das Peer-Tandem nach dem Prinzip der Gegenseitigkeit;

- Die vereinbarte Beobachtung im Arbeitsfeld steht im Dienst jedes Tandempartners;
- Selbst- und Fremdwahrnehmung regen zu Perspektivwechsel und Selbstreflexion an;
- Der Besuch im Arbeitsfeld ist klar strukturiert in vier Phasen.

11.4.1 Phasen der Kollegialen Hospitation

1. Vorphase

- Die Tandempartner kennen sich bereits und haben Vertrauen zueinander.
- Sie weisen z.B. fachliche Gemeinsamkeiten auf.
- Sie begegnen sich mit fachlich / menschlich gegenseitigem Respekt.
- Vereinbaren von Terminen (Besuchs- und Nachbesprechung).

2. Einführungsphase

- Vereinbaren eines Arbeitsrahmens mit Klären von Erwartungen und Zielen;
- Festlegen von Terminen und Themen der Beobachtung;
- Schriftliches Festhalten des Vereinbarten.

3. Durchführungsphase

- Vorbesprechung (Was will ich erreichen / wissen? Worauf kommt es mir an? usw.: Konkrete Beobachtungsschwerpunkte (max. drei);
- Fokus z.B. mehr Kinder / mehr Interaktionen; mehr Methoden, mehr Handelnde(r) usw.);

4. Nachbesprechung

- Die besuchte Person schildert zuerst ihre Wahrnehmungen (Selbstbeobachtung);
- Nachfragen nach Intentionen, persönlicher Bedeutung einzelner Handlungen;
- Was ist passiert?

- Was war daran für mich wichtig?
  Im Sinne von gelungen?
  Im Sinne von verbesserungswürdig?
- Was genau geschah?
  Wie waren die Aktionen und Reaktionen?
  Was für ein Gefühl bestimmte meine Reaktion?

- Nennen / beschreiben alles Wahrgenommenen im vereinbarten Themenbereich (Fremdwahrnehmung);
- Beschreiben jeweiliger Wirkungen beim Beobachter;
- Erfragen möglicher Alternativen (Beobachtete begründet);
- Benennen von eigenen Erfahrungen des Beobachters.
- Welche Arbeitsaufträge formuliere ich für mich (beobachtete Person)?
- Vereinbaren von verändernden Handlungsansätzen (Erprobung).

Literatur

Esther, E., u.a., Lehren und Lernen im Tandem, Bern 2002.

Fitzner, S., Lutz, T., Das Lehrerhandbuch-Kapitel C 6.3 Gegenseitiges Hospitieren als Chance, o.O. 2006.

Inhelder, O., Kollegiales Hospitieren, Basel o.J..

LISA Sachsen-Anhalt, Kollegiale Beratung, Magdeburg 2012.

Tietze, O.K., Kollegiale Beratung – Problemlösungen gemeinsam entwickelt, Reinbek 2003.

Tietze, O.K., *Wirkprozesse und personenbezogene Wirkungen von kollegialer Beratung: Theoretische Entwürfe und empirische Forschung*, Wiesbaden 2010.

Schlippe von, A., Schweitzer, J., Lehrbuch der systemischen Therapie und Beratung I: Das Grundlagenwissen, Göttingen 2012.

Schratz, M., u.a., Qualitätsentwicklung – Verfahren, Methoden, Instrumente. Weinheim 2000.

Anlagen

Kollegiale Beratung

Eine modifizierte Ablaufform einer Kollegialen Beratung zeigt folgender „Spickzettel“:

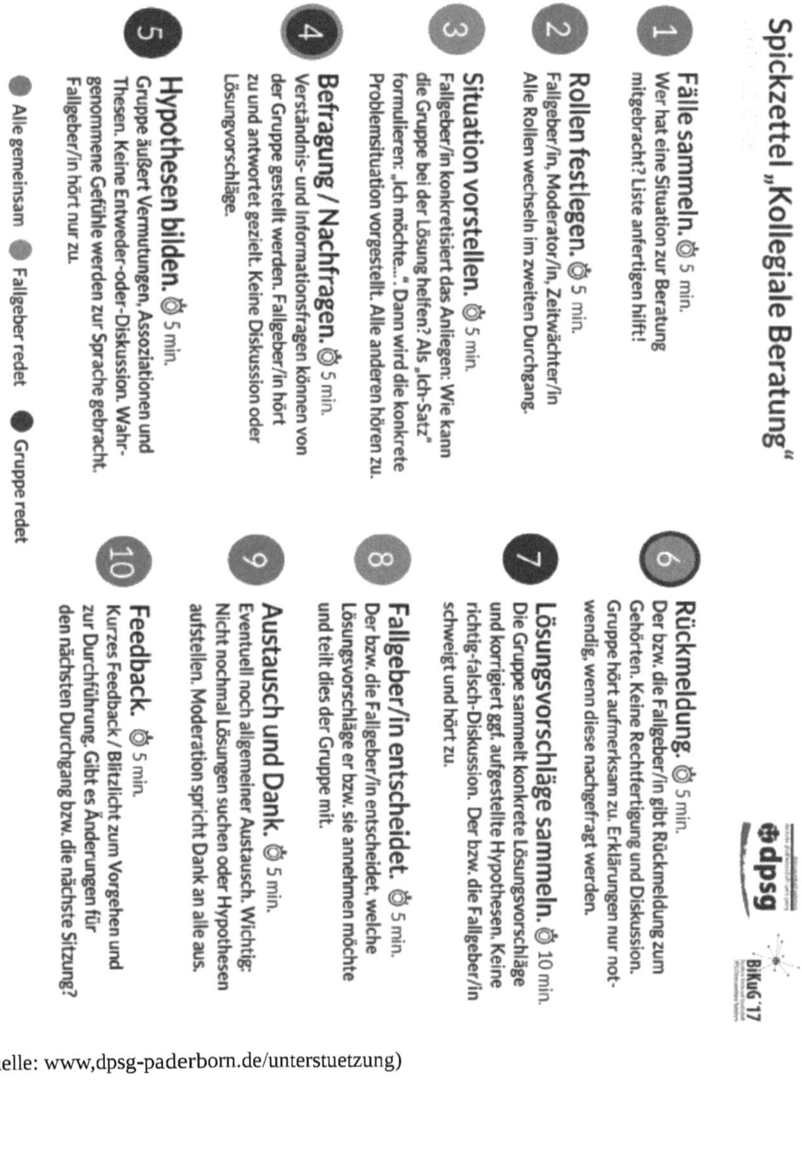

Spickzettel „Kollegiale Beratung“

1 **Fälle sammeln.** 5 min.
Wer hat eine Situation zur Beratung mitgebracht? Liste anfertigen hilft!

2 **Rollen festlegen.** 5 min.
Fallgeber/in, Moderator/in, Zeitwächter/in
Alle Rollen wechseln im zweiten Durchgang.

3 **Situation vorstellen.** 5 min.
Fallgeber/in konkretisiert das Anliegen: Wie kann die Gruppe bei der Lösung helfen? Als „Ich-Satz“ formulieren: „Ich möchte...“ Dann wird die konkrete Problemsituation vorgestellt. Alle anderen hören zu.

4 **Befragung / Nachfragen.** 5 min.
Verständnis- und Informationsfragen können von der Gruppe gestellt werden. Fallgeber/in hört zu und antwortet gezielt. Keine Diskussion oder Lösungsvorschläge.

5 **Hypothesen bilden.** 5 min.
Gruppe äußert Vermutungen, Assoziationen und Thesen. Keine Entweder-oder-Diskussion. Wahrgenommene Gefühle werden zur Sprache gebracht. Fallgeber/in hört nur zu.

6 **Rückmeldung.** 5 min.
Der bzw. die Fallgeber/in gibt Rückmeldung zum Gehörten. Keine Rechtfertigung und Diskussion. Gruppe hört aufmerksam zu. Erklärungen nur notwendig, wenn diese nachgefragt werden.

7 **Lösungsvorschläge sammeln.** 10 min.
Die Gruppe sammelt konkrete Lösungsvorschläge und korrigiert ggf. aufgestellte Hypothesen. Keine richtig-falsch-Diskussion. Der bzw. die Fallgeber/in schweigt und hört zu.

8 **Fallgeber/in entscheidet.** 5 min.
Der bzw. die Fallgeber/in entscheidet, welche Lösungsvorschläge er bzw. sie annehmen möchte und teilt dies der Gruppe mit.

9 **Austausch und Dank.** 5 min.
Eventuell noch allgemeiner Austausch. Wichtig: Nicht nochmal Lösungen suchen oder Hypothesen aufstellen. Moderation spricht Dank an alle aus.

10 **Feedback.** 5 min.
Kurzes Feedback / Blitzlicht zum Vorgehen und zur Durchführung. Gibt es Änderungen für den nächsten Durchgang bzw. die nächste Sitzung?

● Alle gemeinsam ● Fallgeber redet ● Gruppe redet

dpsg

BiKuG'17

(Quelle: www,dpsg-paderborn.de/unterstuetzung)

In diesem Beispiel werden die Zeitvorgaben, die maximal vorgesehen sind, großzügig bemessen, sodass nur ein Anliegen / Fall in einer Sitzung bearbeitet werden kann. Je nach der Zahl und Wichtigkeit von Anliegen oder Fall sollten die Zeitvorgaben durch die Gruppe ggf. flexibel vereinbart werden.
Es gilt: Kurz und prägnant vor ausufernd und unpräzise.

Modell: Vertrag über Ablauf und Regeln zur Teilnahme an der Kollegialen Beratung

Das im Rahmen der Kollegialen Beratung Besprochene ist streng vertraulich und bleibt in diesem Raume!
Der folgende Ablauf ist verbindlich. Die Zeitangaben sind maximale Werte.

1. Phase: Moderator/innen – Person und Rolle festlegen (2 Minuten)

2. Phase: Vorbereiten und Anliegen erheben (5 Minuten)
Aktuelle Anliegen sammeln und Fallsituation auswählen, evtl. Zeitablauf/Prioritäten festlegen.

3. Phase: Darlegen, präsentieren, verstehen (10 Minuten)
Fallgeber/in schildert Problem/Fragestellung/Situation.
Die Gruppe stellt Rückfragen zum besseren Verständnis (nur Informationsfragen).

4. Phase: Betrachten, vertiefen, erweitern (30 Minuten)
Die Gruppe nimmt Kontakt zur Situation auf (assoziieren, Bilder, Identifikationen etc.) ohne Wertungen und Ratschläge.
Der/die Fallgeber/in reagiert: „Worauf bin ich angesprungen" reformuliert evt. Fragestellung und Anliegen.
Die Gruppe analysiert, diagnostiziert, bildet Hypothesen.
Der/die Fallgeberin gibt Rückmeldung zu dem von der Gruppe Entwickelten.

5. Phase: Lösungen erarbeiten (15 Minuten)
Lösungen und Handlungsalternativen erarbeiten und gedanklich durchspielen.

6. Phase: Entscheiden, nächste Schritte vorbereiten (10 Minuten)

Fallgeber/in kommentiert, bewertet Lösungen und entscheidet „Was nehme ich mir vor… " .

(Alle überlegen wo könnte es evtl. Stolpersteine bei der Umsetzung geben?).

7. Phase: Abschließen und beenden (5 Minuten)

Alle überlegen den Lerngewinn für die eigene Praxis.

Alle geben Rückmeldungen: „Wie haben wir gearbeitet".

(Quelle: nach Mangold, A., Rieger, H.; Praxistagung FHNW/HSA, Februar 2010)

Datum:

Unterschriften: ....

....

12 Meine Potenziale erkennen und einbringen

Im Folgenden stelle ich Ihnen kurz das Modell Structogram vor, das auf Erkenntnissen der Gehirnforschung, der Biostruktur-Analyse, beruht. Zugleich stelle ich einen Bezug zum TZI-Modell her. Gleich welche Aufgaben, Herausforderungen oder Aktivitäten Sie angehen, immer werden Sie versuchen, bestmöglich Ihr Wissen, Ihre Fähigkeiten und Fertigkeiten einzubringen. Sie wollen die „Chairperson" Ihrer Handlungen sein.

Exkurs: Das Chairpersonpostulat der TZI umfasst:

a) „Sei dir deiner inneren Gegebenheiten und deiner Umwelt bewusst.

b) Nimm jede Situation als Angebot für deine Entscheidungen. Nimm und gib, wie du es verantwortlich für dich selbst und andere willst" (Cohn, R., zit. nach TZI-Handbuch S. 95).

Im TZI-Dreieck mit den Ecken „Ich", „Wir" und „Thema" eingebettet in den „Globe" (Umwelt) beinhaltet das „Ich" nach dem Modell der Biostruktur-Analyse und dem darauf aufbauenden Structogram drei grundlegende Persönlichkeitsmerkmale, von denen eines davon bei jeder Person besonders ausgeprägt ist. Dieses hauptsächliche Persönlichkeitsmerkmal bezieht sich auf „das Oberhaupt" im Modell des Inneren Teams. Dort koordiniert das „Oberhaupt" die inneren Teammitglieder in spezifischer Weise. Die folgende Grafik zeigt diese grundlegenden Persönlichkeitsmerkmale, die schon von Geburt an in bestimmten Hirnregionen angelegt sind. Sie bewirken laut Hirnforschung etwa 40% der persönlichen Anlagen und stellen den Ihnen eigenen besondere Potentialbereich dar. Zu wissen in welchem Bereich dieser liegt, erleichtert es Ihnen, Ihre Potentiale zumindest schemenhaft zu erkennen bzw. zu erahnen und dann besser zu entfalten. Dies hat sowohl positive Wirkungen für Sie selbst als auch Ihre Mitmenschen, weil Sie z.B. auch im Berufsfeld angemessener bei sich selbst sind. I.d.R. liegen bei jeder Person Mischformen der Ausprägungen vor, jedoch wirkt ein Typ mehr als die anderen.

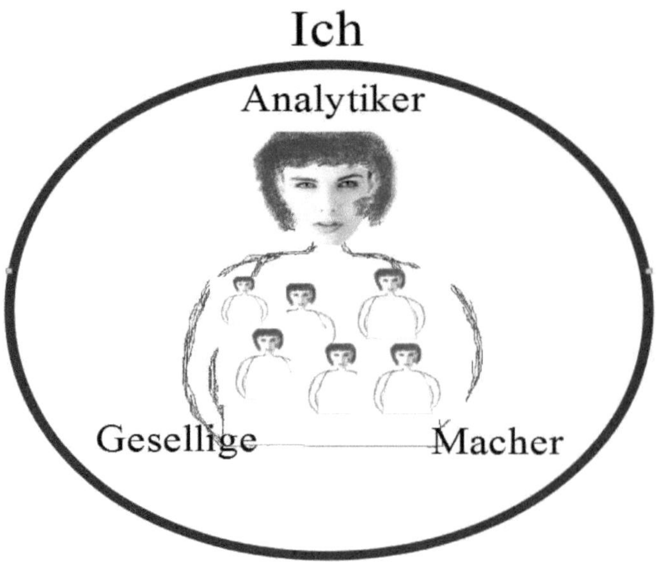

Brand, E. beschreibt diese Persönlichkeitstypen wie folgt:

„Der Gesellige:

Seine Stärken sind: Er bleibt gerne im Vertrauten, er liebt Kontinuität und Sicherheit, was er auch ausstrahlt. In Konfliktsituationen wirkt er eher vermittelnd, bringt Ruhe hinein. Er hört erst einmal genau, ruhig und geduldig zu. So schafft er ein stabiles, beständiges Umfeld. Er greift im Alltag auf seine Erfahrungen zurück und hält vereinbarte Abläufe ein.

Seine Schwächen sind: Er mag keine Veränderungen. Neue Aufgaben werden gerne vor sich her geschoben. Druck mag er nicht, dies beeinträchtigt seine Leistungsfähigkeit; dann ist er unentschlossen und ergreift kaum die Initiative. Anderen gegenüber ist er nachsichtig und tolerant. Oft stellt er eigene Wünsche zurück. Er neigt dazu, sich von

Beziehungen abhängig zu machen.
Ideales Umfeld ist: Er erfährt echte, ernsthafte Wertschätzung und Anerkennung für seinen Einsatz. Er bevorzugt / braucht ein festes, abgegrenztes Aufgabengebiet mit Kontinuität in den Abläufen und eine vertraute Vorgehensweise. Er vermeidet Konfliktsituationen und sucht aktiv bzw. bevorzugt den persönlichen Austausch.

Der Macher:
Seine Stärken sind: Er liebt neue Herausforderungen und trifft seine Entscheidungen spontan. Er kommt schnell ´auf den Punkt´ In kritischen Situationen übernimmt er die Initiative. Er stellt sich gerne Wettbewerbssituationen, empfindet das als Motivation und versucht zu gewinnen. Er liebt die Führungsposition und ist wegorientiert. Das was er ausdenkt will er auch umsetzen. Er ist kreativ und ideenreich.
Seine Schwächen sind: Er weist eine direkte Art auf und verhält sich oft wenig einfühlsam. Da er oft viele Aufgaben auf einmal übernimmt, neigt er zu Hektik und unüberlegtem Handeln. Sein Temperament neigt zu Ungeduld, vorschnellen Entscheidungen und unbesonnenen Reaktionen.
Ideales Umfeld ist: Er schätzt selbständiges Arbeiten mit wenig Kontrollen sowie neue und herausfordernde Aufgaben. Er führt kurze Diskussionen und gibt direkte Antworten um keine Zeit zu verlieren. Er nutzt jede Chance, die sich ihm bietet.

Der Analytiker:
Seine Stärken sind: Er geht analytisch, konzentriert, strukturiert und diszipliniert vor, konzentriert sich auf die wichtigen Details, um möglichst objektive Ergebnisse zu erhalten. Er teilt sich seine Zeit präzise ein, ist kritikfähig und prüft Möglichkeiten und Konsequenzen. Er geht planvoll und geduldig vor.
Seine Schwächen sind: Um persönliche Fehler zu vermeiden prüft er alle Alternativen und Risiken. Er denkt vorsichtig und neigt zu

Perfektionismus. Neue Dinge auszuprobieren, dazu fehlt ihm der Mut. Er ist zögerlich und hält sich lieber an die Vorschriften. Gespräche, die ins Persönliche gehen vermeidet er bzw. zieht sich daraus zurück.
Ideales Umfeld ist: Er schätzt detaillierte Beschreibungen und strukturierte Abläufe. Es kommt ihm entgegen, bei seinen Aufgaben genügend Zeit zu haben. Wird er auf Veränderungen frühzeitig vorbereitet und erhält er von Zeit zu Zeit eine Bestätigung für seine Arbeit, so ist er ein zuverlässiger, effizienter Arbeiter, der mit sachlicher Kritik und sachlichen Diskussionen gut umgehen kann."

Die genannten Merkmale stellen eine Art Indizien dar, die zu Ihrer Einordnung in die nachfolgende Grafik benutzt werden können: Markieren Sie die Stelle im „Dreieck", deren Merkmalskombination für Sie am ehesten zutrifft mit einem Punkt. Mit den obigen Beschreibungen können Sie auch eine situations- oder aufgaben spezifische Differenzierung / Punktsetzungen vornehmen. Sie erhalten dann Ihren „Potentialsschwarm": So können Sie erste Vorstellungen gewinnen, in welchen Bereichen welches Ihrer Potentiale greift und bei welchen Dingen Sie ggf. eine erhöhte Belastung (Distress) empfinden.

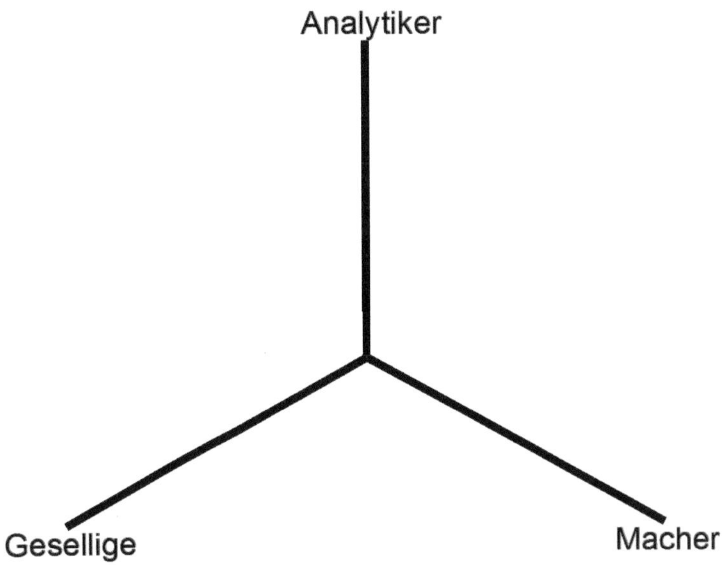

Im Buch von A. Brandt finden Sie zusätzlich eine Tabellenabfrage sowie Hinweise zur Auswertung, um Ihren Potentialschwerpunkt präziser eingrenzen zu können.
Jeder Mensch hat „innere Bilder“ von sich, die er an Situationen oder Erfahrungen in seinem bisherigen Leben festmacht. Oft sind die Vorstellungen davon schemenhaft, mit Gefühlen, Gerüchen oder einer Art Musik verbunden. Diese „inneren Bilder“ sind sehr wertvoll, bilden sie doch wesentliche Bereiche unserer Persönlichkeit ab. Gerade in Führungsfunktion sowohl im Alltagsgeschäft wie bei Belastungssituationen können sie sehr aufbauend und hilfreich sein, und ermöglichen das Gewinnen einer inneren Standfestigkeit, einer Ruhe und positiven Gelassenheit.
Ich habe bewusst oben im Bild das „Ich“ mit dem Bild vom „Inneren Team“ und den Potentialfeldern zusammengeführt. Damit will ich Sie zum Beispiel in einem ruhigen Moment zu einem Blick auf und in

sich selbst anregen:

- Rufen Sie sich alle Ihre Stärken ins Gedächtnis und notieren Sie jede auf ein Blatt eines Notizwürfels.
- Gruppieren Sie diese für Sie passend und ordnen Sie jeder Gruppe einen Oberbegriff zu. Jede Gruppe mit ihrem Oberbegriff bildet nun eines Ihrer „inneren Teammitglieder“ ab.
- Verbinden Sie dieses „Teammitglied“ mit einem für Sie passenden positiven Gefühl, einem Geruch, einem „inneren Bild“.
- Versuchen Sie diese einzelnen „inneren Bilder“ zu einer bildhaften Gesamtkomposition zu vereinen.
- Suchen Sie ein möglichst dazu passendes reales Bild. Vielleicht ist für Sie auch eine selbst erstelle Collage stimmiger; dann fertigen Sie eine solche an.
- Formulieren Sie ein dazu und für Sie passendes Motto. Versuchen Sie dieses in einem möglichst kurzen, positiven, aktiv-prägnanten, anschaulich formulierten Satz.
- Bringen Sie dieses Bild mit dem Motto überall dort wo Sie arbeiten an, sodass es gut für Sie sichtbar ist.

So erhalten Sie eine mentale, für Sie stimmige und jederzeit bewusst abrufbare Vorstellung, eine Ressource zum Abrufen Ihrer Stärken.

Sie werden sich vielleicht fragen: Was mache ich jetzt mit meinen auch vorhandenen Schwächen? Das Vorgehen ist ähnlich. Wieder hilft das Modell des „Inneren Teams“ unter Einbezug der Potentiale. So lassen sich erkannte Schwächen entweder neutralisieren, in dem sie Sie nicht mehr herunterziehen und an sich zweifeln lassen oder indem sie sich sogar in eine Art Stärken wandeln können. Wie das?

- Sie verfahren wie oben in den ersten beiden Schritten, nur steht dort jetzt Schwächen. Der entscheidende Schritt ist, dass Sie auch bei „Schwächen“ diese mit je einem Teammitglied (Oberbegriff) verbinden. Sie haben damit eine Vorstellung Ihrer jeweiligen „Schwäche“. Sie wissen um sie; denn sie gehört ja auch zu Ihnen.

Sie haben sie benannt und wissen um Merkmale dieses „Teammitglieds“. Es hat eine emotionale Färbung erhalten und ist von Ihnen mental identifizierbar, z.B. durch ein aufkommendes Gefühl.

- Bei entsprechenden Situationen werden sich entsprechende „innere Teammitglieder“ melden.

Auch eine so sich meldende „Schwäche“ ist jetzt von Ihnen erkennbar: „Ja dich kenne ich! Du willst „gehört“ werden bzw. willst mich an dich erinnern!“ Dies bewirkt in Ihnen eine Akzeptanz der „Schwäche“ und lässt sie als eine Art „Alarmglocke“ fungieren, die vor einer möglichen „Gefahr“ warnen will. Ein solches inneres Warnsystem zu haben ist etwas sehr Positives, Beruhigendes und Bereicherndes; denn jetzt können die „Stärken-Teammitglieder“ voll zur Entfaltung kommen ohne Angst haben zu müssen, dass sie in ihrer Dynamik mögliche „Fallen“ übersehen könnten. Auch können Sie so Ihr Potential besser einsetzen.

Mit der Zeit kann sich auf diese Weise in Ihnen eine Fähigkeit entwickeln, die auch als innerer Humor bezeichnet werden kann: Sie können über sich selbst lächeln. Sie sind und wirken authentisch und selbstreflexiv. Sie können situationsbezogen, weil selbstgewiss ohne Angst passend z.B. menschlich, verlässlich, vertrauenswürdig und respektvoll agieren. Sie signalisieren bei allen Aktivitäten und Herausforderungen, nicht so leicht aus dem Gleichgewicht oder aus der inneren Ruhe gebracht werden zu können. Sie sind voll bei sich selbst und können z.B. in Verhandlungen hart in der Sache und zuvorkommend und liebenswürdig im Zwischenmenschlichen sein.

Literatur:

Brand, E., Zeitmanagement im Takt der Persönlichkeit, Weinheim 2017

13 Struktur und Methode – effizientes Arbeiten

Effizient arbeiten zu können, das wünscht sich jeder. Wichtige Aufgabenfelder des Führens und Leitens einer sozialen Organisation greifen die nachfolgenden Teilkapitel auf und stellen beispielhaft mögliche Strukturen und Methoden zu Handlungsstrategien, zum praktischen Bearbeiten der jeweiligen Aufgabe vor oder geben konkrete Anregungen wie eine Lösung aussehen könnte.

13.1 Methoden zum Einarbeiten in ein Thema

Sie arbeiten sich in ein neues Thema ein. Die folgenden Vorgehensweisen zeigen Ihnen beispielhaft Schritte auf, die zum zielgerichteten und gründlichen Erschließen eines Themas führen.

<u>Fragenzirkelmethode:</u>

Die Methode nennt sich „Fragenzirkel" oder „9+n-Blätter", weil sie mindestens 10 Fragen enthält, die auf jeweils einem Blatt beantwortet werden wollen, um sich in ein Thema einzuarbeiten.

1. Schreiben Sie nach einer ersten Orientierung zum Thema zehn sachbezogene Fragen auf (W-Fragen und Problemfragen).
2. Welche der Ausgangsfragen sind Sachfragen und welche Problemfragen?
3. Finden Sie weitere sachbezogene Problemfragen!
4. Welche Fragen sind übergeordnet und schließen untergeordnete Fragen ein?
5. Finden Sie weitere untergeordnete Fragen zu den Ausgangsfragen.
6. Bringen Sie die gefundenen Fragen in eine logische Reihenfolge.
7. Benennen Sie Sachfragen, die von besonderer Bedeutung sind.
8. Markieren Sie Sachfragen, die von untergeordneter Bedeutung sind.
9. Welche Problem- bzw. Entscheidungsfragen passen zu den wichtigen Fragen?
10. Mit welcher Sach- und Problemfragestellung beginne ich am

Thema zu arbeiten? (Quelle: nach Egle, G., teach-SAM 2016)

Kernbegriffsmethode:

Mit ihr werden die inhaltlich wesentlichen Begriffe gesucht und erfasst.

Arbeitsschritte:

1. Erstes Lesen des Textes.
2. Erneutes Lesen: Markieren der Kernbegriffe im Text (Marker).
3. Eintragen der Kernbegriffe in eine zweispaltige, gegliederte Tabelle: 1. Spalte Kernbegriff.
4. Hinzufügen von Notizen und Erläuterungen: 2. Spalte.

Tabellenaufbau Beispiel:

Kernbegriffe	Bemerkungen / Erläuterungen

(Quelle: nach Egle, G., teach-SAM 2016)

Abschnittmethode:

Mit ihr werden die zentralen Aussagen in einem Abschnitt festgehalten und diese dann Oberbegriffen zugeordnet.

Arbeitsschritte:

1. Erstes Lesen des gesamten Textes. Gewinnen eines ersten Überblicks.
2. Abschnittsweises Lesen des Textes mit Markieren / Herausschreiben zentraler Aussagen.
3. Zuordnen von Oberbegriffen zu den Aussagen.

Hypothesenmethode:

Sie wollen eine bestimmte Thematik bearbeiten. Sie lesen z.B. eine Übersicht (das Vorwort) eines passenden Schriftsatzes.

1. Lesen von Vorwort und Inhaltsverzeichnis.
2. Überlegen von Hypothesen.

3. Sie suchen in den Texten nur die Informationen, die Ihre Hypothesen bestätigen oder widerlegen.
4. Sie notieren stichwortartig Ihre gewonnen Erkenntnisse.

Methode Visualisieren:
Mit Hilfe der Visualisierung lassen sich Strukturen und Zusammenhänge eines Themas anschaulich machen. Diese Methode ist eine Ergänzung der oben Genannten. Darstellungen können in Form von Mind-Maps oder Struktogrammen erfolgen. Haben Sie vorwiegend ein optisches Gedächtnis, so ist diese Methode genau passend für Sie.

13.2 Routinearbeiten erledigen – Methoden

Zahlreiche im Bildungs- und Erziehungsbereich tätigen Führungspersonen weisen in der Ausübung ihrer Führungsfunktion hinsichtlich der im Leitungsbereich anfallenden Aufgaben noch Handlungs- und Denkweisen auf, die sie noch aus ihrer Tätigkeit im „Kerngeschäft" mitbringen. Führen und Leiten ist jedoch ein eigenes Berufsfeld mit spezifischen Herausforderungen auch an die eigenen Denk- und Arbeitsweisen.
Im Arbeits- und Aufgabenbereich des „Kerngeschäfts" war in der Gestaltung und Ausfüllung der Aufgaben i.d.R. ein breiter Gestaltungsraum gegeben und auch Voraussetzung, um den anvertrauten Kindern und Jugendlichen so weit als möglich gerecht werden zu können. Im Führungs- und Leitungsbereich gibt es auch frei gestaltbare Bereiche, jedoch finden sich dort auch zahlreiche, vom übergeordneten System stark formal vorgegebene Dinge bzw. Aufgaben, z.B. Berichte, Statistiken, Beurteilungen, einen Etatplan erstellen und vertreten, usw.. Es sind Gespräche mit dem Träger (z.B. Haushalts- oder Gebäudeverhandlungen), mit der vorgesetzten Behörde (z.B. Personalausstattung), mit Vereinen und Firmen, usw. zu führen. Daneben sind die anfallenden Verwaltungsaufgaben zu erledigen (z.B. Anfragen beantworten, Briefe schreiben, Mails abrufen

/ beantworten, Posteingänge sichten und bearbeiten, usw.). Hinzu kommen noch die Führungs- und Leitungsaufgaben, die sich auf das „Kerngeschäft" beziehen. Kurz gesagt, alle diese Aufgaben wollen effizient, d.h. mit möglichst geringem Zeit- und Arbeitsaufwand bearbeitet werden.
Wie dies im Bereich „Beurteilungen" möglich ist, lesen Sie bitte im entsprechenden Kapitel nach. Hier geht es nun um die „vielen Kleinigkeiten", die enorm zeitfressend sein können.

E-Mail: Die elektronische Post ist eine feine Sache, kostengünstig und schnell; daher erhalten Sie auch viele z.B. Werbemails, selbst aus dem vorgeblich sicheren und abgeschirmten kultusinternen Netzbereich.
Zu Beginn Ihres Dienstes, u.a. deshalb kommen Sie ja etwas früher an Ihren Arbeitsplatz, rufen Sie Ihr Postfach ab. Sie haben z.B. fünfzig Maileingänge. Müssen Sie alle einzeln aufrufen und klären, ob sie für Sie relevant sind? - Gehen Sie zielgerichtet vor: Alle Mails, deren Betreff von Ihnen nicht eindeutig auf eine für Ihre Organisation wichtige Institution hinweisen, z.B. vorgesetzte Behörden, Träger, Bedienstete und Eltern übergehen oder löschen Sie. Die Restlichen gehen Sie genau durch. Auch dort werden Sie ggf. Rundmails finden, die für Sie oder Ihre Organisation irrelevant sind. Diese löschen Sie ebenfalls.
Alle für Sie relevanten Mail nehmen Sie in Ihre für heute erstellte To-do-Liste auf bzw. vermerken die enthaltene Aufgabe in Ihrem Wiedervorlagensystem, ggf. auch in Ihrem Terminkalender.
Sind bei den Mails Dinge, die sich in zwei bis drei Minuten erledigen lassen, dann bearbeiten Sie diese gleich z.B. Rückmeldung in einer Antwort-Mail. So haben Sie schon einiges erledigt, was ein gutes Gefühl bewirkt.
Gegen Ende Ihres Arbeitstages sollten Sie nochmals Ihr dienstliches Postfach öffnen, um während des Tages eingegangene Mail zu sichten.
Übrigens, falls Sie einmal aus Versehen eine wichtige dienstliche Mail löschen sollten, keine Aufregung, diese werden Sie in den nächsten

Tagen nochmals erhalten; denn auch die vorgesetzte Behörde weiß, das ein Mailversand nie sicher ist, auch was das Ankommen betrifft.

Dienstpost:
Diese „Post“ kommt i.d.R. ein bis zwei Mal in jeder Arbeitswoche an einem bestimmten Tag und wird vom Zustelldienst Ihrer Gemeinde ausgetragen bzw. ein von Ihnen beauftragter Gemeindebediensteter holt sie im Rathaus ab.
Hier ist Sortieren angesagt. Sie machen verschiedene Stapel: Was ist fürs Sekretariat / den Hausmeister bestimmt? Dies kommt anschließend in die entsprechenden Fächer. Was ist für Kolleginnen / Kollegen? Auch dies kommt anschließend in die Fächer.
Was für Sie bestimmt ist, gehen Sie genau durch nach den Sortierkriterien:
- Was ist in zwei bis fünf Minuten erledigbar: Sofort erledigen.
- Wichtig und dringend: Heute noch bearbeiten.
- Wichtig und nicht dringend:
  Wurde die Aufgabe delegiert, dann bekommt es die entsprechende Person (Rückmeldetermin setzen)?
  Müssen Sie die Aufgabe übernehmen, kommt sie in Ihr Wiedervorlagensystem.
- Nicht wichtig aber dringend: Diese Aufgaben sollten delegiert sein; falls nicht → Wiedervorlagensystem;
- Nicht wichtig und nicht dringend: Papierkorb.

Papierpost:
Diese bringt der Postbote. Haben Sie ein Sekretariat mit qualifizierter Besetzung, dann übertragen Sie der dort beschäftigten Person die Sortierung nach folgenden Vorgaben z.B.:
- Fachkataloge sammeln / ein Mal pro Woche darüber informieren;
- Briefe nach Absender ordnen: Dienstlich relevante Briefe kommen in die täglich vorzulegende Postmappe.
- Persönliche Schreiben an andere Mitarbeitende werden in deren Postfächer gelegt.
- Werbeschreiben sind zu entsorgen.

Die Vorlage der Postmappe regeln Sie für Sie passend nach Ihrem Arbeitsrhythmus innerhalb der Dienstzeit der Sekretariatsperson.
Nach Vorlage der Postmappe sortieren Sie den Inhalt nach obigen Kriterien: Wichtig ...! usw. Sie bearbeiten anschließend die wichtigen und dringenden Aufgaben.

Anmerkung: Sowohl Hausmeister wie Sekretärin wollen in ihrem täglichen Einsatz gesehen und gewürdigt werden; denn sie prägen auch das Klima an Ihrer Organisation. Das Gratulieren zum Geburtstag sehe ich als selbstverständlich an. Denken Sie daran, dass die oft im Hintergrund arbeitenden Beschäftigten z.B. des Trägers sich in ihrem Tun durch je nach Anlass oder passend übers Jahr verteilte kleine Aufmerksamkeiten zusätzlich wertgeschätzt fühlen.

Telefonanrufe:
Sehr hilfreich ist es, wenn Ihre Direktdurchwahlnummer nur Personen zugänglich und bekannt ist, die auch wirklich für Ihre Arbeit wichtig sind. Das bedeutet, dass Sie z.B. auch dem Elternbeiratsvorsitzenden diese nicht nennen; denn: „Es ist nichts öffentlicher, als eine nicht weiter zu sagende, geheime Nachricht!"
Warum soll Ihre direkte Dienstnummer unbekannt bleiben?
Sie haben zahlreiche Arbeiten zu erledigen, zu denen Sie hohe Konzentration und Ruhe brauchen. Sie haben Gespräche zu führen, die keine Unterbrechung oder „ein Dazwischenfunken" durch ein Telefonanläuten dulden. Sie wollen konzentriert rechtliche oder dienstlich dem Kerngeschäft zuzuordnende Fachliteratur lesen und sich das Wesentliche daraus notieren oder einprägen. Sie sind bei Überlegungen für ein neues Konzept oder eine Handlungsstrategie für ein aktuelles, wichtiges Thema. usw.
Telefonische Anrufe zur Unzeit und Unterbrechungen lösen Stress aus, was Sie vermeiden sollten.
Auch wenn Sie die vorgesetzte Behörde oder ein Vertreter Ihres Trägers anruft, haben diese je nach Anlass i.d.R. Verständnis dafür, wenn Sie um die Möglichkeit eines Rückrufs (z.B. in ... Minuten /

Stunden) bitten. ***Wichtig:*** Unbedingt einen vereinbarten Rückruftermin einhalten!
Telefonische Anrufe von dienstlich Außenstehenden sollten über das Sekretariat laufen und je nach Situation und Anliegen dann durchgestellt oder auf einen passenden Termin verschoben werden.
Bei allen Anrufen sollten Sie rasch klären:

- Betrifft es meinen Aufgabenbereich oder einen meiner Mitarbeitenden (Wer hat das Problem?)?
- Kann die Sache gleich geregelt / geklärt werden oder ist ein ausführlicheres Gespräch oder gar ein Vorortgespräch erforderlich?; dann sollte ein Termin dazu vereinbart werden.

Ein Telefongespräch sollte von Ihnen so kurz wie möglich informativ und sachklärend geführt werden. Orientieren Sie sich z.B. an der Protokollierweise bei einem Notfall - „W-Fragen (7)" stellen!:
Was? Wer? Wann? Wo? Wie? Wem? Wen?.
Auch bei Anrufenden von außen sind für ein zielgerichtetes, ergebnisorientiertes Gespräch die „W-Fragen" hilfreich.
Bei Gesprächen mit der vorgesetzten Behörde steuert die entsprechende Person das Gespräch, was Sie nicht hindern sollte, gezielte Fragen zu stellen.

Aktennotiz:
Auf Ihrem Schreibtisch sollte gut zugänglich ein Notizblock liegen. Hier notieren Sie Datum, Thema, Name des Anrufenden und wichtige Details eines Gesprächs in Stichworten. Sie informieren Ihren Gesprächspartner, dass Sie zum Thema eine „Aktennotiz" angefertigt haben! Dieses Notizblatt kommt sowohl im Original als auch mit einem ggf. anschließend angefertigten, umfassenderen Schriftsatz in die entsprechende Ablage.

Pausen: Es gehört zu Ihrer Aufgabe, Ihre Zeit so effizient wie möglich zu nutzen, dazu gehört auch eine bewusste, eigene Pausenplanung; denn dies ist ein wichtiges Element, um in der Hektik des Alltäglichen einen Zeitraum zum Durchatmen zu gewinnen.

14 Gespräche mit Erziehungsberechtigten

Rein vom Ablauf her können Sie sich am zweiten Teil des folgenden Teilkapitels (Verhandlungen) orientieren. Sie führen grundsätzlich nur ein Gespräch, „wo das Problem bei Ihnen" liegt, d.h. wo das Gesprächsthema konkret und unmittelbar Ihre Aufgabenfelder betrifft oder tangiert. Sonst verweisen Sie nach einer kurzen Anhörung an die passende Person, z.B. eine Fachkraft.

Kommen Erziehungsberechtigte unvermittelt, d.h. ohne Terminabsprache, zu Ihnen, so erfordert es die Höflichkeit und der Respekt vor den jeweilig betroffenen Personen und ihrem Anliegen, dass sie sich kurz Zeit für eine Anhörung nehmen, um danach einen Gesprächstermin zu vereinbaren.

Wichtig ist, dass sich die Erziehungsberechtigten mit ihrem Anliegen von Ihnen akzeptiert fühlen, dass Sie ihnen zuhören und genügend Zeit geben, ihr Anliegen vorzubringen. Seien Sie so weit als möglich empathisch. Grenzen Sie sich jedoch höflich / freundlich ab, wenn der gegenseitige Respekt (Intonation, Wortwahl, usw.) verloren zu gehen droht bzw. konkret verloren gegangen ist: Sprechen Sie dies in ruhiger Weise, mit klaren Worten mit für Sie normaler Stimmlage an. Schauen Sie, wie das Gegenüber reagiert und treffen Sie dann Ihre Entscheidung, wie es weitergehen soll. Je nach Situation kann auch ein Abbruch oder eine Vertagung mit neuem Termin angebracht sein.

Sollten Erziehungsberechtigte ankündigen, sich an die Ihnen vorgesetzte Person zu wenden, so ist eine zeitnahe, sachliche Information dieser Person wichtig. Diese hat dann schon Ihre Vorinformationen, Ihre Argumentationslinie, Ihre Gründe und kann gemäß ihrer Einschätzung das eigene Gespräch vorbereiten.

Hilfreich für die Kommunikation bei Beschwerden ist z.B. ein Organigramm. Ein beispielhaftes Ablaufschema finden Sie im Anschluss:

Beschwerdemanagement - Erziehungsberechtigte -

Beschwerdeweg für Beschwerden von Erziehungsberechtigten über Kinder / Jugendliche, Fachkräfte und nicht pädagogisches Personal

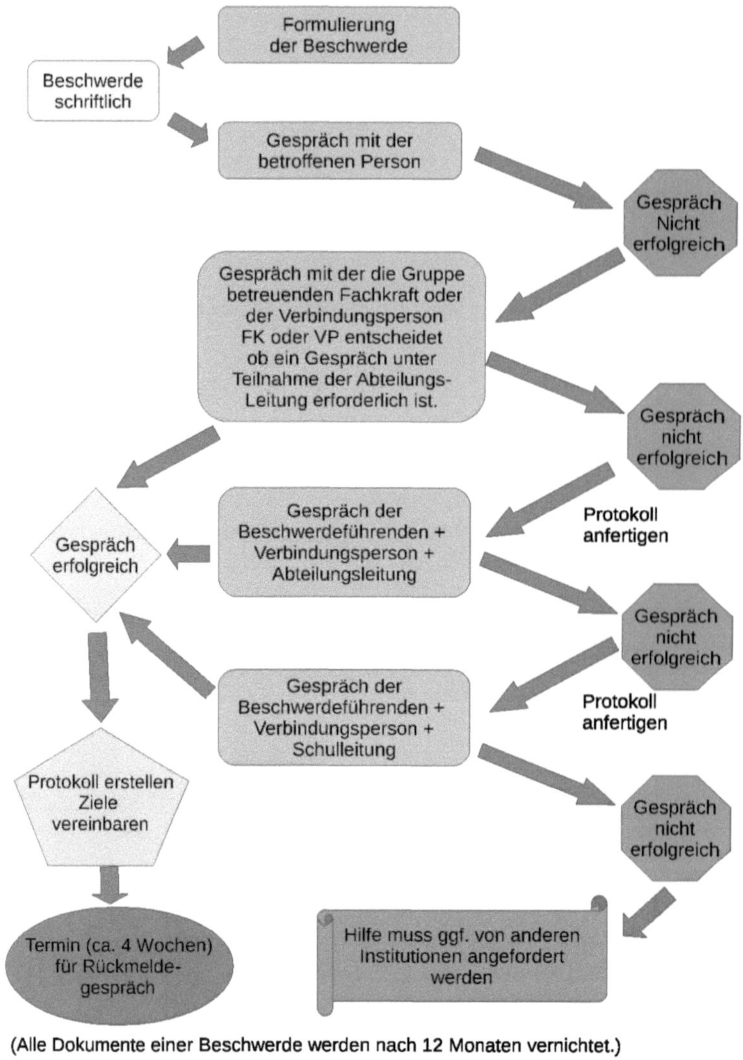

(Alle Dokumente einer Beschwerde werden nach 12 Monaten vernichtet.)

15 Verhandlungen strukturiert führen

Wie in jedem Gespräch, so auch in Verhandlungen, wirken Sie sowohl durch Ihre Person als auch durch Ihre Sachkenntnisse. Bei der Vorbereitung einer Verhandlung sollten Sie beides gründlich durchdenken.
Bereiten Sie sich mental auf eine Verhandlung vor:

Zur Person:

- Wer nimmt an der Sitzung teil?
- Wie sind diese Personen einzuschätzen?
- Wie werden sie vermutlich agieren?
- Welche Emotionen könnten auftreten (bei mir / bei den Gesprächspartnern)?
- Auf welche Weise sollte ich ihnen begegnen?
- Welche Ziele werden wahrscheinlich verfolgt?
- „Spielen“ Sie realistische Möglichkeiten in Ihrer Vorstellung durch.
- Wählen Sie eine zur Situation passende Kleidung. usw.

Zur inhaltlichen Vorbereitung:

- Was ist der Inhalt / Gegenstand des Gesprächs?
- Welche Facetten / wesentlichen Elemente sind vorhanden?
- Welches Vorwissen / fundiertes Wissen besitze ich?
- Wo muss ich mich noch kundig machen?
- Wie sind Inhalte passend aufzubereiten?
- Welche Unterlagen benötige ich?
- Welche Argumentationsketten sind sinnvoll / zielgerecht (Gesprächsstrategie)?
- Welche Visualisierungen sind sinnvoll. usw.

Führen Sie selbst die Verhandlung, dann sind z.B. folgende Gesichtspunkte wichtig:

Gestalten der Rahmenbedingungen:

- Sitzweise (oval-, kreisförmig);
- Ausstattung (Tisch, Stühle, Tischschmuck);
- Medien (Beamer, Flipchart, usw.);
- Bewirtung (Gläser, Servietten, ggf. Teller, Getränke, Snacks usw.);
- Ruhiger, heller Raum. usw.

Eröffnung:

- Die Eröffnung sollte kurz und prägnant sein.
- Begrüßung mit Namen;
- Sitzungsanlass benennen;
- Ziel / Zweck / Grund benennen.

Einleitung – Vertrauen anbahnen

- Die Einladende Führungsperson stellt in ICH-Form eine angedachte, mögliche Struktur für das Gespräch vor.
- Die Beteiligten beziehen mit präzisen Aussagen (ICH-Form) dazu Stellung.
- Die jeweiligen Sichtweisen werden kurz in den wesentlichen Teilen ausgetauscht.
- Genaues Nachfragen und Zuhören klärt z.B. Verfahrensfragen und grundlegende Inhalte.
- Vereinbarungen über das Verfahren werden getroffen.

Dialogischer Anfang:

- Jeder trägt seine Sichtweise begründend vor.
- Es entwickelt sich ein entschleunigter Dialog.
- Die anschließende Aussprache erfolgt in einer verlangsamten dialogischen Auseinandersetzung.
- Die Unterschiede werden benannt und respektiert.
- Die offene, wertschätzende Aussprache wird gewürdigt.

- Ein gegenseitiges Verstehen wird abgesichert durch Entschleunigen (Paraphrasieren, Verbalisieren, Nachfragen). Aspekt: Verstehen heißt nicht einverstanden sein!

Sich annähern / Vereinbarungen entwickeln:

- Der Einladende fasst die bisherigen Argumentationslinien zusammen.
- Gemeinsam werden Lösungsideen gesammelt und bewertet.
- Beide Seiten klären konkret jeweilige Sachverhalte und Zusammenhänge.
- Beide Seiten suchen für alle stimmige Formulierungen.
- Für alle tragbare Abmachungen werden in klare Vereinbarungen überführt.
- Beide Seiten einigen sich auf konkrete Maßnahmen.

Nachhaltiges Umsetzen verankern:

- Bisher mündlich bzw. konzeptartig getroffene Vereinbarungen werden in eine schriftliche Form gegossen.
- Eine kontrollierte Verbindlichkeit wird geschlaffen:
- Wer macht Was bis Wann (ggf. vereinbarte Zwischenziele).
- Reflektions- und Überprüfungstermine werden vereinbart.

Reflektion und Nacharbeit:

Der Einladende blickt auf die Verhandlung zurück: Analysieren des Verlaufs; des eigenen Beitrags; der Zielqualität; erster Schritte der Umsetzung; usw..

(Quelle: nach Keller, M., Gespräche führen, IWP-HSG ,St. Gallen o.J.)

16 Ordnungssysteme einrichten

16.1 Informationsablagesystem einrichten

Ein solches inhaltsbezogenes Ablagesystem ist für Sie selbst sehr wichtig, wollen Sie doch Ihre Organisation auch über Themensetzungen im „Kerngeschäft“ weiterentwickeln und auch rasch auf jeweilige Inhalte zugreifen können. Heute gibt es viele Informationsquellen, seien dies Bücher, Fachzeitschriften, Texte in Bildungsservern, usw.. Vor Jahren ging es mir öfter so: „Da hast du doch schon mal was gelesen! Wo war das denn? - Ich hatte alles für den Berufsbereich Wichtige kopiert und in thematischen Ordnern abgelegt. Eigentlich hätte ich es nach Stichworten oft mehrfach unter verschiedenen Themen ablegen müssen. - Ein Suchen erforderte dann meist viel Zeit.

Seit die Computer so benutzerfreundlich und ortsungebunden, der Speicherplatz so groß und variabel, Scangeräte so günstig und erforderliche Programme so mächtig und sogar kostenfrei geworden sind, habe ich mein eigenes Informationsablagesystem digital aufgebaut. Es befindet sich auf einem Laptop-Computer, einer externen Festplatte und auf einem USB-Stick (128 GB). Dies empfehle ich Ihnen auch!

Die sich stellende Frage ist: Wie soll die Struktur meines Informationsablagesystems aussehen, sodass ich alle abgelegten Informationen rasch und sicher wiederfinden kann? Diese Struktur sollte zum einen inhaltlichen Kriterien und zum anderem Ihrer Arbeits- und Denkweise entsprechen. Nehmen Sie sich daher etwas Zeit zum Durchdenken der von Ihnen gestellten Anforderungen an dieses Info-Ablagesystem. Am besten erstellen Sie ein Strukturbild z.B.:

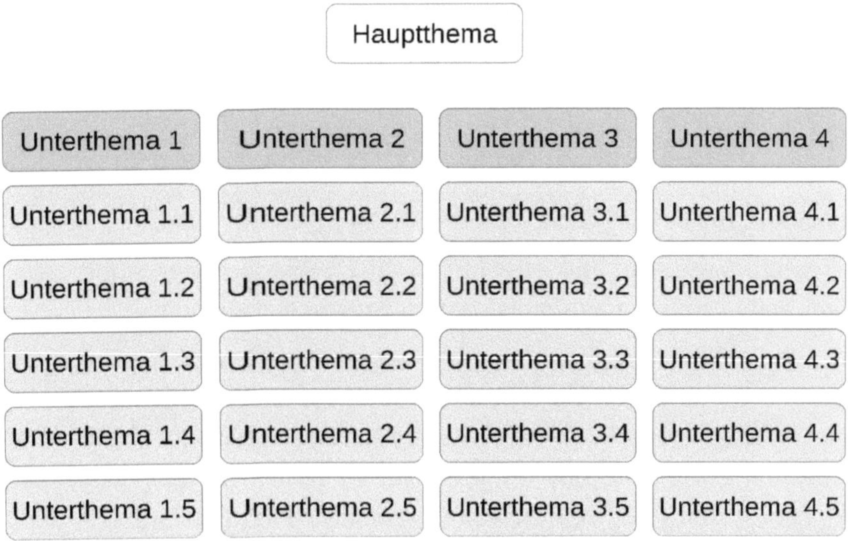

Sind in Ihrem Arbeitsfeld mehrere Hauptthemen vorhanden, so legen Sie zu jedem von diesen eine entsprechende Struktur an. Damit gewährleisten Sie, dass sie mit Ihrem elektronischen Ablagesystem eine rasche Zugangsmöglichkeit zu jeweiligen Informationen haben. Arbeiten Sie gerne mit Notizen, so könnten Sie eine entsprechende Struktur z.B. sowohl nach Themen als auch nach Terminen erstellen und z.B. unter dem Hauptordner „Notizen“ abspeichern. Führen Sie z.B. eine Art Tagesprotokoll über alle angefallenen, noch zu beachtenden Dinge in einem digitalen oder papiernen Terminkalender oder Notizbuch, so könnten Sie auf diesen Notizendatenspeicher verweisen.

Haben Sie einen reinen Dienst-Laptop, so benötigen Sie z.B. keinen Hauptordner, da Sie dort ja nur dienstliche Dinge abspeichern. Fotos z.B. vom Schulfest o.ä. gehörten nicht auf diese Festplatte. Ergänzen Sie Ihre Ordnerstruktur dann noch durch weitere Ablagen z.B. Ordner mit Inhalten zu Personalien müssen Sie verschlüsseln. Es gibt mittlerweile auch kostenfreie, mächtige Verschlüsselungsprogramme

im Open-Source-Bereich, die Sie kostenfrei nutzen können. Beachten Sie in jedem Fall die ausgewiesenen Nutzungsbedingungen!
Der USB-Stick sollte nur die inhaltlichen Ordner aufweisen. Sollten Sie dort auch persönliche Inhalte abspeichern, z.B. „Schriftverkehr“ und „Beurteilungen“, so müssen Sie diese Ordner unbedingt verschlüsseln.
Wichtig: Vergessen Sie bitte nicht, Ihre Ablageordner mindestens zwei Mal jeweils auf externen Datenträgern zu sichern!

16.2 Wiedervorlagensystem einrichten und nutzen

Für wichtige bis zu einem bestimmten Zeitpunkt zu erledigende Aufgaben sollten Sie unbedingt ein für Ihre Arbeitsweise passendes Wiedervorlagensystem einrichten und nutzen. Nehmen Sie sich dazu genügend Zeit zum Durchdenken, wie dessen Struktur aufgebaut sein soll. Haben Sie an Ihrer Organisation ein Sekretariat, so beziehen Sie die dort beschäftigte Person mit in Ihre Überlegungen ein: Diese Person kommt meist aus dem Verwaltungsbereich und ist darin ausgebildet Dinge aus Verwaltungssicht zu sehen.
Entscheidend ist eine klare, transparente, leicht anzuwendende Struktur der terminbezogenen Ablage entsprechender Schriftstücke.
Bei ganz wichtigen Vorgängen ist eine zweite Ablage vorzusehen, die Sie selbst z.B. in einer Wiedervorlagenmappe (hat Trennwände mit Tagesreitern) führen. Hilfreich ist parallel auch, entsprechende Termine in Ihrem Terminkalender mit einem Stichwort zu vermerken. Es sollte dann für Sie zu einem Ritual werden, zu Beginn eines Arbeitstages zuerst in diese Ihre Wiedervorlagenmappe zu sehen: Was steht heute an?
Fürs Sekretariat ist eine ähnliche Struktur sinnvoll mit einer Hängeregistratur einzurichten: Eine Hängeregistraturmappe verweist mit ihrem Reiter auf einen Tag im Monat. Hier hinein kommen alle Schiftstücke, die an diesem Tag zu bearbeiten sind. Liegen

Schriftstücke vor, die erst an einem Folgemonat zu bearbeiten sind, wären diese z.B. in passende, verschiedenfarbige Heftstreifen einzuheften und z.B. zusätzlich mit einem entsprechenden Reiterclip zu versehen. So ist sofort optische zu erkennen, was aktuell entnommen und bearbeitet werden muss.
Ihre Sekretariatskraft würde Ihnen dann zeitnah zum Arbeitsbeginn die entsprechende Mappe vorlegen.

Wichtig: Achten Sie auf einen zeitlichen Vorlauf, um genügend Zeit für eine angemessene Bearbeitung zu haben. In der Regel sollten Sie sich mindestens zwei oder drei Tage z.B. vor einem Abgabetermin die entsprechenden Schriftstücke herholen bzw. vorlegen lassen.

Anlage

Organigramm Posteingang - Wiedervorlage

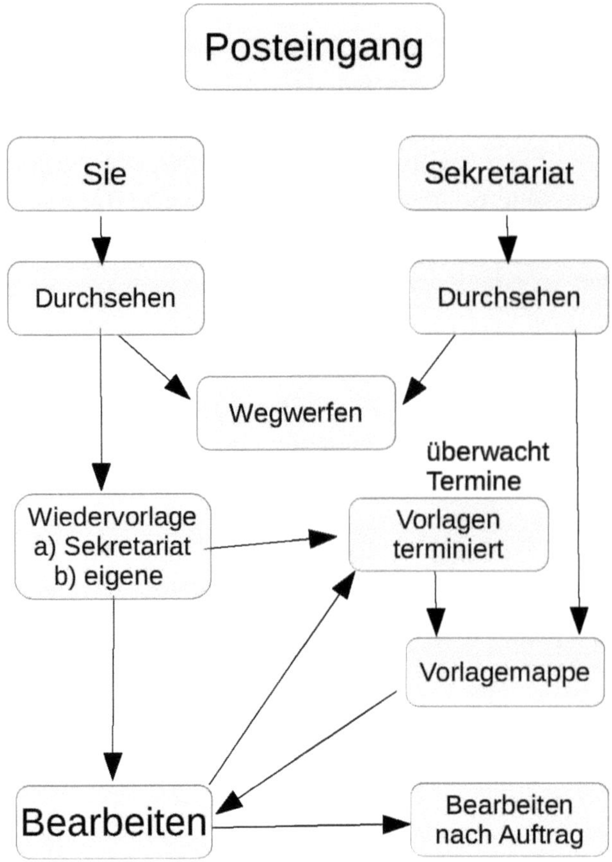